El siglo de la libertad
y el miedo

Diseño de tapa: María L. de Chimondeguy / Isabel Rodrigué

NATALIO R. BOTANA

El siglo de la libertad y el miedo

EDITORIAL SUDAMERICANA
BUENOS AIRES

IMPRESO EN LA ARGENTINA

Queda hecho el depósito
que previene la ley 11.723
© 1998 Editorial Sudamericana S.A.
Humberto I 531, Buenos Aires.

ISBN 950-07-1394-2

a Sofía

PRÓLOGO

Este libro es un ensayo sobre algunos aspectos políticos del siglo XX. Nada más que eso. Montaigne observó, en un fragmento delicioso de sus *Essais*, que prefería permanecer en la orilla de un "vado" filosófico o literario si lo encontraba "demasiado profundo" en relación con su estatura. La frase resume admirablemente el género que él practicaba: la maestría, entre inocente y cautelosa, para acercarse a las cosas. Los apuntes que siguen deberían ser leídos con estas precauciones, como una aproximación a la masa historiográfica del siglo XX y a los recuerdos propios y ajenos, referidos al campo de lo político, que me han acompañado durante largos años. Se trata pues de un viaje paralelo o, tal vez, de un desdoblamiento del propio viajero: el trayecto de la reconstrucción histórica unido a los caminos de la memoria.

El lector habrá tomado nota de que he reunido, en el título de este ensayo, el vocablo libertad con la palabra miedo (y, acaso haya recordado, al pasar, el nombre de un viejo escrito de Germán Arciniegas: *Entre la libertad y el miedo*). Los motivos que explican esta elección son de sobra conocidos. En este siglo, los seres humanos han dado muestras constantes de la atracción que sobre ellos ejercen la paz y la guerra, el ascenso hacia una concordia razonable y el exaltante vértigo que produce la visión del abismo y de la muerte en masa. Estas inclinaciones contradictorias de la naturaleza humana —sonaría ridículo afirmar lo contrario— no son propias ni tampoco típicas de este siglo, pero nunca en la historia se manifestaron con semejante irradiación universal. En ese pasado aún cercano, algunos pueblos tuvieron el genio de limitar el poder merced al reconocimiento de la libertad, del derecho y de la dignidad de cada persona, mientras otras sociedades sufrían las furias que ese mismo poder desataba con fulminante rapidez.

El siglo de la libertad y el miedo. Por una parte, la libertad, que debía resultar de una síntesis benéfica entre los derechos humanos, inscriptos en las constituciones, y la capacidad material y cultural del individuo para realizarlos plenamente; por otra, el miedo que ya no provenía del misterio de una naturaleza inhóspita e incontrolable, con sus dioses vengativos, sino de una fábrica construida por el propio hombre, cuyo producto era la muerte. Jamás en la historia se buscó con tanto ahínco combinar los ideales de la libertad con los de la igualdad y la justicia; jamás esa empresa sucumbió con tanto estrépito en manos del crimen político, de la tortura, de la organización del poder total y de las matanzas sin fin.

La pasión elemental del miedo es un protagonista del siglo XX tan expresivo como la mancha del genocidio que, salvo contadas excepciones, se esparció por todo el planeta. Tampoco estos signos atroces son patrimonio exclusivo del siglo XX. Los que sí, en cambio, resaltan, como elementos distintivos de la cultura que acuñó el alba de esta centuria, son los pronósticos confiados, después desmentidos por los hechos, acerca de la prolongación de una bienhechora era pacífica.

En 1996, a punto de cumplir ochenta y siete años, Norberto Bobbio deslizó esta confesión: "Lo único que creo haber entendido, aunque no era preciso ser un lince, es que la historia, por muchas razones que los historiadores conocen perfectamente pero que no siempre tienen en cuenta, es imprevisible. No hay nada más instructivo que comparar las previsiones, grandes y pequeñas, que se leen en las obras de famosos historiadores cuando se alejan del simple relato de los hechos desnudos, con lo que realmente ha ocurrido [...]. A menudo realizo ese control sobre mí mismo: es muy instructivo y, considerados los resultados del cotejo, mortificante. Huelga decir que el resultado es casi siempre desastroso." Bobbio nació en Turín en 1909. Es uno de los últimos testigos intelectuales del siglo que aún vive y escribe. ¿Por qué esa melancolía que brota en el ocaso de una larga y crítica reflexión en torno a la política? Desde luego, no todo es imprevisible en la historia, ya que es posible detectar en ella tendencias y frecuencias estadísticas duraderas, por ejemplo —cito una de las más conocidas—, el aumento de la población urbana concentrada en grandes ciudades. Empero, la ironía benevolente contenida en esta bella reflexión autobiográfica no se refiere tanto a esos hallazgos de las ciencias sociales, cuanto a los contratiempos y sorpresas que suelen asechar a los pronósticos políticos.

Sagaz interlocutor de los clásicos, Bobbio evocaba numerosas conjeturas fallidas y sucesos no previstos, entre los cuales sobresalía el derrumbe del imperio soviético. Se me ocurre que, de la mano de este juicio, vale la pena subrayar una de las paradojas más sugestivas de este siglo. La época de los profetas seculares y de las dictaduras totalitarias, que justificaron su apetito de dominación con pretendidas leyes acerca de la "inevitabilidad histórica" (según las llamó Isaiah Berlin), se apagó rodeada por el mismo desconcierto con que, años atrás, se conocieron los primeros efectos de aquellos soberbios designios; el período de las predicciones deterministas y de la imaginería más audaz sobre el futuro de la humanidad se detuvo bruscamente y hoy está cruzada por el malestar que, en muchos individuos perplejos, provoca la incertidumbre.

¿Es esto así? ¿O, tal vez, la política haya decantado, entre aciertos y zozobras, algunos ideales universales sin los cuales la especie estaría condenada a vegetar en medio de la prepotencia, la arbitrariedad y el miedo? Intentaremos seguir el rastro de este contrapunto de cara a nuestro país y a su contorno. Sobre él planean tres cuestiones de viejo arraigo en la teoría política que también merecen ser presentadas al modo de interrogantes abiertos: ¿qué puedo saber de lo político?, ¿qué me pueden enseñar la experiencia, la memoria y la historia?, ¿qué debo hacer como ciudadano? Límites del conocimiento, límites de la acción humana con vistas al ejercicio del poder, deberes morales frente a nuestra circunstancia. La idas y vueltas de la historia han jugado con estos problemas más de una mala pasada. No obstante, han vuelto a prender con fuerza en la actualidad.

Se me disculparán los achaques de una educación algo obsoleta, ahora que las imágenes (lo que se ve y lo que se dice de ellas) parecen envolverlo todo. Para discurrir en torno a estos problemas me he valido de palabras y conceptos sin desconocer que, en el siglo XX, la historia que recuperan las imágenes —gracias al temprano desarrollo del documental producido por el cinematógrafo— es tan importante como la historia que elabora la escritura. A quienquiera tenga el temple suficiente para afrontar el impacto del mal en la historia, le bastará abrir los ojos ante los testimonios del horror que filmaron las fuerzas aliadas en 1945, cuando franquearon las puertas de los campos de exterminio en Alemania y Polonia. La toma de la Bastilla en 1789 es un hecho que inspiró magníficas piezas de la imaginación histórica. No es necesario echar mano al arte narrativo para transmitir, dos siglos después, la espontánea explosión de alegría que provocó en los berlineses la caída del Muro divisorio de la ciudad; bastó contemplar aquella efusión de anhelos contenidos en una pantalla de televisión.

Las palabras que van armando la historia política con la materia prima de los hechos siguen pues de pie; pero no son neutrales. Este ensayo está plagado de palabras que se repitieron durante siglos y milenios: democracias, naciones, estados, repúblicas, monarquías, dictaduras, totalitarismos, legitimidad, justicia, violencia, concordia... Son palabras más o menos abstractas, capaces de abarcar grandes panoramas o escenarios circunscriptos a episodios y períodos precisos. Debido a su duración, las palabras del vocabulario político enfrentan nuevos retos teóricos y prácticos; por eso tienen la característica, como dijo Raymond Aron, de ser "conceptos históricamente saturados". Inmersos en un combate de significados contrapuestos, estos conceptos logran, sin embargo, sobrevivir en tanto referentes indispensables.

Con este bagaje a cuestas, me he ocupado de observar unos pocos lugares del siglo XX donde confluyen hechos, ideas y algunas siluetas que se destacan sobre el trasfondo de los procesos históricos. En ciertos casos sobresalen acontecimientos y, en otros, el análisis de enfoques teóricos acerca del poder tal cual los trata la ciencia política. También me ha fascinado sacar a luz las concepciones sobre el gobierno de las sociedades, proyectadas hacia el futuro próximo y lejano, que se ocultan en el relato de los grandes escritores de ficción. Nada mejor que una prosa mágica para transformar las ideas en creencias.

No creo formular ningún juicio novedoso si digo que, en ocasiones, me ha guiado el punto de vista de varios autores, viejos caminantes del siglo bajo el fuego cruzado de las peores intemperancias. He citado ya a tres compañeros amistosos de esta travesía —Bobbio, Berlin, Aron— y debería añadir, dentro de un grupo sin duda más amplio, algún nombre importante en su momento, que procuré rescatar del olvido, como Guglielmo Ferrero. *Defensor civitatis* y *defensor humanitatis*: les caben ambos títulos a estos sabios espectadores de la historia contemporánea.

Cinco capítulos forman el texto. En el primero establezco un punto de partida en los años treinta. En el segundo intento averiguar cuáles son las raíces de los principios de legitimidad que durante la centuria entablaron un conflicto, entre pacífico y violento, acerca de los criterios del buen gobierno, del sentido de la historia y del desarrollo de la sociedad. En los tres últimos, más atentos a una secuencia cronológica, exploro el pasaje entre dos siglos

—el XIX y el XX—; las peripecias, trágicas y luego constructivas, de la tradición republicana a la vuelta de dos guerras mundiales; y, por fin, las tres décadas que cierran este tiempo planetario. Para aliviar la lectura del fardo de un aparato erudito excesivo, he eliminado citas y notas al pie de página, señalando dentro del texto el autor, título y año en que la obra citada se dio a conocer. Estos libros figuran al final en una sección bibliográfica.

Quizá el placer más grande que depara escribir un libro, entre tanto mal humor y momentos vacíos, consiste en disfrutar los consejos críticos de los amigos. Como es costumbre trabajé estas páginas en el Centro de Investigaciones Sociales del Instituto Di Tella y aproveché los servicios de su repositorio bibliográfico. El personal de la biblioteca de la Fundación Ortega y Gasset en Madrid, otra casa de estudios amiga, me brindó también su ayuda. Ana Luisa Radaelli tuvo a bien dedicarme generosamente su tiempo hurgando con eficacia en bibliotecas y archivos de diarios. Eduardo García Belsunce me dio un par de consejos oportunos y Luis Chitarroni me regaló una espléndida lectura de conjunto. Dejo para el final la inmensa deuda de gratitud que tengo con Mónica Vila Echagüe, Ezequiel Gallo y Tomás Moro Simpson. Este ensayo debe mucho a su apoyo y asistencia, a las largas horas consagradas a un análisis minucioso del texto, y a la inteligencia de sus reflexiones. Claro está que los errores, omisiones y zonceras, que el lector sin duda irá descubriendo, son responsabilidad exclusiva del autor.

Buenos aires, marzo de 1998

I

EN LOS AÑOS TREINTA

El 23 de abril de 1997 me tocó en suerte caminar de nuevo por las calles y ramblas de Barcelona. Habían pasado más de treinta años desde mi primera visita. La ciudad era otra: ordenada y poco ruidosa en relación con Buenos Aires (lo cual no es mucho pedir), invitaba con discreción a recorrerla; aparentemente satisfecha, refulgía. De pronto, en la tarde, tuve la sensación de que en el suelo repicaban otros pasos, quizá porque, sin darme cuenta, venía rumiando acerca de lo que había ocurrido sesenta años atrás por esos barrios hoy tan cuidados; y en lugar de aquel paisaje urbano resucitaron delante de mis ojos viejas fotografías, vistas en la niñez, de barricadas y puños en alto. Esas señales —lo supe más tarde— delimitaban un escenario ambivalente donde las pasiones revolucionarias frente a la agresión de un bando enemigo, ya en posesión de media España, desataban enfrentamientos intestinos tras las líneas defensoras de Barcelona, Madrid, Valencia y tantas otras ciudades cercadas o a punto de caer.

Me pareció que durante ese breve recorrido entre el pasado y el presente la memoria se instalaba en un año del período más oscuro de la historia de este siglo. ¿Por qué habían despertado esos recuerdos en aquella ciudad y en aquel preciso momento, y no en Madrid, donde suelo enseñar con frecuencia, o en la antigua línea del frente, por ejemplo entre Jadraque y Guadalajara? Tanto da. Lo más probable —para mostrar la insignificancia de esta anécdota— es que el oleaje del inconsciente hubiese activado la memoria justo en abril de 1937, el mes y el año en que nací en Buenos Aires.

La memoria actuaba en este caso como un disparador que convocaba a reconstruir el pasado de aquella Barcelona de abril de 1937, cuando comenzaron, precisamente el día 25, los hechos de sangre entre las facciones rivales anarquistas y comunistas. En realidad, esas agrupaciones no fueron protagonistas exclusivos de los enfrentamientos que, durante un par de semanas, pusieron en jaque la coalición republicana en guerra con las fuerzas nacionalistas, acaudilladas por Francisco Franco. Los anarquistas, la C.N.T. (su organización obrera), algunos sectores socialistas y el P.O.U.M. (Partido Obrero de Unificación Marxista) se enfrentaron con un conglomerado de fuerzas (republicanos, otros sectores socialistas, el gobierno de la Generalitat en Cataluña y el Partido Comunista) que, a la postre, lograron prevalecer. Hubo que matar y después reprimir entre grupos aliados. Los anarquistas intentaron controlar la central de comunicaciones —el edificio de la Telefónica—, levantaron barricadas en el centro de la ciudad y en la periferia de los barrios obreros y dieron acaso una desesperada batalla (la repetirían en Madrid en 1939 al lado de Julián Besteiro, días antes de la irremediable y definitiva derrota).

Los destellos de aquella batalla iluminaron a ratos la ciudad como lo habían hecho un año antes los incendios que habían abrasado las iglesias, cuarteles y edificios de quienes se habían plegado al levantamiento nacionalista. El hambre, que ya se insinuaba, y las manifestaciones por el alza del precio de los comestibles (la ración de pan hecha con una mezcla de trigo y arroz era de 250 gramos por persona), el temor a los bombardeos, la obsesión por reconstruir cuanto antes un ejército eficaz, la censura de prensa con el diario *La Vanguardia* como órgano del gobierno, la igualdad de derechos civiles para uno y otro sexo, las brigadas internacionales que habían participado dos meses antes en la batalla del Jarama, algún festival deportivo militar en el estadio de Montjuich, el cine de propaganda, los espectáculos de esparcimiento que no cesaban en una cincuentena de salas cinematográficas y una docena de teatros; todo ello formaba parte de la existencia de Barcelona. Una existencia, tal vez semejante al acoso, entre patético y absurdo, que sufrió el presidente de la República española, Manuel Azaña, aislado del exterior durante "cuatro días de asedio", como él los llamaba, y entretenido en dictar el texto definitivo de un pequeño libro en forma de conversación: *La velada en Benicarló*. En el preliminar de esos diálogos, Azaña evocaba las "jornadas frenéticas" de la guerra y "la plenitud de la lucha fratricida" que había "llevado el ánimo de algunas personas a tocar desesperadamente en el fondo de la nada".

Se decía entonces en Europa que la piedad y la misericordia estaban de más en la historia. El asunto no consistía solamente en matar sino en demostrar por qué esos crímenes eran necesarios y estaban justificados. En otros puntos del planeta, en cambio, la guerra era un eco lejano. En aquel abril de 1937 había en la tierra alrededor de dos mil millones de habitantes y pese a los augurios, que más tarde revelaron su acierto, de un irresistible crecimiento demográfico en las ciudades, la población del planeta seguía siendo predominantemente rural.

El panorama del continente americano, donde se concentraba el 14% de esa población, se presentaba mucho menos tormentoso que en Europa y Asia (un par de años antes había concluido la guerra del Chaco entre Paraguay y Bolivia). En los Estados Unidos, el *New Deal* de Franklin D. Roosevelt avanzaba con dificultad entre severas huelgas en la industria automotriz; parecía imposible, a corto plazo, recuperar los niveles anteriores al fatídico año 1929, cuando se desencadenó la gran crisis económica. En la Argentina se recuperaban con más firmeza la actividad económica y el comercio exterior, se preparaban comicios presidenciales con el lanzamiento de la candidatura oficialista de Roberto M. Ortiz, y sonaban imprecaciones fascistas en la sociedad y en algunos gobiernos fraudulentos de provincia, o voces xenófobas ante el peligro —decían ellas— de intro-

ducir en el país "minorías indeseables". Lázaro Cárdenas
promediaba en México un mandato de seis años fecundo en
nacionalizaciones y en la consolidación de la hegemonía del
P.R.I., el partido que institucionalizó el proceso revolucionario abierto un cuarto de siglo atrás, eliminando de cuajo
el reeleccionismo presidencial; Cárdenas apoyaba generosamente al gobierno de la República española y había recibido un año antes a León Trotsky, expulsado por Stalin de
la Unión Soviética en 1929 (el 12 de abril una comitiva
encabezada por el filósofo norteamericano John Dewey
había entrevistado a Trotsky en su casa de Coyoacán para
convencer al mundo de su inocencia frente a las acusaciones de Stalin). En Brasil el *Estado Novo* aprontaba la sucesión de su fundador, Getulio Vargas (lo que en definitiva no
ocurriría). En el Uruguay la llamada "dictadura terrista"
(por el golpe de Estado que encabezó Gabriel Terra en
1933) entraba en su último año, igual que en Chile la presidencia constitucional de Arturo Alessandri Palma. En
Centroamérica y el Caribe un grupo de tiranuelos, san-
grientos cuando era necesario doblegar a los opositores,
conservaba vivas las tradiciones de la dominación caciquil.

En comparación con Europa, el mundo latinoamericano era una periferia benigna. En ese mes de abril de
1937, el gobierno del Frente Popular en Francia, presidido desde hacía once meses por el líder socialista Léon
Blum, ya aplicaba la semana de 40 horas al paso que
crecía el descontento social (Blum renunciaría dos meses
más tarde). La Guerra Civil tronaba en toda España; el
fascismo estaba consolidado en Italia y un intelectual
comunista prisionero del régimen, Antonio Gramsci,
moría en Roma; la industria de armamentos crecía vertiginosamente en la Alemania nazi mientras Mussolini y
Hitler negociaban para constituir el eje Roma-Berlín
(pasos previos que culminarían en septiembre con la primera visita del Duce a los dominios del nuevo Führer).
En la Alemania nazi, el mes de abril de 1937 fue la fecha
límite que había estipulado la ley de poderes especiales

concedidos a Hitler en marzo de 1933 por el Reichstag.
Error fatal de quienes apoyaron esa legislación: en cuatro
años el Estado racista estaba montado (las primeras leyes antijudías fueron dictadas en 1935). En la Unión Soviética, Stalin asesinaba en Siberia a millones de individuos. En España, los bombardeos masivos probaban su
poder destructivo y los aviones alemanes arrasaban
Guernica, un pueblo de 7.000 habitantes a treinta kiló-
metros de Bilbao, lugar simbólico de los fueros vascos.

A la distancia, aquellos días de 1937 se agrupan en una
especie de ensayo general de la hecatombe que comenzará
dos años más tarde (el estallido de la guerra entre China
y Japón en el mes de julio anunciará ese desenlace). Sobre
la base de lo que ocurrió después, la narración de la historia tiene de este modo un punto de partida y una dirección. Así, los preparativos de Hitler servirían luego para
perpetrar un genocidio escalofriante, que alcanzaría a
todo el mundo europeo, en nombre de una raza elegida.
Pero ésa no fue la perspectiva que orientó los juicios y
comentarios vertidos en aquel momento. Muchos actores
estaban seguros de que la guerra mundial podía ser evita-
da. En enero de 1937, Anthony Eden, a la sazón *Foreign
Secretary* del primer ministro conservador Stanley
Baldwin, declaraba en Londres que no había peligro de
una guerra general si las potencias europeas fijaban una
política de no intervención en España y aislaban el territorio para impedir que el conflicto se expandiera fronteras
afuera. Cuatro meses después, el 28 de mayo, Neville
Chamberlain, un convencido de que la paz podía
preservarse negociando con Hitler, sucedió a Baldwin (lo
que llevó, al año siguiente, a la renuncia de Eden, persua-
dido esta vez de que esa política de apaciguamiento estaba condenada al fracaso). En la revista *Hechos e Ideas*
(número de marzo de 1937), Victor Serge calculaba que
las víctimas de la represión en la Unión Soviética se podían contar en "centenares de millares". En las décadas
siguientes, conocidos esos hechos con más precisión, los

números seguirían aumentando y superarían holgadamente esas estimaciones para confirmar el desaliento del
revolucionario belga enfrentado a las iras de Stalin y a la
ceguera de tantos colegas suyos que no querían aceptar la
verdad de aquellas primeras cuentas mortíferas.

Las guerras y los conflictos, junto con sus justificacio-
nes ideológicas, alimentaban juicios encontrados. Estas
representaciones de la realidad destacaban lo que interesaba, ocultaban lo que no convenía mostrar y proyectaban
hacia el porvenir sueños y frustraciones. El stalinismo
estaba rodeado por una corte de justificadores. Tampoco
faltaban apologistas en el bando opuesto: en 1937, en las
páginas de la revista *Criterio*, monseñor Gustavo
Franceschi manifestaba su convicción de que el movimiento nacional en España no era un ultraje "del despotismo contra toda libertad, o del sable contra la dignidad
humana". Se equivocaba: las represiones prosiguieron
implacables, con su secuela de cárcel y fusilamientos, durante y luego de concluida la Guerra Civil Española.

El distanciamiento del historiador no sólo significa de-
purar el análisis de pasiones y apartarse para someter a
la crítica los dichos propios y ajenos; también ese tramo es
una cantera inmensa de datos ignorados y revelaciones
sorprendentes: ¿qué decir frente a las pruebas recientes,
hechas públicas después de seis décadas, que muestran
cómo en la Suecia de 1937 ya estaba en ejecución una ley
votada dos años antes, durante un gobierno socialdemócrata, que mandaba esterilizar mujeres para proteger la
pureza de la raza nórdica? (se calcula que setenta mil
seres humanos sufrieron los efectos de esa política, la
cual, por cierto, también se difundió en otras democracias
europeas).

Cuando se conocen estas bifurcaciones inesperadas de
los cursos establecidos, los cimientos de las creencias
tiemblan. Ocurren cosas, en efecto, que algunos creyentes
de variada especie ideológica jamás hubiesen previsto.
Acaso sea imposible pensar la historia como un relato que

contiene dosis variables de cambios y continuidades sin esos súbitos desvíos del rumbo esperado. En la historia de las ideas, en la historia de los acontecimientos y en la historia más secreta, poco perceptible a primera vista, existen siempre esos lazos entre la continuidad y el cambio. Son dos dimensiones de la vida condenadas a compartir un mismo campo de experiencias. Por tanto, ese lazo es indisoluble. Si la historia fuese mera continuidad estaríamos regidos por el mandato de los muertos; si la historia fuera un puro cambio viviríamos en medio de la destrucción perpetua del pasado. Muchas veces, sin embargo, el mandato de los muertos está sepultado por la acción de los poderosos de turno y, en otras circunstancias, la anulación del pasado no es más que una excusa para fabricar un presente tan frágil como ilusorio.

Las huellas de la continuidad pueden trazar, entonces, algún mapa de ruta, pero la meta que en ciertos casos estas tendencias alcanzan sobrepasan la capacidad de la imaginación humana. El 12 de abril de 1937, el diario *La Nación* consignaba que en Polonia grupos antisemitas habían saqueado negocios pertenecientes a comerciantes judíos. A un hipotético historiador de 1937, estudioso del pasado de esa cultura católica impregnada de antisemitismo, la noticia no tendría por qué haberle causado mayor sorpresa. En un contexto favorable a ese afán destructivo, donde el racismo cosechaba sus frutos por doquier y penetraba en los gobiernos de Hungría, Austria y Rumania, los saqueos de ese año confirmaban lo que venía sucediendo de antaño. No obstante, el relato de lo peor estaba por llegar, pues luego se comprobó que esas tendencias crecen cualitativamente cuando la política, escudada tras un fulminante éxito militar, es concebida como una maquinaria eficiente de aniquilamiento racial. En 1940, exactamente durante el mes de abril, Heinrich Himmler, el jefe de las S.S. en la Alemania nazi, ordenó la construcción del campo de exterminio de Auschwitz en Polonia. Esa fábrica de la muerte pronto tuvo dos réplicas, establecidas en 1941 y

1942 e identificadas para el uso burocrático con números romanos, que funcionaron hasta 1945. No se sabe aún hasta qué punto llegó la matanza. Hay fuentes que hablan de 1.000.000, de 2.500.000 y hasta de 4.000.000 de sacrificados.

Entre la memoria y la historia

Estas cosas ocurrieron durante apenas ocho años: nudo de tendencias antiguas e invención sobre esos sedimentos de nuevos monstruos. Hay pues un tiempo del horror que no se despliega en el vacío. Esto puede ser más lacerante si el punto de vista del espectador respecto de su objeto está situado en un lugar temporalmente cercano, poblado de recuerdos y experiencias. El siglo XIX ya es para nosotros un objeto distante; el siglo XX, no. Corresponde a la historia política reconstruir los escenarios del pasado, poner sobre el tapete los motivos e intenciones de los actores y, como aconsejaba Popper, penetrar en la medida de lo posible en la lógica de una situación. La distancia es, en este sentido, un instrumento imprescindible que nos libera de las interferencias derivadas de la experiencia inmediata y de la memoria. Si el XIX nos ofrece la posibilidad de reconstruir lo que aconteció, el siglo XX, en especial durante los últimos cincuenta años, nos invita a entablar un debate crítico entre, por una parte, experiencias y memorias y, por la otra, la reconstrucción del pasado que se apoya en el aparato conceptual del historiador.

Aquí estamos frente a una distinción necesaria para evitar malentendidos. La experiencia tiene ganado un linaje distinguido en la teoría política. En lenguaje cotidiano se entiende que hay experiencia cuando la enseñanza o las lecciones acerca de la vida se adquieren con el uso y la práctica. De tal modo que podemos concebir a la experiencia como una gran hacedora de valores y costumbres que

se transmiten de generación en generación. Llevado hasta
sus últimas consecuencias este criterio ha servido para
montar teorías conservadoras en torno a la política y al
poder.

Edmund Burke, que entre muchos textos importantes
escribió unas trascendentes reflexiones críticas acerca de
la Revolución Francesa, es el personaje que habitualmente se trae a colación para ilustrar esta perspectiva. Para
Burke la ciencia política era una ciencia empírica, análo-
ga a la medicina y a la fisiología, que no podía —ni debía— enseñarse *a priori*. Por consiguiente, la experiencia
formaba un depósito de creencias heredadas y prescrip-
ciones, que se iba forjando con el paso de los siglos. Si no
se respetaban estos diques de contención de la inventiva
humana, los cambios podían jugar una mala pasada a los
legisladores que los promovían.

Esta representación de lo político no describe con entera justeza lo que aquí entendemos por experiencia.
Porque más que una acumulación de prejuicios y creencias, estructurada como un conjunto exterior a cada uno
de nosotros, capaz de modelar y condicionar las acciones
individuales, la experiencia haría las veces de una pedagogía práctica, anclada en nuestra personalidad que,
junto con otros atributos, alimenta la memoria y con ello
da consistencia a los recuerdos del pasado. A vuelo de
pájaro se podría aducir, entonces, que la memoria actua-
ría en nuestra conciencia al modo de un agente capaz de
retener las cosas que ocurrieron; pero acaso sea un agente como los que imaginó Joseph Conrad: ambiguo, oscuro
e impredecible. En la memoria no sólo se actualiza el
lado consciente de nuestro pasado; también en ella se
agitan recuerdos reprimidos y aquello que queremos y no
podemos olvidar. No hay en esto originalidad alguna (los
hallazgos del psicoanálisis y de la psicología profunda
son mucho más precisos al respecto), pero al menos sirve
para subrayar que la memoria es un pórtico que permite
el acceso al conocimiento de la historia y de la política y,

al mismo tiempo, un obstáculo que se interpone en dicha operación.

Son fascinantes, al respecto, las historias de las sociedades aristocráticas (por ejemplo, las historias de Florencia hasta el siglo XVI que escribieron Maquiavelo y Guicciardini) debido al genio de esos textos para retratar el conflicto de memorias que pugnan por imponer su predominio. En la historia aristocrática hay una intriga protagonizada por un escaso número de actores. Decía Tocqueville en 1840 que los "historiadores que escriben en los siglos aristocráticos, por lo general hacen depender todos los acontecimientos de la voluntad particular y del humor de unos hombres determinados, y achacan a incidentes mínimos las más importantes revoluciones. Ponen de relieve sagazmente las pequeñas causas y a menudo no perciben las grandes."

Tocqueville había leído la *Historia de Florencia*, junto con *El príncipe*, en 1836, cuatro años antes de publicar la segunda parte de *La democracia en América*, a la cual pertenece el párrafo citado más arriba. El juicio que le merecía Maquiavelo contenía una rotunda reprobación moral. *La Historia de Florencia* era para Tocqueville "la obra de un gran escritor y de un gran político", que mostraba —igual que en *El príncipe*— "la misma indiferencia por lo justo y lo injusto; la misma adoración por la habilidad cualesquiera que sean los medios que ella utiliza; y la misma estima profunda hacia aquellos que tienen éxito." En suma: un descarnado relato escrito por alguien capaz de comprender, con invariable neutralidad axiológica, el vicio y la virtud.

Es posible, sin embargo, que Tocqueville se haya inspirado en estas narraciones, donde el pueblo, pese a su presencia ocasional, suele hacer más de coro que de protagonista, para precisar su concepto de historia aristocrática. Una trama, podríamos añadir a título complementario, en la cual los actores construyen su vida pública bajo el influjo de pasiones que se nutren de la memoria familiar; y esta memoria suele ser, en general, facciosa. Vistas desde este ángulo, las facciones son protopartidos que descargan sobre el área de las decisiones públicas dosis variadas de discordia y consenso porque cada una de ellas atesora recuerdos de combates y alianzas posibles. "Cuando los historiadores de los siglos aristocráticos estudian el teatro del mundo —proseguía Tocqueville— lo primero que ven es un pequeño número de actores principales que dirigen toda la trama. Estos grandes personajes que se mantienen firmes en el escenario atraen su vista y la fijan; ocupados en descubrir los secretos motivos que les hacen hablar y actuar, olvidan todo lo demás."

Por eso la historia aristocrática aparece como un relato sin dirección, como una querella interminable que se reproduce en forma circular. Llevado a los extremos de la tragedia, fue William Shakespeare quien mejor dibujó ese círculo fatal de violencia y desconcierto en una de las escenas del Acto V de *Macbeth*. El lúgubre lamento de Macbeth, cuando la justicia está a punto de segar su carrera de asesino, lo dice todo: la vida es una sombra que pasa "...un cuento narrado por un idiota con gran aparato (*full of sound and fury*), y que nada significa". Sarmiento se valió de estas palabras atribuyéndolas a Hamlet como exordio a *Recuerdos de provincia*. En esta cita, que se ha convertido en clásica, se puede encontrar una de las claves para entender las diferencias entre memoria e historia.

Recuerdos de provincia llegó en 1850, cinco años después de *Facundo* y, aun cuando sería presuntuoso presentar el relato sobre las peripecias de Quiroga como un libro estrictamente histórico, no hay duda de que en él se detecta una dirección y hasta se siente el temblor de un drama revolucionario compuesto por viejos y nuevos actores. En el *Facundo*... hay distancia y la intención —como bien lo entendió José Luis Romero— de cavar hondo en el suelo histórico. En *Recuerdos de provincia*, en cambio, "el loco"

Sarmiento (así lo llamaban y por eso él mismo ha traducido en ese exordio *idiot* por loco) dialoga consigo mismo, con sus recuerdos benignos y mortificantes, y con la memoria personal y familiar. Algo semejante podríamos decir de Vicente Fidel López, uno de los fundadores, junto con Mitre, de nuestra tradición historiográfica. Su historia de la revolución y de la Argentina, escrita con la seducción que todavía en el XIX generaba la voz del orador (hoy ese estilo ha desaparecido), remeda la saga de una familia y de un grupo político en trance de orientar, sin mayor éxito, un proceso de cambio para ellos oscuro e imprevisible. Es un juego fascinante donde emerge la memoria de un padre —Vicente López y Planes— que busca ser memoria predominante y originaria de una nación joven gracias al poder narrativo de su hijo Vicente Fidel. Para el historiador de este siglo, el relato contenido en esos volúmenes es un depósito riquísimo que permite entender ese pequeño universo porteño de las décadas posteriores al año 1810 agitado por pasiones y prejuicios.

La incógnita que deriva de esta breve digresión consiste en saber si es posible domesticar al duende de la memoria. Francamente, no parece posible domesticarlo del todo y, aunque muchos historiadores hayan pretendido hacerlo y algunos hayan llegado al convencimiento de haber alcanzado la verdad histórica, en los hechos la actitud debe ser cautelosa. Volvamos a Tocqueville. En contraste con el estrecho escenario que destacaban los historiadores de las sociedades aristocráticas (y del conflicto de memorias contenido en aquellos relatos), la historia de la época moderna, en particular la que arranca luego de la Revolución Francesa, tenía la característica de abrir el campo de observación y de estudiarlo mediante un nuevo método de análisis. Tocqueville advertía en esta sorpresiva dilatación del objeto de la historia no sólo el desarrollo de actitudes inherentes a un nuevo tipo de historiador, sino también el hecho no menos sorprendente de un cambio en la escala de los acontecimientos humanos.

Esa mudanza de instituciones, usos y valores, representó el pasaje de la sociedad aristocrática a la sociedad democrática; pero lo que conviene señalar aquí es la transformación que se opera en el modo de comprender la historia en el XIX y el XX. Según Tocqueville, los historiadores que viven en los siglos democráticos no conceden "casi ninguna influencia al individuo sobre el destino de la especie, ni a los ciudadanos sobre la suerte del pueblo [y] en cambio atribuyen a grandes causas generales los más mínimos hechos particulares". El desplazamiento del foco de atención aparejó efectos trascendentes, porque los relatos anclados en la memoria de las grandes familias señoriales debían ceder el paso a un tipo de narración impulsado por un concepto dominante y por un núcleo explicativo del cual dependen un conjunto de procesos ulteriores. En palabras de Tocqueville, el historiador de los siglos democráticos prefiere "hablarnos de las características de las razas, de la constitución física del país o del espíritu de la civilización."

Entre los puntos extremos de la memoria anclada en el particularismo y la historia construida en torno a lo que Tocqueville llamaba "grandes causas generales" se sitúan también el siglo XX y aquel año de 1937. La apelación a las "causas generales" tenía un doble propósito, pues éstas se usaban para interpretar el mundo y simultáneamente para difundir creencias al servicio de la voluntad facciosa. Se montó de ese modo una trama que, tras los grandes discursos en torno al destino de la humanidad y la movilización de millones de personas, ocultaba las peripecias de un pequeño número de actores. En 1937 habían prácticamente culminado las luchas en el seno del Comité Central del Partido Comunista en la Unión Soviética y la violencia se esparcía hacia fuera de aquel recinto hasta alcanzar a grandes sectores de la población. En 1937 ya no quedaban rivales internos frente a la voluntad omnímoda de Hitler, y la maquinaria guerrera comenzaba a encuadrar una masa humana que sólo mostraba el rostro anónimo del soldado. En agosto de 1937, tras el accidente que costara la vida al general Mola, jefe de los ejércitos nacionales del norte de España, todas las facciones que habían hecho posible el levantamiento de 1937 se unificaron bajo la jefatura indiscutida de Franco. Es difícil penetrar en este mundo donde la historia es al mismo tiempo objeto de estudio y justificación de la política. La historia, se afirma con soltura en estos días, es un oficio que opera sobre diversas fuentes sujetas a crítica y análisis (la memoria es una de ellas) para recuperar los hechos tal cual sucedieron y abarcar, mediante su relato, una porción o la parte más amplia de la estructura y valores de una sociedad. Quizá, hace sesenta años, el historiador holandés Johan Huizinga hubiese compartido esta definición en escorzo, aunque —es sabido— la cultura, y no específicamente la política, era el aspecto sobresaliente de sus investigaciones. Pero el lugar que exploraba Huizinga, si evocamos su libro más famoso, publicado en la década del veinte, estaba ubicado en *El otoño de la Edad Media*, en el seductor espejo donde se reflejaba la transición entre esa época y el Renacimiento. Tan fuerte resultaba ser en este magistral estudioso del pasado la valoración de la perspectiva histórica que, en una conferencia sobre el nacionalismo y el patriotismo dicha en la Universidad de Leiden en febrero de 1940, justo a punto de descargarse sobre su país un cataclismo de sangre y acero, Huizinga resolvió estirar su *racconto* sólo hasta el siglo XIX, dejando en suspenso el análisis de la locura nacionalista de aquel presente. No parece que esta decisión haya escondido el gesto asténico de alguien sin temple moral que callaba y rehusaba el compromiso con los males de su tiempo (Huizinga murió en 1945, confinado y hambriento, luego de soportar tres años de campo de concentración.) Más bien, se puede ver en ella un temple de otro tipo que atiende a ciertos recaudos para liberar al pasado de las pasiones del presente.

Cuando esta última actitud termina imponiéndose en el

debate histórico, los resultados y efectos que ella produce suelen ser devastadores. Hace veinte años, en un ensayo escrito con Ezequiel Gallo (*La inmadurez histórica de los argentinos*), analizamos con inquietud un estilo muy argentino de hacer historia que combinaba dos formas de aproximación al pasado. En ese tiempo, empañado por las peores atrocidades, no se había apagado aún el eco de una militante polémica entre la vulgarmente llamada "historia liberal u oficial" y su contrapartida, el "revisionismo histórico." El combate tenía por objeto apropiarse de la entera verdad del pasado gracias al estridente montaje que cada bando producía con los legados de una memoria partidista y con explicaciones causales afincadas en grandes generalizaciones: dos decorados para un mismo escenario. La lucha se entablaba entonces entre panteones imaginarios. En ellos yacían unos héroes que habían derrotado a otros personajes condenados por el propio historiador a representar el papel de antihéroes. El contrapunto entre, por ejemplo, Mitre y Sarmiento en pugna con Rosas y Quiroga, estiraba, colocándola patas arriba, una matriz ideológica que había nacido en el siglo pasado (el denostado tirano de antaño se convertía en victorioso campeón de la contienda histórica), y se engarzaba con conceptos omnicomprensivos como la dialéctica entre imperialismo y vasallaje, o la fragua de la independencia nacional. El poder de estas palancas explicativas permitía sortear con creces, se creía, una laguna empírica o un bache lógico.

Estas actitudes ante el pasado eran tributarias de las discordias del presente y reproducían, casi a pie juntillas, una línea de combate histórico que se originó en Francia, en tiempos de la Revolución de 1789, e invadió muy pronto las culturas española e hispanoamericana. Sus efectos recorrieron un largo trayecto que tuvo la peculiaridad de disminuir en intensidad en algunos tramos para luego reaparecer con renovada virulencia. Las brasas de estas memorias ocultas en ciertos momentos

del XIX se avivaron con fuerza en el siglo XX, entre la
Primera y la Segunda Guerra Mundial, y en las décadas
posteriores en nuestro país. ¿Historia al servicio de concepciones hegemónicas o historia plural? ¿Autonomía del
conocimiento histórico o dependencia del mismo de otros
criterios impuestos por el poder, la ideología o una combinación de ambos?

La historia que se ejerce como un combate ideológico
niega el conocimiento del pasado que se apoya en el uso de
la perspectiva. La memoria unida al faccionalismo configura acaso el obstáculo más serio para aprehender la historia más próxima, coetánea con nuestra circunstancia.
Éstas, entre otras, son las dificultades que se yerguen
frente a la historia contemporánea y a la reconstrucción
histórica del acontecer político que nos circunda y condi-
ciona. Obviamente, este cometido no sólo atañe al oficio
del historiador sino, en general, a las ciencias sociales. De
lo contrario, si se acepta una frase feliz de Hegel, estaríamos negando el pasaje de la historia inmediata a la historia reflexiva.

Por cierto que en estas operaciones subyace una raíz
teórica sin la cual es imposible sustentar las proposiciones propias de las ciencias humanas. Norberto Bobbio
decía, siguiendo el rastro de Kant, que la teoría política
sin historia queda vacía y la historia sin teoría está ciega.
Podríamos acumular más citas para redondear estos criterios sobre los cuales se apoya la historia contemporánea. Sin embargo los problemas aludidos arriba no son
tan fáciles de despejar. Vienen a cuento los interrogantes
que Raymond Aron formuló en sus lecciones sobre la historia, expuestas entre 1972 y 1974, y que, por otra parte,
resumen el hilo argumental de toda su obra: "¿cómo es
posible—se preguntaba— conocer a la vez la sociedad en
la que se vive y a uno mismo?; ¿cómo se lleva a cabo la
dialéctica entre la sociedad que me hace ser lo que soy, y
yo que quiero definirme en relación a ella?; ¿qué debo
hacer en una sociedad a la que conozco mal, ante un por-

venir que, como todo el mundo, no puedo prever?". Estas preguntas encierran la grandeza y servidumbre de un tipo de conocimiento que tiene por finalidad entender las intenciones y efectos —queridos y no queridos— de la acción política. El mismo método es aplicable al pasado mediato y, sin embargo, no es exactamente lo mismo reconstruir el lejano escenario de las guerras civiles argentinas en el ochocientos que el período habitado por el terror recíproco de la década del setenta de este siglo. En ciertos países (la Argentina es uno de ellos) la historia contemporánea debe lidiar con memorias azotadas por crímenes, torturas, exilios, silencios y complicidades.

Pero en 1937 estos recaudos, si bien sobrevivían en las universidades de países cuyos regímenes políticos garantizaban la libertad académica, sufrían el repudio de una cultura donde las profecías seculares eran una forma simbólica del asesinato político. La primera actitud solía justificar la segunda porque, en gran medida, se había llegado al convencimiento de que la voluntad humana podía ejercer un control eficaz sobre el futuro.

H. G. Wells inventa el futuro

Las profecías eran pues abundantes, pero desde luego ya no se procuraba ejercer el don sobrenatural, propio de una persona que por inspiración divina anuncia el porvenir, sino abarcar el mayor número de señales en el mundo presente para predecir acontecimientos futuros. Heredero de una visión escatológica, el oficio del profeta volvía sobre sus pasos, abandonaba la historia sagrada, y se instalaba en la historia profana. El asunto no era nuevo (ya lo veremos con más detalle en el próximo capítulo) porque venía precedido por el profetismo científico y literario del siglo XIX. Esta combinación de géneros, a primera vista disparatada, tuvo cultores notables. Si, como bien se ha dicho, las novelas históricas de Walter Scott transmitían el instinto de adivinar el pasado, las narraciones de Julio Verne estuvieron envueltas por el carisma de la anticipación del futuro. Dos adivinanzas no del todo contradictorias, aunque en el segundo caso el acierto provenía de un ensamble, en ocasiones delicioso, entre el poder de una ciencia capaz de destruir las fronteras del viejo conocimiento con el poder sin límites de la imaginación literaria.

El estilo que nacía de esa conjunción de fuerzas era fascinante. Además reunía los atributos necesarios para forjar una tradición que, por cierto, recaló en el siglo XX. Nadie representó mejor esta manera de imaginar el mundo que Herbert George Wells. En realidad, este escritor fue un testigo excepcional del pasaje entre dos épocas. Su biografía ilustra acabadamente esta travesía y revela, paso a paso, los cambios que tuvieron lugar durante la primera mitad de este siglo en el plano de las ideologías políticas: un intelectual victoriano a quien las vueltas de la historia convirtieron en profeta de utopías totalitarias.

Wells nació de un matrimonio pobre en 1866, en el condado de Kent, al sur de Inglaterra, y murió famoso en 1946 a punto de cumplir ochenta años dejando tras de sí una obra vastísima. Era insaciable, como hombre y como escritor. Publicó relatos de ficción —algunos maravillosos— historias de la humanidad y ensayos científicos sin dar tregua al lector. Raro era el año en que no apareciesen por lo menos dos textos debidos a su asombrosa facundia. Sus contemporáneos veían en él un ser tan genial como insoportable. George Bernard Shaw, su compañero en el socialismo fabiano, decía que Wells expresaba una "visión tan vasta y tan segura de sí misma, que la menor contradicción le produce un furor ciego de elocuencia y vituperación". Según John Maynard Keynes era un viejo maestro, "los institutores (se refiere también a Shaw) de la mayoría de nosotros a lo largo de todas nuestras vidas". Obviamente, Gilbert Keith Chesterton fue más severo: en los tiempos que corrían, Wells formaba parte, junto con

Kipling y Shaw, de un conjunto de nuevos "herejes", lo cual no empañaba para nada el encanto que en aquel jocundo escritor enamorado del dogma católico generaba "su vigor y su prontitud" para compartir una broma. La fama literaria de Wells llegó a Buenos Aires. Sin embargo, cuatro décadas después de que se difundieran los relatos magistrales de fines del XIX (entre otros *The Time Machine*, 1895; *The Invisible Man*, 1897; *The War of the Worlds*, 1898), Jorge Luis Borges añoraba desde las páginas de *Sur*, en julio de 1937, al "antiguo narrador de milagros atroces". Borges, comentarista en esa oportunidad de dos libros de Wells: *The Croquet Player* y *Star Begotten*, parecía no sentir mayor atracción por el Wells de la década del treinta, un productor de "imprudentes enciclopedias" acerca de la historia universal dadas a conocer en 1920 y 1922, cuyas espectaculares cifras de ventas se medirían muy pronto en millones de ejemplares. Estos juicios no afectaban, por cierto, su apego a ese gran maestro de la imaginación. Tiempo más tarde, en un breve prólogo fechado en 1985 a *La máquina del tiempo* y *El hombre invisible*, Borges declaró que el "hecho de que Wells fuera un genio no es menos admirable que el hecho de que siempre escribiera con modestia, a veces irónica".

Es posible que el lector encuentre rastros de modestia en aquellos relatos de ficción, tan notorios, acaso, como la absoluta confianza en las virtudes propias de un legislador universal del porvenir que se desprenden de sus ideas sociológicas y ensayos políticos. Wells fue un intelectual capaz de interpretar todos lo registros del saber y no quedar satisfecho, él mismo y quien lo leía, con ninguno. En esa ambiciosa tarea lo acompañaron muchos contemporáneos, aunque muy pocos tuvieron a mano un aparato de difusión comparable al suyo. Si admitimos este anacronismo, hoy podríamos decir que Wells fue un modelo de intelectual "mediático". En octubre de 1938 conoció la gloria de la radio gracias al servicio que le brindó Orson Welles, cuando a ese joven y aún desconocido actor de teatro se le ocurrió dramatizar *La guerra de los mundos* en una impactante audición radiofónica emitida desde Nueva York. El programa —un astuto montaje de noticieros imaginarios sobre la invasión de unos horribles marcianos que destruían todo a su paso— provocó escenas de pánico y algunos tumultos en la calle con una buena cantidad de huesos rotos, contusiones, abortos e importantes demandas judiciales por daños y perjuicios. A partir de esa noche, Orson Welles se hizo célebre, un atributo sin duda innecesario para su cuasi homónimo Wells.

En la década del treinta, el arte cinematográfico era el medio más espectacular para plasmar los escenarios del futuro. Wells jugó esa partida como libretista en un filme inglés de costosa producción, con grandes escenarios por donde circulaban veinte mil extras y actores no menos grandilocuentes, que se conoció en Buenos Aires en octubre de 1936. La película tenía un título espléndido: *Things to come* (en español *Lo que vendrá*) y se basaba, como veremos de inmediato, en un libro de título semejante. Ya septuagenario, Wells mantenía un entusiasmo juvenil por el cine; según consigna el día 24 un periodista de *La Nación*, lo consideraba la más grande de las formas de expresión, más grande que el teatro e infinitamente más hermosa que la ópera; recomendaba a los literatos que se movieran al ritmo del tiempo, que escribieran para el nuevo arte y aprovecharan las inmensas posibilidades de captación de las cámaras, e invitaba a Shaw y a André Maurois (quizá entre sus contemporáneos el más brillante artesano de la historia novelada) a presenciar y discutir su filme en una exhibición privada.

Estas presencias prestigiosas eran de una magnitud apropiada al argumento que se desenvolvía frente al espectador durante noventa minutos. En un año cercano a 1940, en una ciudad europea sin nombre, *Everytown (Dondequiera)*, los festejos de la Nochebuena se ven interrumpidos por un esperado ataque aéreo. El sonido de las

sirenas estremece la escena: es el comienzo de una larga
y generalizada conflagración en la cual se experimentan
técnicas mortíferas —gases venenosos, bombardeos masivos— que destruyen los ejércitos y las poblaciones civiles.
Al cabo de esta nueva guerra de treinta años, en 1970, ya
no quedan huellas visibles de la antigua civilización. Sólo
ruinas donde sobreviven unos pocos seres miserables y
huraños, diezmados por una peste semejante a las que
asolaron Europa en siglo XIV. En medio de esa hecatombe
se yergue la voluntad de un jefe de mirada estragada que
impone el orden asesinando a los apestados como perros
rabiosos.

La guerra prosigue conducida por dictadores brutales
hasta el momento en que un extraño personaje (el protagonista del filme con más canas, prófugo en cuadros anteriores del campo de batalla) desciende sobre los escombros debido a una emergencia de su avanzado aeroplano
de hélice, envuelto en un espléndido mameluco coronado
por una escafandra de cristal (algo así como una enorme
lámpara eléctrica). Es el sabio que regresa y es apresado,
portador del mensaje de una civilización creada por científicos y técnicos en las márgenes del viejo Mediterráneo,
que tiene todo dispuesto, bajo su esclarecida autoridad,
para reconstruir el mundo según un plan minucioso. El
rescate del sabio prisionero no tarda en llegar: los tripu-
lantes de unos aviones inmensos, impulsados por un rosario de hélices, dominan con pulcritud a la gente miserable
con gases que adormecen. El dictador muere y los científicos ponen manos a la obra. En el año 2036, *Everytown* es
una metrópoli de cristal, aislada de la naturaleza, limpia
e incontaminada, porque en ella se gradúa el calor, la luz
y el aire, surcada por transportes silenciosos, sujeta al
imperio de un orden mecánico y gobernada por una tecnocracia hereditaria. No obstante, la intranquilidad social
perdura. Justo en el día en que una bella pareja de jóvenes se embarca dentro de un proyectil que será disparado
hacia la Luna por un cañón descomunal, desbordan los

controles varias manifestaciones populares en contra del progreso. Pese a las protestas, la operación culmina exitosamente. Satisfecho, el nieto del sabio fundador, filósofo presidente de esa vasta comunidad, engalanado con sobriedad al modo de un personaje helénico con toques renacentistas, observa el firmamento, detecta el artefacto y pronuncia una solemne oración de despedida: presa de enconos y desasosiego, la humanidad no alcanzará la paz definitiva mientras el hombre no haya saciado su sed de infinito venciendo los misterios del universo ¿Y después?

Wells dejó la pregunta abierta. En una entrevista que publicó *La Razón*, el domingo 18, sostuvo que la película representaba el conflicto entre las fuerzas morales y científicas de la humanidad; entre el espíritu naturalmente conservador y el espíritu de aventura, que formula su eterno interrogante en los mundos siderales. Sin duda estaba bien encaminado con respecto a lo que sucedería tres años después. La Segunda Guerra Mundial fue tan devastadora como sus pronósticos más pesimistas; los bombardeos masivos y la desintegración del átomo dejaron sobre muchas ciudades indefensas un osario espeluznante. Wells no previó, sin embargo, los efectos de los antibióticos que se difundirían por el planeta desde mediados de los años cuarenta. Tampoco se le ocurrió vaticinar que los experimentos con cohetes de retropropulsión, iniciados por Werner von Braun en la Alemania nazi en 1934 y proseguidos en los Estados Unidos, producirían una revolución tecnológica gracias a la cual el hombre puso pie en la Luna en 1969, precisamente cuando la humanidad se hundía, según mostraban varios decorados truculentos, en una nueva edad oscura.

No faltaron opiniones en el ambiente periodístico de 1936 que vieron en *Lo que vendrá* un bodrio presuntuoso. El cronista de *Crítica* escribió el día 22 que "el abuso de elementos mecánicos [...] la profusión de grandes conjuntos materiales [...] terminan por dar una impresión de irremediable puerilidad [...] apenas salvada por algún

toque de humanidad [...] que el espectador espera y sabo-
rea como un verdadero respiro en medio de la monotonía
irremediable de su desarrollo". Si nos atenemos a estas
palabras, poco remedio parecía tener el ensayo fílmico de
Wells, excepto, se entiende, el valor de unas predicciones
que, naturalmente, no podía ser apreciado en ese momento. Pero, más allá de este fascinante juego a través del
tiempo, el gran público recibía unos mensajes que goza-
ban de bien ganada popularidad. En 1937, muchísima
gente parecía presa del convencimiento de que la voluntad —la decisión brutal de un jefe o la reflexión inteligen-
te de un sabio puesto a gobernar— podía dominar el curso
de la historia. Fue un período de grandes designios que
tenían la peculiaridad de dirigir la libertad humana de
acuerdo con una variedad de dictados.

    ¿Correspondían estas fantasías a lo que entonces real-
mente ocurría? Wells no hubiese dudado un instante en
afirmar que sí. Ese planeamiento de la vida humana,
guiado por la razón de los sabios, era en efecto el medio
mejor pertrechado para realizar la felicidad y la unidad
del género humano. Como bien advirtió François Furet,
Wells fue un "profeta del Estado mundial", un socialista
poco afecto a la dialéctica de Marx, fascinado con los métodos de la planificación soviética. La contradicción entre
el ideal de una sociedad planetaria y los revulsivos nacionalismos que brotaban en todos los rincones del planeta,
se saldaría con esa palanca construida a fuerza de ciencia
y voluntad: así se conformaría, en definitiva, el perfil del
nuevo poder mundial. Wells había visitado a Lenin en la
primavera revolucionaria de 1920 (de resultas de ello publicó *Russia in the Shadows*). En 1934 repitió esa peregri-
nación para entrevistar a Stalin y no tuvo empacho en
decirle al dictador que él se colocaba a su izquierda. Luego
justificó el sometimiento de los escritores en la Unión
Soviética porque eran males provisorios, tal vez inevita-
bles para construir una sociedad racional.

    Wells dijo en 1934, en su *Experiment in Autobiography*,

que estas predicciones acerca de la necesidad de un gobierno mundial estaban inspiradas en *Anticipations*, un texto de 1901 "que puede considerarse como la clave y el arco principal de mi obra", y sobre todo en *The Shape of Things to Come*, una "teoría ya madura de la revolución y del gobierno del mundo", que se publicó en 1933. Este último libro fue la carta de navegación de *Lo que vendrá*; le dio el título al filme y desarrolló una trama pretenciosa —mezcla de ciencia, literatura y reflexión política con ambiciones teóricas— que ilustra cómo, a partir de una circunstancia de privación absoluta, un grupo de seres superiores puede fabricar la felicidad universal. Wells no introdujo novedad alguna en el campo filosófico cuando postuló la vieja idea de que el bien puede nacer del mal; pero la astuta combinación de visiones utópicas con el desprecio que en cada página se advierte hacia la democracia parlamentaria y las libertades individuales, hacen de este libro una obra representativa de los prejuicios de la época.

Curiosamente, el libro es también un tributo a la cultura regeneracionista española e hispanoamericana de este siglo. Está dedicado a "José Ortega Y. Gasset [*sic*], Explorador" (en la correspondencia y biblioteca de Ortega, al cuidado de la Fundación Ortega y Gasset en Madrid, no hay rastros de intercambio epistolar con Wells y tampoco figura en los registros un ejemplar de *The Shape of Things to Come* autografiado por el autor). Admirador de Ortega y Unamuno, Wells creía que "España y la América del Sur hispana [...] tenían [...] una mentalidad más abierta y creativa que otras regiones del mundo".

El entusiasmo que se desprende de estas líneas no llegaba a imaginar, sin embargo, que el Estado mundial del futuro estuviese unificado por la lengua española; con más acierto, Wells decretó que el planeta entero hablaría inglés. Antes de alcanzar esta meta se desenvuelve una trama semejante a la del filme que superpone diversos planos. En los años treinta, un funcionario internacional

de la Sociedad de las Naciones deja en herencia a Wells
un manuscrito acerca de la historia futura que le dictaron
sus sueños. Para Wells, los sueños son el revés de Freud:
no sirven para interpretar el pasado o el presente sino
para adivinar el futuro. Los sueños habían llevado a ese
imaginario escritor hasta el año 2140 desde cuya cima
podía contemplar un pasado que, para sus contemporáneos, aún representaba el panorama incierto del porvenir.
El manuscrito estaba pronto y Wells, editor puntilloso, lo
ofrece al lector con los debidos comentarios.

A tono con la época, la historia de ese pasado pone en
escena hacia 1940, un prejuicio discriminatorio ampliamente difundido. Sin quererlo, un judío desencadena una
serie de catástrofes. La chispa se enciende en el corredor
de Danzig (invención territorial del inglés Lloyd George
para rediseñar la geografía europea luego de la Primera
Guerra Mundial) debido a una dentadura postiza mal co-
locada. Mientras come una naranja, una incómoda semi-
lla se desliza entre sus dientes y encías. Las muecas para
desembarazarse de tal molestia no se hacen esperar. Un
joven nazi interpreta esas contorsiones faciales como una
burla inaceptable para la dignidad del uniforme alemán:
levanta la voz, hay insultos y lo asesina a tiros. El pueblo
se divide, los gobiernos hacen de ello una cuestión de
prestigio, movilizan tropas y declaran la guerra. Las potencias europeas se pliegan de inmediato a cada uno de
los bandos en línea con las alianzas establecidas. La guerra es aquí más corta: dura diez años, acompañada también de pestes y hambrunas.

Al profeta del aniquilamiento sucede el profeta de la
reconstrucción, el trabajo de la mente que a Wells más
fascinaba. Si el mundo después de la guerra era una
tabula rasa, el arquitecto del porvenir tendría sin duda
menos dificultades que superar. La catástrofe provoca,
en efecto, que un puñado de hombres esclarecidos esta-
blezcan el Movimiento del Estado Moderno (*Modern
State Movement*). Luego de superar diversas peripecias,

ellos serán los padres fundadores del gobierno mundial. El camino para llegar a ese grandioso objetivo no es otro que el de la dictadura. Hay pues tres momentos en esta aventura planetaria: el descalabro económico y la guerra; la dictadura, mal necesario; y, por fin, la felicidad compartida por el género humano que nacerá de ese inevitable tránsito.

La irrupción del mal y el derrumbe generalizado de la vida humana resultaban de la combinación de los nacionalismos que entonces pululaban por el mapa europeo con el capitalismo. Estas fuerzas históricas se ocultaban tras "la farsa del régimen democrático". Basada en el "deplorable concepto" de oposición, la democracia era una "ficción política" porque, según ella, "cada súbdito del estado contemporáneo era igualmente capaz de tomar cualquier decisión colectiva que hubiera de hacerse". Para Wells, el error de la democracia estriba en preguntar a la gente lo que quiere cuando, a la inversa, es necesario "primero pensar lo que deberían querer si la sociedad ha de ser salvada. Luego hay que decirles lo que quieren y asegurarse de que lo obtengan". En esa tramoya, los políticos indigestados por la elocuencia parlamentaria destruían el liderazgo auténtico. Eran meros "resultantes", incapaces de crear fuerzas o de enfrentar emergencias; no hacían nada y simplemente maniobraban para obtener posiciones, prestigio y "las recompensas más agradables del poder".

Con esta obertura Wells dibujó una caricatura que acentuaba algunos aspectos de sociologías entonces en circulación (Vilfredo Pareto no la hubiese desmentido del todo): los políticos democráticos eran una creación artificial, agentes profesionales de corrupción y engaño, que armaban estrategias absurdas (una de ellas enterraba las sociedades bajo su gobierno en la guerra) sin saber en definitiva hacia dónde se dirigían. Zorros en el corral parlamentario, ignorantes de las leyes fundamentales de la sociedad, para ellos discernir la verdad estaba de más. El

mundo reclamaba, al contrario, una clase de nuevos
orientadores, formada por psicólogos sociales y juristas,
investidos por el poder de la ciencia: sus leyes permitirían
prever exactamente las consecuencias de lo que correspondía hacer. Wells no explica cómo esa elite de ideólogos
y educadores conquistaría efectivamente el poder mundial; pero sí adhirió sin cortapisas a un modelo de dictadura, cuyos primeros esbozos en el siglo XX se debían, por
orden de aparición, al leninismo en la Unión Soviética y al
fascismo en Italia.

El rugido de estos leones (prosigo condimentando el
discurso de Wells con metáforas zoológicas de origen
maquiavelista) había servido al menos para señalar un
rumbo distinto del que proponían las decrépitas democracias contemporáneas. Según apunta Wells, "las relaciones
de los partidos comunistas y fascistas con sus respectivos
gobiernos nos ofrecen, afortunadamente, un paralelo útil
[para entender] las relaciones de lo que se ha llamado el
Movimiento del Estado Moderno con el Consejo Mundial
que gobernó el mundo después de 1965". Segundo rasgo
digno de ser destacado: los modelos totalitarios estaban a
mano; el intelectual profeta debía perfeccionarlos gracias
a sus saberes y virtudes. Wells describe cómo se desarro-
lla el Movimiento del Estado Moderno una vez concluida
la guerra de 1940-1950. Un grupo de elite (él lo llama
fellowship) se organiza para transformar la mentalidad
de la gente y conducirla hacia la unidad del mundo. Acu-
mulan poder e instauran un Consejo Mundial cuyo propósito no se caracteriza precisamente por la modestia: "El
nuevo gobierno se proponía gobernar no sólo el planeta
sino también la voluntad humana".

El Consejo Mundial logra establecer la Dictadura del
Aire y con ello demuele la vieja ambición del dominio territorial ejercido por estados soberanos. Explorador del
espacio que rodea la corteza terrestre, Wells imagina una
serie de conferencias internacionales que imponen controles sobre los transportes, la alimentación, la propaganda

y la educación; como si desde el aire descendiera en cada rincón de la tierra un esquema de poder tentacular. Desde luego hubo resistencias porque la propiedad privada y la codicia de los individuos no eran fáciles de abolir. Menos obstáculos encontraron estos legisladores del mundo para legalizar la eutanasia o eliminar monstruos deformes y practicar diversos métodos de esterilización que mejorasen la "herencia racial" de la humanidad. Las minorías de mujeres "insatisfechas y agresivas", y la ortodoxia de los judíos inflamada por "el sueño de un fantástico estado independiente" en Palestina también perturbaron el designio de los sabios gobernantes y provocaron, codo a codo con otras minorías extremistas, violentas rebeliones. Esa gente (entre la que sobresalía un pintoresco personaje llamado "Juanita la argentina", "mujer muy original", amante de un artista itinerante) reclamaba, con escasa percepción de la obra trascendente de la dictadura, libertad de pensamiento, libertad de enseñanza, libertad económica, libertad religiosa, libertad frente a la obligación del inglés básico e independencia de los poderes extranjeros. Las rebeliones son finalmente aplastadas con un saldo preciso de 120.000 muertos incluyendo 47.066 ejecuciones políticas.

La dictadura del aire, sin duda poco razonable, fue un camino inevitable hacia el renacimiento. "Se la puede llamar tiranía —concluye Wells— pero fue de hecho una liberación, no reprimió a los hombres sino las obsesiones". Mediante este reparador ejercicio de la violencia, el mundo fue sistemáticamente vaciado de los antiguos prejuicios. Hasta los judíos, sin necesidad de ser suprimidos y exterminados, fueron educados "para salir de su singularidad y de su egoísmo racial en poco más de tres generaciones". De este modo, una vez que la educación centralizada y unificante hubiese transformado "la mentalidad propietaria" en una "mentalidad de servicio", el mundo estaría en condiciones de organizar "la plenitud de la vida". Este término, que Wells adopta de Ortega, no sólo significa el apogeo de una humanidad feliz, al fin libre de religiones, obsesiones y prejuicios, que ha superado la etapa dictatorial y se autogobierna, sino también el fin de la historia que tejieron los conflictos, las guerras y la dominación. Fin de la historia y fin de la ficción. Cuando murió en 1946, el obituario del *New York Times* dijo que Wells "soñaba con una utopía sin Parlamento, sin política, sin riqueza privada, sin competencia comercial, sin locos, sin anormales ni inválidos". Éste es el sueño (y la pesadilla) de *The Shape of Things to Come*.

Esta invención del futuro no fue la única que fabricó Wells. Hubo algunas previas y otras posteriores, pero ninguna de ellas ha jugado con tal desaprensión con el problema de los medios en la acción política. El lector tiene la impresión de que los prejuicios humanos sólo pueden ser eliminados por la exageración de su propia lógica, creando con tal propósito un prejuicio mayúsculo y totalizador. Parecería que en aquel período la voluntad del genio, sabio o dominador (tanto daba), era una potencia indestructible. El alma de esta operación fue el pensamiento utópico, al cual Wells siempre brindó rendida fidelidad. En los años treinta, la utopía había recuperado un vigor capaz de provocar entusiasmos colectivos. No se trataba solamente de cultivar esta forma de pensamiento político como lo hacía Wells en su finca de Easton Glebe, en el condado de Essex, invocando a Platón, Tomás Moro y Saint-Simon, sus grandes faros intelectuales. Había algo más en el ambiente de esas cósmicas travesías que convertía las utopías en objetos compartidos por millones de seres humanos mediante la manipulación de los sentimientos y la propaganda administrada por el Estado.

La utopía, más que una silueta homogénea como las que diseñaba Wells con la ayuda de su maestro Platón, era como un ser mitológico, mitad monstruoso y mitad benigno, mitad violento y mitad pacífico, que pretendía satisfacer con omnipotencia los impulsos de la pasión y las razones de la mente. Wells, hijo al fin de cuentas de su tiempo, montó una escenografía donde el lector podía seguir el curso de un proceso que necesariamente atraviesa una etapa de violencia redentora, y descansar de inmediato en la contemplación de esa elite de guardianes del futuro, armada de un saber inexpugnable.

En pleno siglo XX, el ideal platónico de una comunidad cerrada y armoniosa se desconectó del particularismo propio del pensamiento griego, ubicado dentro de los límites estrechos de la *polis*, y adoptó el mundo entero como marco de la acción política. El rey filósofo se convirtió así en magistrado del universo, enhebrando de este modo una continuidad de propósitos con aquel primitivo arquetipo: el filósofo de Platón y los científicos de Wells eran, en efecto, dueños de la libertad de sus semejantes, con el aditamento de que cuando en el siglo XXI los científicos dieran por concluida su misión educadora, el mundo habría vencido definitivamente la dominación del hombre sobre el hombre y en consecuencia, la ignorancia y la escasez. Este uso poco atento y en extremo frívolo de Platón, Darwin y Marx en el plano de las ideas, ilustraba asimismo lo que ocurría en el orden fáctico. Y a veces la realidad superaba con holgura a las palabras.

La mezcla literaria de política y ficción fue uno de los estilos preferidos para echar a vuelo el pensamiento utópico. La imaginación del hombre de letras transgredía así las reglas del conocimiento del pasado y construía sin ninguna clase de condicionamientos un futuro a su medida. Si el talento literario apuntalaba ese estilo, el cruce entre estos dos géneros tenía la ventaja de producir un híbrido muy popular. Para inculcar una nueva fe en el destino del hombre resultaba más conveniente la estridencia mediática que la trabajosa elaboración teórica. En marzo de 1938, justo en el mes en que Hitler invadió Austria, su patria, Karl Popper, exiliado entonces en un remoto *college* de Nueva Zelanda donde las obligaciones docentes no le dejaban ocio para escribir, comenzó a redactar un libro que, luego de cinco años de trabajo, recibió el título de *La sociedad abierta y sus enemigos*. Naturalmente, Wells ignoraba esa reflexión que en algún punto se refería a él con temor por el peligro fascista ínsito en el objetivo de controlar imperativamente el planeta mediante comisiones internacionales, y en otro con esperanza, por el acertado juicio de que los hombres maduros no necesitaban líderes (Popper se refería en estos comentarios a un libro de Wells publicado en 1940, *The Common Sense of War and Peace*).

Popper presentó en aquel libro dos críticas: una abordaba la irracional veneración del filósofo platónico, sabio supremo puesto a gobernar, y la otra confrontaba el profetismo histórico —"filosofía oracular" lo llamaba— de un aspecto de la teoría de Marx. Con ello, Popper esbozó una paradoja de escasa relevancia hace sesenta años: lejos de ser una invención debida a la capacidad de quien planeaba el destino humano, el futuro respondía a la acción multiforme, al mismo tiempo previsible e imprevisible, de la libertad individual y de la conciencia que hace al ser humano responsable de sus actos. La historia de las ideas es pues una representación en varios planos. La estridencia de la superficie convive con el silencio de lo que se está fraguando, o con voces en su momento sobresalientes que el paso del tiempo también ha ocultado.

Guglielmo Ferrero en Ginebra

Entre aquellas voces que debatían ideas se destacaba la del italiano Guglielmo Ferrero. A la par de la literatura de Wells, los ensayos de Ferrero circulaban por varios planos. No era un creador de ficciones, aunque se introdujo con escaso éxito en el terreno de la novela, ni tampoco un confidente del porvenir. Ferrero era un historiador y un espectador comprometido de la actualidad que en 1930 había buscado refugio en Suiza debido a su decidida oposición al régimen fascista. En la Universidad de Ginebra

y en el Instituto de Altos Estudios Internacionales,
Ferrero enseñó historia y política hasta su muerte mientras proseguía una infatigable labor de publicista en revistas, periódicos y diarios. Era muy conocido en nuestro
país. Nos visitó en 1907 a instancias de Emilio Mitre y
desde entonces la prensa y las casas editoras recogieron
su nutrida producción. La pluma incontinente de Ferrero
escribía sin cesar artículos escuetos y obras extensas.

El 20 de abril de 1937, en una nota publicada en *La
Nación*, Ferrero intentó responder varios interrogantes
acerca de la capacidad guerrera de Alemania para afrontar con éxito los costos de una guerra prolongada. Si bien
creía (erróneamente) que la hipótesis de una guerra larga, comparable a la de 1914-1918, no tenía asidero en el
corto plazo, también reconocía con angustia que el estado
de perturbación política y moral en que estaba sumida
Europa, jamás visto en su vida, era demasiado insoportable para que pudiese durar mucho tiempo. La tormenta no
se avecinaba; en realidad ya había estallado. El estilo literario de Ferrero reflejaba pues, en ese contorno, la condición de un liberal antifascista desterrado de su patria.

Durante aquellos meses de 1937, el antifascismo despertaba en él compromisos que no reconocían fronteras.
Era el clima de la época. Días después de que el episcopado español afirmara en una carta colectiva que el levantamiento nacionalista y la guerra civil eran un "remedio heroico", producto "de la pugna de ideologías irreconciliables", se reunió en Valencia, Madrid y Barcelona,
entre el 2 y el 13 de julio, el Segundo Congreso de Intelectuales para la Defensa de la Cultura en España (era el
segundo Congreso luego del que en 1935 inauguraron
André Malraux y André Gide en París). El Congreso, que
contó con una nutrida representación de intelectuales
latinoamericanos (Octavio Paz y Raúl González Tuñón,
entre otros), dio testimonio de solidaridad con la República española. En las deliberaciones, fervorosas y militantes, se insinuó una opción, ilustrada por los discursos

de los delegados soviéticos Mijail Koltzov y Alexis Tolstoi, que dividía el campo de la cultura en dos bandos opuestos: o fascismo o comunismo. La coalición antifascista, si bien amplia y generosa a primera vista, estaba animada por un núcleo activo que, frente a la neutralidad de las potencias democráticas en Europa y en los Estados Unidos, combinaba el espíritu de la Revolución de Octubre con la razón de Estado de Stalin. ¿Qué actitud le cabía a los liberales en este juego de pinzas? Aunque no viajó a España, Ferrero estuvo sin embargo presente. Integró el *Presidium* del Congreso, junto con otros destacados intelectuales, pese a estar convencido de que el régimen soviético pertenecía al mismo género que el fascismo y el nazismo y era, por lo tanto, repudiable. No obstante, aun cuando esos encuentros estuviesen contaminados por manipulaciones e ideologías, Ferrero asumió la defensa de la cultura como un valor superior a cualquier cálculo estratégico.

Pero, ¿de qué cultura se trataba? En fecha cercana, Ferrero pronunció un discurso en el Congreso Internacional de la Federación de los Pen Clubs, cuyas sesiones tuvieron lugar en París (fue publicado en la revista *Sur* en julio de 1937 con el título "La libertad del espíritu y los poderes sin freno"), en el cual explicó con acento desgarrante y sin mayor orden lógico el origen y significado de los males que se cernían sobre el mundo: "...la libertad intelectual —dijo— es hoy día para el mundo occidental una cuestión política mucho más grave que nunca lo fue, sea bajo el antiguo régimen o en el curso del siglo XIX. Porque hoy. nos encaramos [...] con una 'élite' dirigente enloquecida por el miedo. La 'élite' dirigente del mundo occidental desencadenó la fuerza en 1914 y no supo ya, una vez terminada la guerra, encadenarla de nuevo. Hoy [...] la fuerza desencadenada amenaza al mundo bajo la doble forma de la guerra y la revolución. El mundo tiembla y en su espanto desconfía más que nunca de la literatura, la historia y la filosofía. En los países que

todavía tienen la felicidad de obedecer a gobiernos legítimos, el miedo de los ricos y los poderosos nos pide que
utilicemos lo más posible nuestras plumas para divertir a
los hombres y lo menos posible para iluminarlos e ins-
truirlos; ello implica una manera cortés de eliminar de la
literatura los temas peligrosos que suponen una crítica
del estado actual del mundo [...]. En los [países] que perdieron su legitimidad [...] las 'élites' dirigentes no se con-
tentan con apartarnos del servicio de las grandes causas.
Quieren que trabajemos para justificar, disfrazar y servir
los delirios de su miedo".

El párrafo es atractivo por la intriga que provoca. Sin
predicar un curso inevitable de la historia ni postular ninguna utopía, Ferrero arremetía contra dos problemas políticos: la legitimidad y el miedo. Ellos infundían en el
poder el atributo de la paz o la locura de la guerra. Esta
manera de ver el poder como una deidad temible de doble
rostro no era original (la teoría política y la mitología con
el dios Jano a cuestas habían advertido este asunto unos
milenios atrás); pero Ferrero tuvo el don de proyectar esta
perspectiva en su circunstancia con una mirada similar a
la de Montesquieu en el capítulo III del Libro I de *Del
espíritu de las leyes*. En contrapunto con Hobbes, Montesquieu sostuvo que el miedo y la guerra no resultaban de
un hipotético estado social donde los individuos comba-
tían unos contra otros en ausencia de un pacto que otorga-
se a una magistratura suprema el monopolio de la fuerza
pública. Todo lo contrario: "Desde el momento en que los
hombres se reúnen en sociedad pierden el sentimiento de
su debilidad; la igualdad en que se encontraban antes
deja de existir y comienza el estado de guerra. Cada sociedad particular se hace consciente de su fuerza, lo que produce un estado de guerra de nación a nación. Los particulares dentro de cada sociedad empiezan a su vez a darse
cuenta de su fuerza y tratan de volver en su favor las
principales ventajas de la sociedad, lo que crea entre ellos
el estado de guerra".

El problema del poder, la necesidad de limitarlo con toda clase de precauciones culturales e institucionales, derivaba, según Montesquieu, de aquella propensión a guerrear y a sojuzgar inscripta en el punto de partida de lo político. El problema del poder, tal cual lo observaba y padecía Ferrero, provenía de esa misma constatación. En lugar de ser un objeto que debía limitarse, para muchos de sus contemporáneos el poder era un instrumento maleable y mortífero al servicio de grandes designios. La voz solitaria de Ferrero se levantaba cuando una de las connotaciones modernas de la política, acaso la más cruel e irreductible, ascendía hacia el apogeo. Vale decir: la situación de un conjunto de seres humanos sujetos por una estructura de pertenencia obligatoria superior a los grupos particulares, y por una jerarquía de gobernantes cuyas decisiones eran para todos ellos obligatorias. El poder, relación variable entre quien manda y quien obedece, adquiría, según este punto de vista, la cualidad especial de reclamar una obediencia absoluta, fundada en esa *ultima ratio* que deposita en los gobernantes la capacidad de quitar la libertad y la vida, de hacer la guerra o de coexistir en paz.

El miedo no invadía entonces el mundo como los sabios de Wells, que administraban con destreza esos instintos para después engendrar un estado de felicidad universal. El miedo era para Ferrero la consecuencia de olvidar ciertos recaudos ("genios invisibles" los llamaba mediante una bella metáfora) sin los cuales el poder político se transforma en la potencia más peligrosa que haya conocido la especie humana. En su raíz última, el poder político era un arbitrio al que se recurre para detener la guerra de todos contra todos, pero en una segunda vuelta esa guerra, mucho mejor pertrechada, podía renacer como una fuerza aparentemente desbocada y, sin embargo, dotada de dirección. Entonces, ¿por qué el miedo? Resultaba natural, por cierto, entender el miedo de los súbditos frente al poder de los nuevos déspotas del siglo XX, pero a

Ferrero no parecía preocuparle tanto el miedo visto desde la posición del gobernado cuanto el miedo que engendra y soporta el propio gobernante. La paradoja de los años treinta residía en que esos nuevos señores de la historia, Mussolini, Stalin y Hitler, vivían prisioneros de sus propios miedos: nada les garantizaba un título legítimo para gobernar salvo la utopía revolucionaria que justificaba sus acciones.

Ferrero llegó a estas curiosas conclusiones luego de un largo itinerario. En realidad su biografía se divide en dos capítulos: antes y después del fascismo. Ferrero comenzó a practicar el oficio de historiador tiempo después de haberse consagrado a la sombra del criminólogo Cesare Lombroso, su primer maestro y padre de Gina Lombroso, su mujer; muy joven colaboró con Lombroso en el libro *La mujer delincuente* que se publicó en 1891 (había nacido en 1871 en Portici, cerca de Nápoles). En ese texto Lombroso proseguía las investigaciones que despuntaron en 1876 con *El hombre delincuente*; lo guiaba el ambicioso propósito de identificar los factores hereditarios que conformaban la personalidad criminal. El determinismo biológico de estas teorías era tan fuerte como el interés que en ellas despertaba el tema de la herencia. Con este bagaje Ferrero escribió una tesis de doctorado sobre el simbolismo en la justicia, materia prima de su primer libro de 1894, que le sirvió para enunciar la idea de que la historia debía ser interpretada con la ayuda de la psicología y la sociología. En este tanteo en torno a lo que él llamaba una "nueva historia", se puede encontrar el segundo mojón de un recorrido que culminaría entre 1902 y 1906 con la obra en varios tomos *Grandeza y decadencia de Roma*.

Para Ferrero la historia de Roma era el primer paso de una travesía ambiciosa. Como lord Acton, que soñaba con escribir una historia de la libertad, Ferrero se dejó tentar también por la tarea hercúlea de dar a conocer una historia de la justicia. Grandes relatos que jamás pudieron plasmarse en un texto integral: Acton dejó fragmentos admirables de su imposible historia y Ferrero se internó en una primera e imprescindible etapa delimitada por la historia de Roma. Llegó hasta ese punto durante aquella agradable infancia del siglo XX, al paso de extensos viajes académicos por Europa y América y de su actuación política en el primer movimiento del socialismo democrático en Italia (luego su compromiso se inclinaría más hacia el horizonte liberal). Ferrero examinó la biografía de Augusto, pero no tardó en percatarse de que, para entender plenamente a ese gran personaje de la transición entre la República y el Imperio, había que volver a la época de César y, antes que él, al período de los Gracos. La trama abarcó entonces una vasto proceso del cual Ferrero extrajo algunas intuiciones básicas, apenas insinuadas en aquellos volúmenes, que pronto se difundieron en varias lenguas. Cuando llegó a su madurez, la política de los romanos estuvo marcada por una falla profunda: ni en la República y menos durante el prolongado período del Imperio, los romanos lograron establecer una regla de sucesión capaz de domesticar los conflictos que nacían de transferir la *potestas* y la *auctoritas* de una persona a otra. La República y el Imperio, las dominaciones más extensas e inclusivas que había conocido el mundo antiguo, construidas sobre el núcleo duro del derecho romano, sufrían una endémica dolencia pues la misma espada que había conquistado e incorporado a una multitud de pueblos dispersos por el mundo conocido hacía de instrumento para dirimir los conflictos de sucesión.

La simplificación era evidente; pero el golpe de vista acerca del lugar central que en la teoría política ocupa el problema de la sucesión no dejaba de ser atractivo. Sobre todo porque en ese momento muy pocos le prestaban la atención que merecía. Navegando a contracorriente, esta inquietud guió los pasos historiográficos de Ferrero entre el mundo antiguo y el mundo moderno durante casi cuarenta años. De hecho, la doble vida literaria entre el pasado y el presente, las idas y vueltas entre lo que había acontecido y las observaciones al calor de la actualidad, invitaban a practicar la analogía histórica. Ferrero usó con fruición este método, colocándose entre dos paradigmas históricos que para él constituían la clave del pavoroso desorden en que se debatía el mundo: la Revolución Francesa en el siglo XIX y la Primera Guerra Mundial en el siglo XX. Las consecuencias de este último fenómeno se explicaban por el primero y los dos marcaban el espinoso tránsito entre una legitimidad que caduca abruptamente, una ilegitimidad revolucionaria que ocupa ese vacío y la reconstrucción posible que se insinúa o materializa después del colapso.

Los libros que Ferrero escribió en Ginebra (*Aventura. Bonaparte en Italia 1796-1797*, 1936; *Reconstrucción. Talleyrand en Viena, 1814-1815*, 1940; *El poder. Los genios invisibles de la ciudad*, 1942), forman una trilogía en la cual las verdades "parciales" que recoge la historia —algo equivalente a "fragmentos de verdad provisorios"— se articulan alrededor de las preguntas acerca de quién manda, cómo se manda y por qué se obedece. El relato de Ferrero es una historia política en estado puro pues se ocupa, precisamente, de uno de los problemas centrales que plantea esta dimensión constitutiva de las acciones humanas: la justificación simultánea del mando y la obediencia. Hay un *crescendo* dramático en esta trilogía, íntimamente ligado a las vicisitudes personales del autor. *Aventura...* y *Reconstrucción...* fueron escritos antes de la invasión alemana a Francia en 1940; *El poder...* fue redactado en esos años triunfales del nazismo y sofocantes para los ideales de la libertad. Ferrero pagó tributo a esa desdicha. Cayó en una depresión profunda, intentó suicidarse, escribió una carta de despedida a su familia y amigos. Desesperado, en un repliegue de su angustia deseaba reencontrarse con un hijo muerto trágicamente (el escritor Leo Ferrero), mientras confesaba con los brazos caídos que no soportaría caer "en manos de los fascistas o los nazis". Lo salvó su mujer, el cuidado de un buen médico y psicólogo y las delicias del paisaje de Mont Pélerin, cerca de Ginebra, donde estaba la clínica en que fue tratado durante un par de meses. Volvió de ese pozo depresivo para seguir enseñando. *El poder*..., cuya versión definitiva fue escrita durante 1941, el año en que el Tercer Reich dominaba sin atenuantes sobre Europa continental, nació de esa catarsis entre la vida y la muerte. Fue una atormentada reflexión sobre el pacífico desenvolvimiento y disolución política de las sociedades donde la legitimidad representaba el primer término y las tinieblas del miedo, el segundo.

Ferrero relató su descubrimiento del tema de la legitimidad con una mezcla de inocencia e histrionismo, como si una revelación hubiese de pronto inundado su espíritu. Fue en noviembre de 1918, ya concluida la guerra, cuando unas pocas líneas de Talleyrand le enseñaron que en el mundo existían los principios de legitimidad. Un siglo atrás, hacia 1816, entre el ocio impuesto por las circunstancias y el reumatismo, Talleyrand escribió unas *Memorias* acerca de la Revolución en Francia y del reordenamiento de Europa en el Congreso de Viena después de Waterloo. Si algo no le faltaba a Talleyrand era experiencia. Había recorrido los meandros de la política y de la burocracia eclesiástica durante treinta años, seguro siempre de que lo más razonable y oportuno en ese tembladeral era ponerse a disposición de los acontecimientos. Con respecto a este asunto, jamás se equivocó. Obispo de Autun, consagrado en el antiguo régimen, presidió la Asamblea Constituyente en 1790 y condujo las relaciones exteriores bajo el Directorio y Bonaparte. Fue la sombra de la aventura napoleónica en su apogeo, el discreto crítico cuando el ocaso del Primer Imperio, el reconstructor, en fin, junto con Metternich en Viena de un mundo en ruinas.

Esos fueron los rostros de Talleyrand: los de un conservador en tiempos revolucionarios. Con estos antecedentes, la página que iluminó a Ferrero con el resplandor de "un rayo", daba vueltas alrededor de la cuestión del orden y la revolución: "La primera obligación de Europa —decía Talleyrand del Congreso de Viena—, su mayor interés era entonces suprimir las doctrinas de la usurpación y hacer revivir el principio de la legitimidad, único remedio de todos los males que la habían atormentado, y el único que podía impedir su repetición. Como se ve, este principio no es únicamente un medio para la conservación del poder de los reyes y para la seguridad personal de los mismos, como suponen los hombres irreflexivos y quisieran hacerlo creer los instigadores de revoluciones. Es sobre todo un elemento necesario del reposo y el bienestar de los pueblos, la garantía más sólida, o más bien, la única de su fuerza y su estabilidad. La legitimidad de los reyes, o mejor dicho de los gobiernos, es la salvaguardia de las naciones. Por esto es sagrada. Hablo en general —proseguía Talleyrand— de la legitimidad de los gobiernos, cualquiera que sea su forma y no únicamente de la de los reyes, porque debe entenderse de todos. Un gobierno legítimo, ya sea monárquico o republicano, hereditario o electivo, aristocrático o democrático, es siempre aquel cuya existencia, forma y modo de acción están consagrados por una larga sucesión de años, y hasta yo diría por una prescripción secular".

El argumento de Talleyrand era al mismo tiempo teórico e histórico. Aunque no citaba a ningún autor para respaldar esos dichos, sus conceptos sobre la legitimidad tenían sabor antiguo, semejante a los que, por ejemplo, consignó Tertuliano en el *Apologeticum*: "Ninguna ley —adujo aquel teólogo cartaginés del siglo II— debe solamente a ella la convicción de que es justa; la ley debe también esta convicción de todos aquellos cuya obediencia espera". Pero la originalidad de Talleyrand no descansaba tanto en reconocer esa dimensión subjetiva sino en insertar la legitimidad de los regímenes políticos en un continuo histórico que formaba, de manera espontánea, la obediencia debida a la ley. Sin duración, en efecto, no había legitimidad, lo que le inducía a concebir una constitución o un conjunto de leyes supremas en estrecho vínculo con un conjunto de creencias, valores y usos establecidos. Talleyrand sufrió en carne propia la pérdida de ese inasible atributo pues, según él la veía, la Revolución aceleró un cambio mayúsculo en la orientación de los espíritus que quebró aquel pacto espontáneo.

Las ideas de Ferrero acerca del problema de la legitimidad abrevaron en el mismo punto de partida, apuntalado, de paso, por las consideraciones sobre el tema de Benjamin Constant en su libro *Del espíritu de la conquista y la usurpación en sus relaciones con la civilización europea*. Ferrero sentía predilección por un período en la vida de este personaje cuando le tocó oponerse al Imperio napoleónico y se alejó de París. Las páginas que Ferrero citaba eran una mezcla de panfleto y tratado de teoría política escritas con indignación por Constant en Alemania, en el mes de diciembre de 1813. Las volteretas de Constant no le fueron en zaga a las de Talleyrand. Nunca flaqueó su devoción por lo que en 1819 llamó "la libertad de los modernos" (vale decir, las libertades privadas y públicas cuya garantía reposaba en un poder político estrictamente limitado por los derechos individuales); pero en cuanto a sus compromisos con los gobiernos que se sucedieron vertiginosamente en Francia desde 1789 fue tan versátil como entusiasta. Republicano o monárquico según las circunstancias, antibonapartista y legista de Napoleón en el tramo de los "cien días", Constant padeció la sensación de que nada duraba, ni los hombres ni las constituciones. En muchas ocasiones, en efecto, la vigencia de los textos constitucionales era más corta que el tiempo empleado en su escritura.

El destino de los escribidores de constituciones inquietaba a más de uno. Ningún poderoso, desde los jacobinos hasta Bonaparte, pasando por quienes integraron los diversos Directorios, se compadecía con el concepto de gobierno de la ley. A la inversa: las leyes resultaban ser un artificio transitorio que se ajustaba a la voluntad de los gobernantes. En cierto sentido, el apotegma de Bonaparte — "el arte de la guerra es sencillo: todo reside en la ejecución"— había invadido la política. Las lecciones que habían dejado a Constant estas peripecias, la necesidad de saciar la sed por la estabilidad perdida, conformaron su idea acerca de la legitimidad. A horcajadas entre el pensamiento ilustrado y el revolucionario impacto que había conmovido las antiguas certezas, la visión de Constant no difería en un aspecto de la de Talleyrand. Sin la permanencia de las leyes fundamentales no se podría postular la existencia de un régimen político legítimo. Ciertamente, pero, a partir de esta aproximación preliminar —Constant no se cansaba de repetirlo—, era preciso verificar la legitimidad tanto con respecto a su objeto (el régimen institucional) como a su fuente (la elección y designación de los gobernantes). El distingo remataba con otro lenguaje el argumento clásico de la legitimidad de origen y la legitimidad de ejercicio.

En este punto, Constant se apartaba de Talleyrand. En la circunstancia que imaginaba este último, la legitimidad era una herencia que se imponía a los actores desde afuera, merced a una larga y venturosa prescripción; en el cuadro no menos desolador de Constant, esa experiencia cobraba sentido en la conciencia responsable de cada individuo. Constant no era un autor dado al abuso de la metáfora. Sin embargo, en un párrafo de aquel texto, escribió con un acento romántico más cercano al *Adolphe* que a la gramática política: "Hay algo de milagroso en la conciencia de la legitimidad". El milagro tal vez estuviera contenido en el proceso subjetivo (expuesto por la tradición kantiana hasta llegar a Max Weber) que hace que el sujeto asuma el contenido de las leyes como máxima de su propio comportamiento. La doble vía del argumento quedaba de este modo a la vista: los principios valen porque los individuos los asumen como regla orientadora de sus

conductas. Este choque de una concepción abstracta de la
ley con la historia que la interpela es típico de los momentos de crisis. Thomas Paine, el republicano que primero
actuó en la revolución norteamericana y luego en la Revolución Francesa, decía hacia 1792 que los regímenes políticos —las monarquías, las aristocracias y las repúblicas— tienen su origen en principios y operan como prolongación de esos principios. ¿Es esto así? ¿No se podría aducir que muchas formas políticas, en lugar de deducirse de
principios, son producto de la historia y de una larga evolución? Las respuestas de Constant pretendieron abarcar
ambas cosas: los principios y los individuos que hacen la
historia.

Ferrero prosiguió esta línea de reflexión y la trajo al
siglo XX. En un sentido general, la legitimidad consistía
en un "acuerdo tácito y sobreentendido entre el poder y
sus súbditos sobre ciertos principios y reglas que fijan la
atribución y los límites del poder". Los "principios de legitimidad", como él los llamaba, eran las diferentes fórmulas históricas de ese contrato sobreentendido. La palabra
principio remitía entonces a su doble acepción que conno-
ta, por un lado, las razones fundamentales del poder y,
por otro, un encadenamiento de acciones y efectos dispares. De tal suerte, el contrato tácito aludido más arriba
establecía "por ese compromiso recíproco que, mientras el
poder sea adquirido y ejercido por aquellos que mandan
de acuerdo con las reglas, los súbditos lo obedecerán". En
caso de que ese respeto mutuo no prevaleciese, por obra
de una o de ambas partes, el principio de legitimidad no
sería más garantía de seguridad, el uso de la fuerza reem-
plazaría a los beneficios del consenso, y el miedo reapare-
cería como resorte básico de las relaciones políticas.

Las teorías que profesaba Ferrero no se apartaban
mucho de la visión elitista y pesimista de algunos destacados pensadores italianos —Gaetano Mosca, entre
otros— que concebían el orden político como un sistema
organizado alrededor de polos opuestos: jefes que mandan

y juzgan, con gendarmes y soldados que imponen mediante la fuerza la voluntad y las decisiones de esos jefes, y la masa que obedece espontáneamente o por coacción. La legitimidad haría las veces de un exorcista de la fuerza y el miedo, esos elementos terribles que siempre alberga de modo latente o manifiesto el vínculo jerárquico del mando y la obediencia. Esta imagen daba cuenta aproximada de la primera fórmula que Ferrero identifica en la historia moderna, a la cual denomina hereditaria, aristocrática y monárquica: un principio que supone la superioridad de una familia (monarquía) o de un grupo de familias (aristocracia) cuyas reglas de sucesión están basadas en la herencia. La fórmula fue llevada a la práctica en el seno de grandes estados europeos en los cuales el poder supremo se confiaba a una sola persona que era designada, excluyendo cualquier consideración acerca de su capacidad personal, por la herencia biológica. Para Ferrero, el absurdo de este principio de larga duración en el período que transcurrió entre la Edad Media y el siglo XVIII, fue tan relevante como los prejuicios religiosos y las costumbres sociales que lo sostuvieron.

El segundo principio que históricamente sustituye a las reglas de sucesión hereditarias y a la soberanía de las grandes familias, se condensa en la fórmula de la democracia electiva. Una democracia —decía Ferrero— puede ser considerada legítima cuando el poder acepta lealmente la "ley de subordinación a la voluntad soberana del pueblo", que se practica con entera libertad y mediante procedimientos iguales para todos los partidos. La democracia es pues la única regla de sucesión de la soberanía del pueblo fundada en tres requisitos básicos: una mayoría gobernante formada en elecciones sinceras; una mayoría consciente de su movilidad y carácter provisorio (las mayorías de hoy pueden ser las minorías de mañana); y una minoría capaz de respetar el derecho de la mayoría a ejercer el gobierno. Es evidente que Ferrero detectaba en el principio de legitimidad democrático-electivo el germen

de un sistema donde coexisten mayorías y minorías inter-
cambiables; y es claro también que, según este argumento, las mayorías y las minorías actuarían teniendo en vista un núcleo de valores e instituciones que al trascender-
las las restringen. "Mayoría y minoría, derecho a gobernar y derecho a oponerse: he aquí los dos pilares de la
legitimidad democrática".

Cuando Ferrero escribió estas cosas, en 1941, la democracia electiva era una *rara avis* de acuerdo con la definición que él sugería. En su tipo republicano sólo subsistía
en los Estados Unidos y en Suiza, el país que lo había
recibido y al cual tanto admiraba por la cauta combinación que en esa forma de gobierno advertía entre libertad,
igualdad y federalismo. En el Commonwealth británico se
aplicaba por cierto, tanto en la metrópolis como en los
dominios blancos, la regla del sufragio universal para elegir representantes al parlamento, pero ese conglomerado
de pueblos y culturas se gobernaba mediante un fórmula
mixta con una rama aristocrática en el poder legislativo y,
encima de ello, el residuo simbólico del principio monárquico. Gran Bretaña era un imperio monárquico asediado
por una formidable coalición de poderes ilegítimos y revolucionarios. La fuerza ascendente en el mundo estaba
encarnada en esos nuevos sistemas de dominación que
cubrían prácticamente toda la geografía de Europa. Tal
era el papel histórico que representaban el comunismo, el
fascismo y el nazismo.

En una cultura donde la palabra revolución se identifica-
ba exclusivamente con el régimen soviético, Ferrero hizo
extensivo este concepto a los fenómenos fascista y nacional
socialista. Con esta observación se adelantó en medio siglo
a muchas interpretaciones hoy en boga acerca de las pasiones revolucionarias —antiburguesas e igualitarias— del
fascismo y el nazismo. Ahora bien: ¿por qué la ilegitimidad? Posiblemente la respuesta haya que buscarla en el
carácter histórico de esos principios: a cada época, en efecto, corresponde una legitimidad. Por ser relativos al espíri-

tu de una época, los principios de legitimidad crecen, maduran, envejecen y mueren. Para explicar este problema, Ferrero empleó, según apuntamos más arriba, una analogía rica en sugerencias que ponía frente a frente, en una secuencia de un siglo y medio, dos revoluciones seguidas de dos intentos (uno exitoso y otro fracasado) de restablecer la paz.

Ferrero era consciente de las dificultades que surgen de comparar configuraciones pertenecientes al pasado con experiencias arraigadas en el presente. Hasta pidió prestado a Wells, sin citarlo, el título de uno de sus relatos cuando, para comparar regímenes viejos y nuevos, juzgaba "necesario inventar una máquina de tiempo que nos actualizara el pasado y nos permitiese vivir bajo el reinado de Luis XV o en el gran ducado de Toscana, con la misma plenitud de experiencias que en nuestra época". Salvados con prisa estos recaudos, la analogía que explicaba las tragedias de 1941, establecía una relación de semejanza entre el período que transcurrió entre 1789 y 1815 y el que desde 1914 se desenvolvía a vista e impaciencia de Ferrero. La Revolución Francesa y el Congreso de Viena, la Primera Guerra Mundial y Versalles: he aquí la analogía que adopta como hilo conductor, la caducidad de la legitimidad hereditaria monárquica y aristocrática, los poderes ilegítimos que se levantan en ese vacío histórico, y los arreglos posibles para reconstruir, en un contexto inédito, una legitimidad de reemplazo.

En uno de los extremos de la analogía, un movimiento liberal, cuyos dirigentes buscaron fundar en 1789 una monarquía limitada por los derechos del hombre y del ciudadano, se desdobló en una revolución expansiva que Bonaparte, estandarte del "gran miedo" de la ilegitimidad, diseminó por toda Europa (incluido, por supuesto, el Imperio español). La derrota de Bonaparte clausuró ese ciclo. El Congreso de Viena restauró el principio de legitimidad que había caducado y echó los cimientos de un largo siglo de paz. Ferrero se apropió de la imagen del gran miedo (en 1932 el historiador Georges Lefebvre había

publicado en París *La Grande peur de 1789)* y la encarnó
en Bonaparte y su ejército. La campaña de Italia en 1797,
antes que una proeza militar, fue una aventura revolucionaria condenada al fracaso institucional. Bonaparte no
era para Ferrero el legislador que sembraba en los antiguos regímenes aristocráticos la idea de los derechos del
hombre sino el administrador de sus propios miedos; en
definitiva, el inventor de la guerra moderna que impuso el
vicioso sistema del golpe de Estado permanente.

Con una audacia teórica comparable a la de su denostado personaje en el plano militar, Ferrero extrajo de la
parábola de Bonaparte una lección y un método para reconstruir un orden legítimo. Dada la crisis, la inteligencia
política debería incorporar a una legitimidad preexistente
(los regímenes monárquicos que habían caducado) las
nuevas orientaciones que abogaban por la soberanía del
pueblo. Tal fue la obra, según su entusiasta interpretación, del Congreso de Viena, que restauró el antiguo régimen para reformarlo. El siglo de paz, fruto de aquel congreso, concluyó con la Gran Guerra de 1914-1918. Este
suceso tuvo el mismo efecto sobre las legitimidades establecidas que la Revolución Francesa, con un agravante
devastador, pues el fracaso de las potencias victoriosas en
el Congreso de Versalles de 1918-1919 para reordenar la
paz europea activó la crisis de legitimidad. Como resultado de ello los gobiernos revolucionarios se expandieron
con extraordinaria velocidad. Se desplegó así, sobre una
geografía humana pulverizada por la penuria y la guerra,
el segundo gran miedo en la historia de Occidente. Doble
fracaso entonces: el de las potencias vencedoras que no
acertaron con la paz y el de los gobiernos revolucionarios
que no lograban erradicar el miedo.

En 1941, este panorama no podía ser más desolador. En
la concepción de Ferrero, la ilegitimidad de los estados
revolucionarios de principios del XIX mostraba en el ascenso y caída de Bonaparte su propia inutilidad para
echar las bases de un orden estable; pero nada permitía

augurar en aquellos días aciagos que la ilegitimidad de los estados totalitarios del siglo XX tendría el mismo destino. Los argumentos de Ferrero se detuvieron en este umbral no sin antes consignar una exaltante profesión de fe en el principio de legitimidad de la democracia electiva. Esa convicción era entonces tan extraña como profética. Ferrero no deseaba caer en la extravagancia y sin embargo estaba seguro de que había encontrado la piedra filosofal para explicar lo que acontecía: primacía del "espíritu de la época" e inutilidad de las revoluciones europeas como formas legitimadoras. Dicho con sus palabras: "Cada época no tiene más que un principio de legitimidad y lo encuentra establecido o en vías de formación. Por lo tanto, no puede elegir más que entre ese principio y un gobierno revolucionario o casi legítimo, es decir, el reinado del miedo o el peligro permanente de una catástrofe imprevista". En 1941, oscurecido por el furor y las pasiones, ese principio consistía en la aplicación leal de las reglas de la democracia electiva (lo cual implicaba, como *conditio sine qua non*, que el socialismo marxista y la Iglesia católica depusieran, en el plano de las relaciones políticas, su voluntad de representar una verdad superior a las normas emanadas del pacto democrático).

Habría que preguntarse qué pronóstico sostenía estas tajantes afirmaciones. ¿La esperanza depositada en los Estados Unidos, que recién habían entrado en guerra en diciembre de 1941 y adonde Ferrero había enviado el manuscrito de *El poder*... para ser publicado? ¿Las remotas posibilidades de que la Unión Soviética pudiese desembarazarse del terror stalinista? ¿O acaso la tozuda resistencia de Gran Bretaña frente a la agresión nazi? Eran conjeturas que, por cierto, no obstruían el desarrollo de una línea argumental, rígida e invariable. La historia moderna formaba un arco que iba desde las reglas hereditarias de los regímenes monárquicos y aristocráticos hasta las reglas electivas de los regímenes democráticos. El arco de la caducidad y el ascenso: los gobiernos revolucio-

narios e ilegítimos, producto todos ellos de la decrepitud
del orden hereditario, parecían marcados por el mismo
defecto y no sabían, ni podían, ni querían resolver el problema de la sucesión política de acuerdo con reglas fijas y
preestablecidas. Gobernaban, por consiguiente, con la
fuerza contaminada por el miedo. Armado con esa curiosa
intuición, Ferrero percibía que el destino de esos gobiernos estaba signado por la derrota o el derrumbe. Aparentemente poderosos, eran frágiles y contradictorios: la
fuerza respaldaba el miedo y éste, a su vez, consumía la
fuerza.

La democracia se situaba en las antípodas de esta suerte de destrucción perpetua de las relaciones humanas
porque no sólo traía la promesa de la paz en el mundo en
guerra, sino la certeza de una victoria histórica: el triunfo
de la seguridad sobre el miedo y de la reconstrucción sobre la aventura. Estos buenos deseos diagramaban el círculo virtuoso de la sucesión política y el consenso. Las
reglas de sucesión, fundadas en la época contemporánea
en la libertad de sufragio y en el derecho de oposición,
formaban pues el objeto sobre el cual confluía el consenso
compartido de los gobernantes y los gobernados. No había
ruptura, en este sentido, entre legitimidad y legalidad. La
legitimidad, sinónimo de consenso voluntario, era la
aquiescencia prestada a un conjunto de reglas formales
que constituían el núcleo irreductible de la democracia.
Ferrero no vio más lejos durante ese período sórdido en el
cual las mejores intenciones y los crímenes más atroces se
justificaban con criterios diametralmente opuestos: la
purificación racial, el aniquilamiento de las clases rivales,
el Estado teocrático o el destino imperial de las naciones.
Esos brutales reduccionismos que enmascaraban un feroz
instinto de conquista siempre miraban hacia el porvenir.

¿Hacia dónde iba pues el mundo? ¿Hacia la unidad y
centralización planetaria entrevista por Wells o hacia el
juego plural de la democracia? Ferrero se detuvo en el
presente, en el disfrute de lo que Benjamin Constant, con

admiración comparable, llamó a comienzos del XIX el genio "imperceptible de Ginebra". Le interesaba la calidad política de ese ambiente y hacía caso omiso del sólido sistema financiero de los bancos helvéticos, que no tenía mayores inquietudes éticas acerca de la bondad de los depositantes. Tal vez Ferrero hubiese pensado que esa confianza hacia las instituciones económicas derivaba de una legitimidad previa afincada en las instituciones políticas. En todo caso, en uno de sus últimos artículos ("Por qué Suiza es un modelo de república democrática"), Ferrero combatió unas teorías difundidas en ese momento en la Alemania nazi y en los medios intelectuales colaboracionistas de Francia que sostenían que la soberanía del pueblo era incompatible con la obediencia a las leyes. En la vereda opuesta, el ejemplo suizo, en muchos aspectos idílico, mostraba una relación espontánea entre, por un lado, las voluntades acumuladas mediante el sufragio en el sistema representativo para hacer leyes obligatorias y, por otro, la obediencia individual que, sin necesidad de recurrir a la coacción, actualizaba en cada ciudadano y habitante la potencia contenida en esas normas.

Este artículo posiblemente haya sido escrito luego de que Ferrero fechara el Prólogo de *El poder*... en enero de 1942. El libro se publicó en Nueva York tres meses más tarde y enfrentó desde entonces los obstáculos que se yerguen contra cualquier texto: doblegar el rigor del tiempo, sobrevivir al autor gracias a la crítica y lectura de las nuevas generaciones, vencer el olvido de tantos libros escritos en este siglo que vegetan en las bibliotecas con sus hojas cerradas, una encuadernación chirriante cubierta de polvo y el asiento correspondiente en los repositorios bibliográficos. Ferrero vivió esos días atento a las noticias de aquella especie de testamento. Fue una espera que duró muy poco. Murió el 3 de agosto de 1942 como un letrado fiel a la tradición del XIX, leyendo y comentando el correo del día con su mujer (hasta aparecía en ese manojo de cartas una proveniente de Buenos Aires).

La posteridad jugó con ese libro y los que le habían precedido una partida singular. A Ferrero se lo vio siempre como una rareza, un pensador estrambótico, cuya prosa contrastaba con los macizos conceptos que Max Weber había construido para explicar la legitimidad política. Ferrero no se preocupaba en citar al padre de los tipos ideales: tradicional, racional legal y carismático, que daban cuenta del modo como se fundamenta y atribuye la legitimidad de un orden político. Tampoco parecía importarle mucho esa manera de discurrir por medio de taxonomías. Pero esas carencias no apagaban el resplandor de algunos hallazgos ni cortaban los hilos secretos que él descubría en los procesos históricos. Se formó así una secuencia de discretos tributos —de Wilhelm Röpke a Friedrich A. Hayek; de Maurice Duverger a Raymond Aron y de Jean-Jacques Chevallier a Norberto Bobbio— hasta llegar en nuestros días a la reedición de sus obras en Francia y al reconocimiento de historiadores como Emmanuel Le Roy Ladurie y François Gorand. ¿Tuvieron estos argumentos algún peso al cabo de medio siglo? ¿O simplemente significaron en aquellos años un desesperado intento de aferrarse a los ideales que habían levantado vuelo desde los tiempos de la Ilustración?

II

LOS CONFLICTOS ENTRE
PRINCIPIOS DE LEGITIMIDAD

En cierto modo, Ferrero era un ilustrado a destiempo. Desterrado, su pensamiento se consolaba advirtiendo cómo el decurso de los siglos XIX y XX levantaba legitimidades y también las sepultaba. A buen seguro, en un punto que según él no estaba tan alejado, la legitimidad democrática terminaría prevaleciendo. Ya lo hemos subrayado: en 1941 esta afirmación parecía más una profecía que un razonable balance histórico. En todo caso había que estar bien preparado; y lo mejor, para que un principio de legitimidad se impusiera, era la simplicidad de sus enunciados. Todo el mundo podría comprender, sin mayores dificultades, el esquema básico de la legitimidad democrática resumido en la libertad de sufragio y el derecho de oposición.

La retórica de esta propuesta no dejaba de tener encanto. ¿Cómo persuadir al mayor número si no se disponía para ello de una fórmula sencilla? El esquema sonaba atractivo, pero en verdad esos atributos del gobierno deseable circulaban por la superficie de una cuestión más honda que debía poner de relieve algunos supuestos de esa fórmula aparentemente sencilla y tomar en cuenta, asimismo, los valores y concepciones antagónicas que la cuestionaban. Ferrero señaló que frente a la legitimidad predominante en una época sólo hay dos desvíos: ilegitimidades y situaciones intermedias. En los hechos, más que eso, existen razones, creencias, costumbres, voluntades y fanatismos que difunden principios susceptibles de traducirse, a su modo, en otras estructuras institucionales. La conciencia de la legitimidad de que hablaba Constant es pues un espacio individual paradójico, porque si bien busca el consenso, está afectado por un permanente conflicto: conflicto de principios y conflicto entre el proyecto institucional que éstos proponen y las realidades de la praxis política.

Estos conflictos de legitimidades que estallaron con violencia en el siglo XX, fueron tributarios de un pasado formado por capas sucesivas desde finales del siglo XVIII. En el curso de esa larga etapa, la legitimidad democrática resultó de la combinación de varios supuestos y de la interrelación con otros principios, entre los cuales sobresalieron el concepto de poder limitado, la concepción fáustica de que el poder es capaz de redimir la naturaleza humana, el ascenso irresistible del Estado-Nación y, a la par de ello, la idea de que la legitimidad es un producto extraído de la evolución y desarrollo de la sociedad.

La legitimidad del poder limitado

Hablamos hace un instante de supuestos. ¿Por qué el sufragio es libre y por qué la oposición tiene derechos? La respuesta nos remite hacia los años situados entre 1776 y 1789, cuando comienza a cobrar forma institucional, en clave republicana, una teoría preocupada por restringir el poder y limitarlo con una red de derechos naturales, inherentes a cada individuo, que la autoridad pública no debe ni puede transgredir. Para muchos, el mundo asistía entonces a una especie de amanecer (con metáforas que hoy suenan un poco cursis, la llamaban "aurora de la libertad"). Para proseguir el examen de su discurso, Thomas Paine exploraba ese despertar con entusiasmo, proponiendo gobiernos fundados sobre una teoría moral, sobre un sistema de paz universal y sobre la indestructible herencia de los derechos del hombre. Estas teorías redescubrían el papel de la razón en la moral y en la política y a la vez, algo que a menudo se olvida, advertían la presencia indestructible de las pasiones y ambiciones humanas, a las cuales debía poner coto un buen diseño institucional basado en la separación de poderes.

En la historia política éste fue un giro copernicano que conserva hasta el presente una extraordinaria vigencia (¿quién, por ejemplo, no desea contar hoy en día con jueces probos e independientes, con un poder ejecutivo limitado y con parlamentos responsables?). Al tiempo que vació en un nuevo molde los viejos temas de la filosofía clásica, antigua y escolástica (entre ellos aquel que hacía descansar al gobierno recto de una comunidad sobre el obrar virtuoso que tiene en vista el bien general o común), este giro abrió curso a dos tradiciones acerca de los derechos y de la libertad.

Una de ellas asignaba a los derechos la misión primordial de sujetar la voluntad arbitraria del gobernante, limitando estrictamente su competencia y jurisdicción: el gobierno, estipulaban por ejemplo las primeras Enmiendas de la Constitución de los Estados Unidos dictada en 1787, *no* podía impedir el ejercicio de la libertad de prensa ni favorecer a un culto religioso en particular. La otra tradición, que nació en París con la Declaración de los Derechos del Hombre y del Ciudadano del 26 de agosto de 1789, optó por un derrotero alternativo en el cual nosotros también participamos.

Esta tradición recorrió varias etapas hasta llegar a la actualidad. Volvamos, para tener en claro las cosas, al artículo 1° de la Declaración de 1789: "Los hombres nacen y permanecen libres e iguales en derechos". Basta contemplar lo que sucedió luego, en el corto y en el largo plazo, para percatarse de que se trataba de una promesa universal: por un lado se reconocían derechos comunes al género humano; por otro, esos derechos debían recorrer un espinoso camino situado entre el momento en que habían sido proclamados en una asamblea constituyente y las acciones efectivas que debían traducirlos en instituciones. En gran medida, la historia de estos siglos, con ambas tradiciones del poder limitado a cuestas, está contenida en este hecho: la libertad y la igualdad son un horizonte y alcanzan una realización práctica imperfecta que, sin embargo, rompe con fronteras, particularismos étnicos, sexos y privilegios. Esos hombres de las declaraciones de derechos escritas en el setecientos, que apenas evocaban un entorno geográfico bañado por el Mediterráneo y ambas orillas del Atlántico Norte, son hoy los miles de millones de seres humanos que habitan un planeta superpoblado. En el campo de las ideas y de las realidades el mundo avanzó desde unas proposiciones sencillas, propias de un mundo poco complejo, hasta abrazar unas circunstancias que recibieron el impacto de otras ideas y de otras realidades, junto con el caudaloso torrente de los efectos imprevisibles de nuestras acciones.

El punto de partida de este principio de legitimidad está fijado entonces en la noción de derechos, pero además la idea de poder limitado está también basada en el carácter indeterminado, en mayor o menor medida, de la decisión política. El gobernante, en efecto, como cualquier ser humano, puede acertar o errar, pero en su decisión interviene un factor crucial derivado del papel que él desempeña en la sociedad. Puesto que el poder político implica un orden jerárquico, una decisión emanada de la cumbre gubernamental puede movilizar ejércitos y marcar a fuego el destino de poblaciones grandes y pequeñas condenadas a la guerra, o afectar el ahorro y la vida cotidiana. En este cuadro, poco parecido a un benigno paisaje, la pregunta de quienes abogaban por el poder limitado y hacían eco a las tragedias del pasado, era tan inquietante como sencilla: si el ser humano se equivoca y adquiere experiencia merced a un equilibrio precario de aciertos y de errores, ¿qué se puede esperar del gobernante?, ¿cómo impedir que se abroquele en su propia ignorancia, tome decisiones erróneas, no atienda a los efectos de las mismas y conduzca a los gobernados tras esos cálculos ilusorios?

Estas precauciones estaban sugiriendo que una buena

política era aquella capaz de impedir el error y la arbitrariedad del gobernante. Ésta, por otra parte, había sido la finalidad de la política desde que se la pensó en la antigüedad: el gobernante no debía equivocarse porque estaba destinado a hacer el bien. Si no lo hacía, si la virtud de la prudencia y los hábitos no orientaban las pasiones y abrían lugar al vicio, entonces las formas políticas degeneraban en regímenes impuros, las aristocracias se convertían en oligarquías y las monarquías en tiranías. El cambio de rumbo que propuso el principio de legitimidad del poder limitado consistió en trasladar la sede de la virtud del corazón de los magistrados hacia la estructura delimitada por una buena constitución escrita. Éste fue el propósito de las constituciones escritas que se dictaron desde finales del siglo XVIII y durante el XIX y el XX. La legitimidad del poder limitado pasó, entonces, a ser sinónimo de legitimidad constitucional.

Antes que nada esas constituciones están montadas sobre un conjunto de restricciones: restricciones a la arbitrariedad, restricciones al fanatismo, restricciones, en suma, al capricho y a la voluntad discrecional del gobernante. Porque estas tendencias están inscriptas en la naturaleza humana, el gobernante que obra sin sujeción a las leyes y a la razón puede errar y, por ende, arrastrar mediante ese designio equivocado a sus súbditos. En los artículos periodísticos que escribieron Hamilton, Jay y Madison para abogar por la ratificación de la constitución elaborada en Filadelfia en 1787 (luego publicados con el título de *El Federalista*) se decía que estas constituciones debían superar un pasado dominado por gobiernos dependientes del azar y de la violencia para entrar en un porvenir donde fuera posible un gobierno sustentado en la deliberación y el consenso.

De aquí se pueden extraer muchas lecciones. Quizá la más importante sea la que ubica el lugar de la deliberación y el consenso de la política moderna en el sistema representativo. Desde que la representación política tuvo acta de nacimiento —los primeros hallazgos teóricos se deben a Paine y Madison en los Estados Unidos, y a Sieyès en Francia— la política pasó a ser una ciencia práctica basada en el arte de la mediación. Esta modificación sustancial del régimen democrático tal cual había sido conocido en Atenas (de la participación directa del pueblo en la cosa pública se pasó al gobierno del pueblo por medio de representantes libremente electos) tuvo trascendentes efectos; porque, en efecto, la representación política es un espejo de la ciudadanía y también un cuerpo diferente del pueblo elector. Este cuerpo no está ligado por ningún mandato particular, si bien el representante obra siempre *en nombre de...* durante el período en que ha sido electo. Las tensiones derivadas de este hallazgo de la teoría política moderna recorrieron los siglos XIX y XX. La representación es un ideal y un artificio molesto: el ciudadano sueña con poseer el espejo más exacto y, a veces (o a menudo), lo despierta la realidad de un cuerpo ajeno y distante. Es el gran problema de la rendición de cuentas. El representante depende del voto y sin embargo no legisla obligado por un mandato particular; obra libremente y, al mismo tiempo, es responsable de sus actos frente a los electores; ejerce control desde arriba porque es gobierno, mientras es celosamente controlado en sentido horizontal por una red de instituciones.

En el artículo 51 de *El Federalista*, Madison escribió este texto frecuentemente citado: "¿Pero qué es el gobierno sino el mayor de los reproches a la naturaleza humana? Si los hombres fuesen ángeles, el gobierno no sería necesario. Si los ángeles gobernaran a los hombres sobrarían los controles externos e internos del gobierno. Al organizar un gobierno que ha de ser administrado por hombres para los hombres, la gran dificultad estriba en esto: primero hay que capacitar al gobierno a mandar sobre los gobernados; y luego obligarlo a que se regule a sí mismo. El hecho de depender del pueblo es, sin duda alguna, el freno indispensable sobre el gobierno, pero la experiencia ha demostrado a la humanidad que se necesitan precauciones auxiliares". Madison no preconizaba una suerte de desenvolvimiento cronológico, según el cual un poder absoluto, que manda efectivamente sin contrapesos, es sucedido por un régimen republicano investido de límites precisos. El problema es mucho más complicado porque Madison recomendaba poner en marcha un régimen constitucional que, precisamente porque está limitado y consagrado a proteger los derechos individuales, debe ser doblemente eficaz: eficaz para gobernar y para impedir que las acciones del gobierno conviertan la república representativa, que él defendía, en un sistema despótico y sin frenos.

Los avatares de la representación política están estrechamente relacionados con el acceso del individuo a la condición ciudadana. En el siglo XVIII, la representación política fue concebida en el contexto de las sociedades entonces conocidas, rurales, pequeñas y poco complejas. Por consiguiente, la representación política era un mecanismo acotado por los márgenes de un grupo reducido de individuos, ya sea porque ése era el tamaño de la población masculina, nativa y adulta, o bien porque la legislación separaba a los ciudadanos activos con derecho a voto de los ciudadanos pasivos sin capacidad para sufragar (no en vano Montesquieu ubicó el régimen representativo en el marco de la república aristocrática y Rousseau lo extirpó del seno del pueblo soberano animado por la voluntad general). Pese a este comienzo aristocrático, el excluyente criterio individualista (un individuo = un voto) fue rompiendo las distinciones de género, riqueza y educación, conformando una historia plagada de tensiones y conflictos. De unos pocos individuos a todos los individuos; del sufragio calificado o distorsionado por prácticas fraudulentas al sufragio universal.

Desde luego, sería infantil imaginar la legitimidad del poder limitado como una mera creación intelectual, forjada en la mesa de trabajo de sus grandes expositores. Este principio creció en una época donde campeó la esperanza de dejar atrás el fanatismo y la intolerancia y de prevenir la corrupción. Tales expresiones del mal en la vida histórica obsesionaron a los legisladores de nuevo cuño, lo cual explica que sus actitudes frente a la política no consistieran simplemente en una encarnizada defensa del interés económico y egoísta de los individuos. Esta simplificación no resiste el menor análisis. La historia de la libertad, como la llamaron lord Acton y Benedetto Croce, jamás arraigó en esta percepción ingenua del utilitarismo. Al contrario: fue necesario cobrar conciencia histórica de la espantosa experiencia de las guerras de religión, de la muerte en las hogueras, de la mutilación de la tortura, y de los infinitos meandros por los que circuló la ceguera humana, para percatarse de que era necesario limitar esa monstruosa propensión que busca aniquilar a los semejantes invocando una variedad de creencias o dando rienda suelta a los instintos.

El fanatismo no es una inclinación exclusiva del sentimiento religioso, según juzgó una importante corriente del pensamiento ilustrado desde Diderot hasta Bertrand Russell. El fanático mata y excluye por múltiples motivos: religiosos, morales, familiares y hasta deportivos. Es la contracara del diálogo, de la deliberación y de la razón. Tomás Moro decía en su *Utopía*, publicada en Lovaina en 1516, que "no es por la controversia trabada con las armas en la mano sino por la suavidad y por la razón, que la verdad se libera por sí misma, luminosa y triunfante de las tinieblas del error". No se negará que es una bella esperanza la del joven Tomás Moro. Voltaire, cuyo espíritu no compartía la firme convicción católica romana de Moro, pronunció conceptos semejantes en 1763. "Tolerancia —escribió en el *Tratado sobre la tolerancia*— es la consecuencia necesaria de constatar nuestra falibilidad humana: errar es humano, y algo que hacemos a cada paso. Perdonémonos, pues, nuestras mutuas insensateces. Éste es el primer principio del derecho natural". El concepto es rico en matices. Para Moro, la tolerancia era una consecuencia de la razón; para Voltaire, el efecto de nuestra condición humana, insensata y falible, sólo redimible por la ascesis del perdón; y sin embargo a Moro lo decapitaron y Voltaire fue a parar al destierro.

En grados diferentes, estos abogados de la tolerancia sufrieron el azote de la intolerancia. ¿Cuál es la solución posible? Avancemos otro paso con la ayuda de una cita de Spinoza. En el *Tractatus theologico-politicus* de 1670, Baruch nos dejó este retrato de la ciudad de Amsterdam. "En esta tan floreciente república y ciudad eminente viven en la mayor concordia todos los hombres de cualquier secta y de cualquier opinión; y para confiar a algunos sus bienes cuidan únicamente de saber si es pobre o rico, si está acostumbrado a vivir de buena o de mala fe. Por lo demás, nada les importa la religión o la secta, porque tampoco significan nada delante del juez para favorecer o perjudicar al acusado; y no hay secta alguna tan odiosa cuyos adeptos (mientras vivan honradamente sin hacer daño a nadie y dando a cada uno su derecho) no se encuentren protegidos por la vigilancia y la autoridad pública de los magistrados."

Han pasado más de tres siglos y este cuadro, como los que en aquel tiempo pintó Rembrandt, conserva intacta su luz para despejar zonas oscuras de nuestra convivencia. No sólo se trata de un cuadro sino también de un marco porque, en este texto, Spinoza está aludiendo a los fundamentos morales de la tolerancia, y también a las reglas jurídicas e institucionales que protegen a los ciudadanos del daño contrario, es decir, de la intolerancia. La constitución de las pequeñas repúblicas de los Países Bajos ilustrada por Spinoza va más allá de la indulgencia y conmiseración que con tanta cortesía pregonaba Voltaire, y anuncia los rasgos básicos del orden constitucional moderno. Porque ellas descansan sobre derechos universales, el temple de estas constituciones está forjado por la protección jurídica que se impone frente al fanatismo y a la violencia. El hecho de nacer libres e iguales en derechos elimina de cuajo cualquier justificación del poder político en términos de un particularismo corporizado, por ejemplo, en grupos étnicos o religiosos. Naturalmente estos principios no se realizaron de un día para otro y se plasmaron en poquísimos lugares, aunque las diferencias de grado han sido y son evidentes en los siglos XIX y XX.

El relato de Spinoza no descartaba la necesidad de fijar límites jurídicos (el más obvio es aquel que exige no hacer daño a nadie, dando a cada uno su derecho), con lo cual el análisis enfrentaba otra dificultad teórica y práctica. En su *A Letter Concerning Toleration*, que publicó escudado en el anonimato en 1689, John Locke desterraba a los católicos romanos y a los ateos del campo de la tolerancia; a los primeros porque estaban sujetos a un poder extranjero y a los segundos porque en ausencia de una creencia en Dios no podían mantener sus juramentos, promesas y contratos. ¿Dónde fijar, por consiguiente, estos límites que en el caso de Locke parecen ser más restrictivos que en la experiencia que describe Spinoza? Ésta es acaso la mayor incógnita que debe despejar una sociedad abierta que instaura la legitimidad del poder limitado. Una cosa, por cierto, es una constitución que proclama la tolerancia y otra muy distinta la sociedad que la practica. La historia de estos dos últimos siglos está plagada de ejemplos —comportamientos grupales, ideologías, consecuencias no queridas por los gobernantes— que ponen de manifiesto una incongruencia entre la libertad promulgada en los textos de las constituciones y los bolsones de fanatismo que se esconden en los repliegues del Estado o estallan en la sociedad.

Montesquieu solía decir que la línea divisoria para distinguir los regímenes políticos es la que se traza entre el ejercicio moderado e inmoderado del poder. Con ello el autor de *De l'Esprit des lois* quería significar que la libertad y la igualdad (atributos según él de la forma de gobierno de la república democrática) eran el resultado de una frágil conjunción de leyes, valores, maneras de ser y contextos sociológicos. Para medir la intolerancia en una sociedad, tanto valen, por consiguiente, las leyes como las costumbres; pero las leyes conforman una condición necesaria, aunque no suficiente, para contener la violencia física emanada de la intolerancia.

Esas erupciones son, sin duda, un macabro testimonio de la debilidad de las costumbres y del fracaso, al menos parcial, de una educación pensada para formar ciudadanos. Ausente esta regulación espontánea, el orden constitucional no tiene más alternativa que recurrir a la efectividad de la ley. Esto pone sobre el tapete dos grandes temas concomitantes. El primero tiene que ver con el diseño limitado del régimen constitucional que, por definición, deja abierto el cauce más amplio para que en la sociedad florezcan un sinnúmero de valores, creencias e intereses. Supuesta esta heterogeneidad, el régimen constitucional es como una apuesta en favor de un porvenir más civilizado, porque, sencillamente, su supervivencia depende de la posibilidad de que un conglomerado humano, siempre en riesgo de caer por la pendiente del caos o del tribalismo, se constituya en una sociedad civil, capaz, ella misma, de generar una vida pública más pacífica, asociaciones cooperativas y, por ende, comportamientos responsables. Un régimen constitucional sin sociedad civil remeda una empresa mutilada o, lo que es aún más grave, un proyecto sitiado por la violencia, la escasez y la desigualdad.

El otro tema reviste una importancia equivalente. En el experimento constitucional la representación política es un instrumento para satisfacer la necesidad de instaurar un gobierno efectivo y de controlar el poder por parte de los individuos, pero ese mismo sistema debe obrar de tal manera que la autoridad representativa sea capaz de ejercer control sobre acciones punibles (el Código Penal que tipifica acciones delictivas es el ejemplo más usado al respecto). Se recuerda a menudo que el poder constitucional debe ser limitado; se olvida, con la misma frecuencia, que la eficacia de dicho poder es proporcional a la intensidad con que actúa en el campo donde debe hacerlo. El control es, pues, una fuerza de doble dirección: desde abajo limita el poder de los gobernantes; desde arriba debe prevenir y sancionar, llegado el caso, las acciones que usurpan los derechos del individuo (el más elemental de esos derechos es el derecho a la vida).

Sería difícil negar que el desarrollo de este argumento es, en gran medida, esquivo. Si alguien defendiese en estos días la solución propuesta por Locke, sería visto como un intolerante o un dogmático que atenta contra la libertad de creer o no en una religión revelada. Lo mismo podría decirse de quienes aconsejan proscribir de la vida política a determinados partidos cuya ideología se juzga incompatible con los valores de una constitución vigente. Aun a riesgo de que el régimen constitucional se corrompa o disuelva, es a todas luces evidente que el principio de la tolerancia se proyecta hacia el vasto espacio de la sociedad civil: el poder político no censura, el poder político no prohíbe, el poder político deja hacer y pensar. El panorama se complica cuando dentro y fuera del poder hay individuos y grupos organizados dispuestos a que ese poder prohíba, censure e impida hacer y pensar.

Aquí viene a cuento la palabra corrupción, aludida hace un instante, pues el problema no sólo tiene que ver con la corrupción intrínseca al poder político sino también con una sociedad civil en la cual emergen esas acciones contrarias à los derechos y garantías del régimen constitucional. Hay, por lo tanto, una doble corrupción. En el lenguaje cotidiano, se califica el fenómeno de la corrupción como podredumbre, soborno, descomposición, vicio. Pero, en el pensamiento político clásico y moderno, corrupción significa, sobre todo, trastocar y alterar la forma de gobierno de una sociedad. Con la mirada vuelta, por ejemplo, hacia el Maquiavelo de los *Discursos sobre la primera década de*

Tito Livio, es posible reconstruir una meditación habitual
en el pensamiento del Renacimiento. Para él, las repúblicas antiguas en Grecia, Roma o Florencia, su patria, estaban sujetas al mismo ritmo de crecimiento y decrepitud
del cuerpo humano. La corrupción era entonces algo semejante a una dolencia orgánica. Por lo tanto, la teoría
política debía identificar a los agentes patógenos y ofrecer
luego una cura adecuada.

Según Maquiavelo, en una república corrupta mandaban los poderosos que hacían la ley para servir a sus fines
egoístas en lugar de respetar la libertad común. De este
modo, el poder de los ricos aliado al poder de los gobernantes (lo que los griegos llamaban oligarquía) reducía la
libertas republicana a una mera máscara de dominación.
Para evitar esta situación Maquiavelo recomendaba que
la *virtù* de la ley se apoyase en la práctica religiosa, que
los ciudadanos fuesen igualmente pobres y el tesoro del
gobierno abundante, y que los grupos sociales se vigilasen
recíprocamente con el objeto, como decía textualmente, de
prevenir la arrogancia de los ricos y el libertinaje del pueblo. Entre muchos motivos, el pensamiento de Maquiavelo
es fascinante porque cabalga sobre la frontera que divide
a la libertad antigua de la libertad moderna: la libertad
antigua, que descansaba en la virtud del ciudadano, y la
libertad moderna, que lo hacía en los derechos y en el
buen funcionamiento de las instituciones. Por un lado, al
identificar la corrupción con el poder, el florentino dio en
el blanco y abrió paso a la respuesta que habría de propo-
ner el constitucionalismo moderno. Por otro lado, al rece-
tar un remedio concentrado en la austeridad de las costumbres, Maquiavelo regresó sin quererlo a la imaginación utópica del mundo antiguo.

El problema que procuró resolver la legitimidad constitucional es aquel, precisamente, que no pudo resolver
Maquiavelo. En uno de los artículos de *El Federalista*,
Madison reconoció que una constitución republicana como
la que habían escrito en Filadelfia en 1787, inédita e

innovadora por tantos motivos, no estaba exenta de peligros y tentaciones. En el artículo N° 10 (de los suyos acaso el más famoso) escribió que los "hombres de temperamento faccioso, de prejuicios locales o de siniestros designios pueden, por la intriga, la corrupción o por cualquier otro medio, primero obtener los sufragios y luego traicionar los intereses del pueblo". Lo que más preocupaba a Madison era encontrar una clave institucional que pusiese coto a la corrupción, a sabiendas de que los hombres no son ángeles ni, por lo general, responden al ideal de un ciudadano entregado con afán a realizar el bien de todos mediante el sacrificio de sus intereses particulares. En verdad, estas añoradas virtudes no eran de ningún modo infalibles para asegurar los beneficios de la libertad y el progreso. Según le había enseñado la ilustración escocesa del siglo XVIII (la escuela de Adam Smith, de Adam Ferguson y de David Hume) los intereses individuales, lejos de ser siempre fuente de corrupción, podían resultar beneficiosos para el orden social, pues acrecentaban la riqueza de la sociedad.

Queda entonces en claro que la ambición ronda en torno al poder y lo acecha constantemente. Los antiguos —y en esto Maquiavelo era un antiguo típico— pretendieron atacar sus causas y fracasaron. Encumbraron en la república romana a unos personajes revestidos con la autoridad de censurar las costumbres y proteger la moral pública. La república de Madison era el reverso de esta medalla: la moral ciudadana ya no será el único freno a la corrupción, sino también la calidad de unas instituciones al servicio de la libertad individual. "El fin de toda constitución política —escribió en el mismo texto— es, o debería ser, conseguir primeramente como gobernantes a los hombres que posean mayor sabiduría para discernir y más virtud para procurar el bien público; y, en segundo lugar, tomar las precauciones más eficaces para mantener esa virtud mientras dure su misión oficial". Ése fue el eje de la legitimidad constitucional: la idea, que debe traducirse en práctica activa, de una disciplina tributaria de las instituciones del gobierno limitado, de la representación política y de la separación de poderes. Si los departamentos del Poder Ejecutivo y la fuerza armada que depende de ellos se independizan de la red de controles previstos en el ordenamiento legal, entonces la probabilidad de corrupción aumenta. Si el gobierno, aprovechando esta circunstancia, usurpa actividades propias de la sociedad civil con prebendas y privilegios (o se deja colonizar por ellos), entonces también puede asomar la corrupción. Y del mismo modo, si los poderes legislativo y judicial no gozan de la capacidad necesaria para hacer valer su autoridad respectiva, entonces es asimismo probable que la corrupción se cuele por otros intersticios.

El mecanismo que aquí se describe es bien conocido (está escrito en nuestra Constitución Nacional) y hasta el momento no parece que la inventiva humana haya encontrado mejor camino para contener este flagelo: es la vigilancia recíproca entre poderes separados que cuenta con el auxilio inapreciable de la opinión pública y de la libertad de dar a conocer lo que se piensa sin censura previa. Por cierto, la opinión pública se expresa a través de medios de comunicación que también pueden corromperse. Empero, y pese a ello, el número y diversidad de los medios puede erigir una valla que detenga a los poderosos. Porque no hay que engañarse. Para el punto de vista que estamos analizando, se corrompen los poderosos, los que infringen los límites constitucionales del gobierno, los que usufructúan los privilegios de una mala legislación y los que, en ausencia de un efectivo control entre las diferentes agencias del gobierno, se escudan tras los aparatos policiales y burocráticos para lucrar, enriquecerse y, llegado el caso, matar. Viene naturalmente a la memoria la frase de lord Acton, cuya primera parte, tan repetida, es casi un lugar común. Acton decía que el poder tiende a corromper y el poder absoluto corrompe absolutamente; pero lo que sigue es tanto o más relevante: "Los grandes hombres son casi siempre malos, aun cuando ejerzan influencia y no autoridad: todavía más cuando la autoridad se superpone sobre la tendencia o la certeza de la corrupción".

La legitimidad del poder redentor

Sin embargo, la fórmula del poder limitado, que suscitó, con el correr de los años, interpretaciones más o menos democráticas, no ha sido muy popular durante ciertos períodos de los siglos XIX y XX. Muchas veces los hechos pusieron las ideas patas para arriba y se buscaron objetivos que nada tenían que ver con las intenciones primigenias. Un poco más atrás recordamos el año 1789. Basta con estirar la mirada hasta la fecha en que comienza el siglo XIX en Francia y en Europa para percatarse que lo que había comenzado como una pacífica historia encaminada a extirpar los males del gobierno absoluto concluyó enredado en un drama belicoso y dominador. La teoría soñaba con un gobierno limitado; las acciones y reacciones que se montaron sobre aquellas propuestas culminaron armando al gobierno ejecutivo con un poder de movilización militar gigantesco e incomparable en relación a los recursos de las monarquías absolutas.

Una corriente de pensamiento sostuvo que esta brutal inversión de propósitos (¿qué tenía que ver el autoritarismo de Bonaparte con la magnánima filosofía de los derechos del hombre?) derivaba de un mal cálculo teórico. No hay por qué rechazar la porción de verdad contenida en este punto, pero tanto o más relieve adquiere el hecho desnudo de un proceso histórico que cambia de rumbo y devora a sus propios protagonistas. La historia de la igualdad y de la libertad —la dialéctica de los derechos que implica esta novedosa conjunción en la historia de la humanidad— nació pues en medio de esta contradicción entre lo que se imaginó y lo que realmente ocurrió. Éste es un prólogo indispensable para explicar el enigma del jacobinismo. La república jacobina que se instaló en Francia entre 1793 y 1794 fue sin duda radicalmente moderna si nos atenemos a los recursos militares que supo movilizar. No obstante, su propósito esencial, en el plano de las ideas, combinaba argumentos novedosos con argumentos antiguos. Los jacobinos (Rousseau de por medio) eran creyentes revolucionarios dispuestos a purificar a la vieja sociedad de los males que la agobiaban.

Vale la pena rememorar por un momento a Robespierre, la figura más representativa entre los jacobinos, por su estrecha cercanía con el tema de la corrupción. El título que Robespierre más amaba, junto con el de ciudadano, era aquel que lo consagraba como el Incorruptible. Este brillante intelectual, debilucho de físico y de voz, padre lejano del espíritu revolucionario, vivía obsesionado por el contraste entre pureza y corrupción, y le costaba reconocer grados intermedios entre estos términos. En 1792 afirmó que los nuevos diputados de la nación francesa debían ser puros e incorruptibles; en 1793 Robespierre dividió a Francia en dos partidos, el de los corruptos y el de los virtuosos; y en 1794 le asignó al gobierno revolucionario la tarea de conducir a su país del "mal al bien y de la corrupción a la probidad".

Robespierre se sentía rodeado por un enjambre de gente poderosa y corrupta (la palabra que solía emplear era *pourris*: podridos) al que sólo podría redimir un poder excepcional armado de la virtud. De esta combinación entre poder y virtud nació el Terror revolucionario y tal vez arrancó de allí una tradición que enlaza, en un combate interminable, a los jacobinos con sus antagonistas extremos, los reaccionarios. En los siglos XIX y XX se ha pretendido purificar a la sociedad a derecha e izquierda con resultados, en ambos casos, devastadores. Los regímenes políticos montados sobre la simplificación extrema del bien y del mal son los peores. El jacobinismo llevó hasta extremos impensados el *desideratum* de Rousseau expuesto en el *Contrato social*: una sociedad homogénea y pequeña, sin ricos ni pobres, con la propiedad extendida y bien distribuida, capaz de deliberar sin mediaciones de ninguna índole y de dar a luz un nuevo tipo humano, el ciudadano, cuya acción pública estaría guiada por la voluntad general. Este concepto, extraordinariamente atractivo, colocaba de nuevo en el escenario moderno el viejo tema de la virtud.

Desde el punto de vista subjetivo había voluntad general cuando cada ciudadano, a título individual, obraba en vista del bien general de todo el pueblo; desde el punto de vista objetivo, se expresaba la voluntad general cuando ese pueblo soberano votaba una ley que, por definición, no favorecía a ningún grupo en particular. Rousseau tuvo un genio muy especial. Intuyó muchas cosas, puso en circulación el gran tema de la soberanía del pueblo, y percibió con excepcional agudeza la relación que se entabla entre los grupos particulares —económicos, religiosos, corporativos— y el gobierno de la sociedad (en general aquéllos procuran colonizar, cuando no usurpar, las atribuciones de este último). Sobre todo, Rousseau entendió como pocos el valor y el sentido que, en una sociedad libre de privilegios, tiene la ley general.

Rousseau había muerto en 1778 y por tanto no previó ni participó en los sucesos posteriores a 1789, pero dejó una simiente que sería recogida en clave exagerada por los jacobinos. Es el deseo, la compulsión por demoler lo antiguo y recrear desde la raíz un nuevo estadio humano, transparente y homogéneo, reconciliado consigo mismo, sin obstáculos ni intermediarios que hagan opaca y distante la relación entre gobernantes y gobernados. No existe en la teoría del contrato social esta distinción entre mando y obediencia. Existe, en cambio, una nueva realidad: el pueblo soberano en acción, que transfiere a un gobierno en todo momento revocable el manejo de los asuntos cotidianos o la aplicación de la ley a los casos concretos. Rousseau fue muy cauto y conservador al respecto y jamás consideró que las sociedades con territorios extensos, poblaciones numerosas y ciudades populosas dieran marco propicio a su ideal ginebrino del contrato social. Pero las cosas ocurrieron de otro modo y esas ideas buscaron otro lugar donde alojarse.

El lugar estaba en una Francia republicana que guillotinaba al rey y con ello la legitimidad de la corona, inmersa en la guerra contra una coalición de estados monárquicos y dispuesta a defender su independencia. Dejemos en suspenso el punto de saber cuál fue la causa del jacobinismo, si la misma guerra, como aduce Darnton, o unos antecedentes situados en los orígenes mismos del 89, como sostiene Furet (me inclino más a la segunda hipótesis que a la primera). Lo que valdría la pena subrayar de nuevo es el hecho fascinante de una tradición republicana que se escinde en una corriente evolutiva, la de Madison y *El Federalista*, y una corriente que pretende rehacer en la historia un hombre nuevo, un sujeto universal cargado de sentido y proyección venidera. Esta transposición secular del concepto de San Pablo acerca del hombre nuevo, transfigurado por un segundo nacimiento en la fe, inspiró el propósito de crear a ese sujeto desde el poder, eliminando de paso los accidentes que se interponían ante esa intención. Rousseau era en muchos aspectos conservador, pues desconfiaba del progreso y tenía pavor a todo aquello que significara tamaño y grandes números; sin embargo, sus ideas se hallaron, por las vueltas de la historia, en un escenario opuesto donde el gobernante hacía las veces de productor del sujeto democrático.

En un mundo con estas características, atravesado por ráfagas redentoras, se originó una corriente de ideas que fusionó la voluntad política de la redención humana con la historia. Para ello fue necesario contemplar el origen, desarrollo y conclusión de la Revolución Francesa y explorar otra revolución, mucho más silenciosa, que desde principios del siglo XVIII, sobre todo en el Reino Unido, estaba transformando la sociedad agrícola, autárquica y autosuficiente (cuando podía), en una sociedad industrial y comercial. El cruce de estas dos revoluciones —la revolución de las mutaciones políticas y de la creación del ciudadano, y la revolución de las mutaciones económicas y del desarrollo de un nuevo tipo de estratificación social— configuró una encrucijada con un discurso tan relevante como el que se había enunciado hacia fines del XVIII.

El siglo XIX, igual que el XVIII, fue el siglo del progreso, pero en el XIX la idea del progreso se libera al fin del fantasma de la decadencia, que con tanto genio había mostrado Gibbon en sus seis volúmenes escritos entre 1776 y 1788 sobre *The Decline and Fall of the Roman Empire*, para abrazar resueltamente el horizonte de una consumación final, de una inevitable meta donde la humanidad podría recuperar en la historia la imagen del paraíso perdido. En este cruce de senderos teóricos se levantó la teoría de Marx.

Como ya dijimos, el fantasma de Gibbon era el de la decadencia; el fantasma de Marx (y de su amigo Engels) era, en cambio, el comunismo del porvenir, que recorría Europa en pos de la victoria. Diferente de Marx, Gibbon fue un personaje dieciochesco de vida agradable, ocio y tiempo libre para escribir. Para Marx la escritura fue una batalla contra el medio; para Gibbon, la prolongación gozosa de un sosegado programa de investigación. Su reconstrucción histórica —una proeza que cuesta resumir sin violentar los matices— mostraba la decadencia del Imperio Romano como un proceso impulsado por causas diversas. El Imperio decaía por la fatiga que aquejaba a las virtudes guerreras y al control institucional en tiempos de la república (hipótesis que Gibbon compartía con Montesquieu); la decadencia resultaba también de la instalación del cristianismo en el seno de una sociedad cuyas creencias no trascendían la historia temporal delineada por el propio Imperio; y, por fin, la decadencia provenía de la presión ejercida por los bárbaros desde la frontera exterior. En suma, la decadencia significaba para Gibbon la acuciante presencia del otro, la formación durante una larga secuencia de actores nuevos, algunos internos y otros externos, que se colaban por los intersticios de un orden histórico que lentamente se agotaba.

¿Qué tendencias y accidentes podrían haber detenido esa decadencia narrada con tanta maestría? En las conclusiones de la *Primera Parte* del relato, Gibbon propuso al lector un salto algo brusco hacia el presente para mostrarle que la decadencia era cosa del pasado (y, por cierto, de un pasado muy lejano) y el progreso, asunto de un porvenir que estaba al alcance de la mano. Un progreso de concepción modesta y efectos benéficos asentado sobre los beneficios de la ley, del comercio y de las manufacturas, de las artes y ciencias.

En este punto la coincidencia con una línea directriz, de las muchas que contiene el pensamiento de Marx, resulta sugestiva. A partir de presupuestos radicalmente diferentes, los dos advertían que el progreso tenía una dirección por medio de la cual se pasa de un tipo de sociedad a otro, y que la decadencia era, para un estadio del desarrollo histórico, un hecho efímero y, por lo demás, intrascendente: para Gibbon, una vez alcanzada la meta de la sociedad comercial, quedaba asegurado el progreso; para Marx, el triunfo de la burguesía establecía las condiciones necesarias de la victoria definitiva del proletariado. ¿Es preciso recordar que, dos años antes de que Jefferson redactara la Declaración de la Independencia de los Estados Unidos, se ponía en marcha en 1774 la fabricación de las máquinas a vapor del inventor Watt asociado con el industrial Boulton?

James Watt fue colega de Adam Smith en la Universidad de Glasgow entre 1757 y 1763. Las fechas son simbólicas porque no pasarían muchos años hasta que Saint-Simon y Marx elaboraran sendas teorías sobre esa realidad material que se formaba vertiginosamente al paso de la transformación tecnológica. Esos años —lo veremos en el último capítulo de este ensayo— son comparables a los que actualmente vivimos a fines del siglo XX. Para entonces el mundo se conmovía por una revolución técnica en la producción y las comunicaciones y por un cambio equiva-

lente en los costos del transporte. Fue el doloroso nacimiento de la sociedad industrial, según el lenguaje de
Saint-Simon, y de la sociedad capitalista, según las palabras de Marx. Y esta mutación de las relaciones sociales
alumbraba una sociedad con vocación planetaria (Marx
diría en el Libro III de *El capital* que la misión histórica
de este fenómeno era el "desarrollo brutal y geométrica-
mente progresivo de la productividad del trabajo humano") que abría un cauce con dirección y sentido.

En el XIX muchas teorías se despojaron de cualquier
atisbo de modestia. Se adoptaron con más arrogancia los
criterios de Condorcet, que concebía el progreso según
un esquema dividido en etapas; Darwin, con la teoría de
la evolución, transformó la imagen tradicional del hombre y del mundo (viene a la memoria que cuando Engels
pronunció la oración fúnebre en homenaje a Marx lo
comparó con Darwin); la teoría, en fin, se reencontró con
su significado etimológico: como escribió De Jouvenel,
era la ascensión colectiva hacia un templo, desde el cual
ese cortejo, imbuido de superioridad, debía cambiar la
vida cotidiana del común mortal. En realidad, podría
aducir Adam Smith, el carácter espontáneo de la acción
humana era lo que rompía la costra de la sociedad tradicional, pero aun el propio Smith no dejaba de pensar el
mundo según una secuencia que culminaba en la sociedad comercial.

Envuelto en este clima, el mundo del pensamiento se
conmovió con el ascenso irresistible de dos ideas: la de
clase social y la idea de que la historia encierra en su seno
una dialéctica entre dos términos opuestos capaz de resolverse según una síntesis superadora. El tema es apasionante no sólo por su valor intrínseco sino por los resultados que arrojó. Con el concepto de clase social se produjo
una espectacular mudanza en el territorio del conocimiento social. De mera noción jurídica (por ejemplo, en
las sociedades de antiguo régimen había estamentos ordenados de arriba hacia abajo de acuerdo con los privilegios

que cada uno de ellos detentaba: nobleza, Iglesia, corporaciones, etc.) la clase se convirtió en una noción económica y sociológica basada en los nuevos estratos que se formaban en una sociedad contractualmente libre y, no obstante ello, materialmente desigual.

Este viejo contrapunto entre forma y materia puede encontrarse tanto en Saint-Simon como en Marx. El primero, un lejano preceptor de Wells, era un personaje atrabiliario y genial que soñaba con una sociedad industrial, jerárquica e integrada, guiada por las luces de una nueva clase de técnicos, ingenieros, banqueros y constructores de ferrocarriles. El segundo realizó la proeza de conjugar el análisis materialista con la dialéctica hegeliana para encontrar allí el secreto de la historia. Marx fue un revelador de "contradicciones" que, según la ciencia que pretendía haber fundado, podían resolverse. Presentó el desarrollo de la humanidad como un gran proceso protagonizado por dos clases sociales en conflicto (amos y esclavos, siervos y señores, aristocracia y burguesía, burguesía y proletariado). Para ello, Marx definió un tipo de sociedad, el capitalismo, que tendría la doble función de cerrar la prehistoria de la explotación universal y de abrir curso a una verdadera historia sin luchas ni desigualdad.

Marx no fue el único en pensar la historia de esta manera, pero acaso haya sido el más original, pues cambió los datos del problema. Durante el XIX hubo otros que pensaron la historia según criterios dualistas. Es más: el dualismo personificado en siluetas literarias y en grandes conjuntos históricos fue una fuerza explicativa muy poderosa. Tan poderosa fue que en el admirable relato *Strange Case of Dr. Jekyll and Mr. Hyde,* publicado en 1886, Stevenson extrajo del alma humana la eterna oposición entre el bien y el mal y la encarnó en dos seres diferentes: un sabio caballero victoriano y un engendro brutal y despreciable.

Desde luego algunos historiadores y políticos fueron más ambiciosos que Stevenson; por ejemplo, François

Guizot y en general la escuela ecléctica que intervino con tanto éxito en el debate de la Francia de la Restauración monárquica, posterior a la caída de Napoleón. Guizot también sostenía que en la historia había clases sociales y dualismo entre principios opuestos, pero, según su designio, la reconciliación de estos términos estaba al alcance de la mano (lo han visto muy bien François Furet y Pierre Rosanvallon) mediante un régimen político burgués, donde él participó activamente, dotado del genio suficiente para tomar lo mejor del viejo orden aristocrático y lo mejor de la democracia; por ejemplo, la monarquía combinada con la igualdad civil ante la ley.

Con Marx, en cambio, el dualismo emprendió un rumbo más ambicioso pues el fin de la historia estaba prefigurado por su propio dinamismo. A diferencia del agustinismo político, la reconciliación era posible dentro de los límites temporales de la existencia (la ciudad de Dios transmutada en la ciudad de los hombres, al fin humanizada en plenitud) porque había en la historia una dirección, un sentido montado sobre el desarrollo de las fuerzas productivas que permitía avizorar una meta preestablecida. Según Thomas M. Simpson, éste es el Marx que "se identifica con la Historia".

Había, pues, en el horizonte de las ideas, una rica variedad de determinismos más o menos explícitos. Isaiah Berlin ha dicho que el determinismo se manifestó a través de escuelas y estilos. En el XIX se podían observar determinismos científicos, determinismos pesimistas y optimistas, determinismos apocalípticos y escatológicos, determinismos humanitarios y racistas. Todos ellos coincidían, al cabo, en que el mundo tenía una dirección y estaba gobernado por leyes, y que ambas cosas podían ser descubiertas empleando las técnicas de investigación adecuadas. Hubo aquí un cambio de significado que fascinó a críticos y creyentes: la ley, que en sentido clásico y moderno, hasta el XIX, era la expresión más acabada de la divinidad o de la naturaleza y, por cierto, era sinónimo también de las normas que rigen una forma de gobierno, pasó a calificar el dinamismo propio de la historia; la ley se convirtió así en una fuerza dominante, como la llama Berlin, cuyo conocimiento se asentaba en una verdadera ciencia: la ciencia teórica y práctica del desarrollo humano. Los teólogos seculares del XIX fueron los filósofos y científicos que suscribieron esa clase de teoría histórica.

Ahora bien: como cualquier otra variedad del pensamiento humano o sistema de interpretación social, las teorías deterministas enfrentaron la prueba de los hechos. La paradoja no deja de ser sugestiva. Por un lado, dichos sistemas pretendieron cerrar la historia; por otro, los efectos que esos sistemas teóricos, encarnados en líderes y programas, generaban, abrieron en la historia escenarios tan novedosos como imprevisibles. Estas consecuencias se debieron al formidable atractivo que tuvo la combinación de la capacidad redentora atribuida al poder con el determinismo histórico. Porque si ese principio de legitimidad (el poder redentor) conocía la clave de la historia para emancipar al género humano, ¿qué sentido tenían las operaciones tendientes a limitar el poder y sujetarlo con reglas precisas?

La legitimidad del Estado-Nación

Lo extraordinario del caso es que los dos principios de legitimidad considerados hasta ahora (poder limitado *vs.* poder redentor) tuvieron un desenvolvimiento paralelo —con sus aciertos, crisis y fracasos— al de una unidad política de pertenencia obligatoria, montada sobre la organización pública de los recursos fiscales y del monopolio de la violencia: el Estado, poder supremo, depositario de la soberanía exclusiva sobre un territorio, con su fuerza armada, las oficinas burocráticas y la cohorte de funcionarios que de ellas dependían. La palabra muy pronto comenzó a escribirse con letra mayúscula para denotar no sólo una diferenciación creciente frente a la sociedad sino, acaso, el objeto de legitimación más grande y ambicioso que haya conocido la historia moderna.

Como Max Weber lo definió en 1919, el Estado es la comunidad humana que, dentro de los límites de un territorio determinado, reivindica con éxito, por cuenta propia, el monopolio de la violencia física legítima. Naturalmente, este fenómeno no nació en el siglo XIX —el Estado moderno tiene orígenes más remotos, paralelos al desarrollo de las monarquías absolutas—, pero lo que interesa recalcar es la partición del planeta durante estos dos últimos siglos en territorios estaduales, asimétricos en cuanto a los recursos materiales y humanos de que disponen, y cada vez más numerosos. Tan fuerte fue el impacto de este presupuesto insoslayable de la política moderna que Ferrero no se ocupó en su análisis histórico de los estados en tanto objetos del acuerdo tácito productor de una legitimidad, sino de los regímenes políticos que se formaban dentro de sus fronteras. Es como si el historiador hubiera dado por supuesto un contorno imperativo del que ningún régimen —sea monárquico o democrático— podía prescindir. Cabría apuntar empero que si bien la Revolución Francesa tuvo lugar en el marco de una soberanía territorial ya establecida, hubo otros procesos históricos, entre ellos la unificación italiana (el país de Ferrero) y nuestras revoluciones americanas, que desencadenaron varias acciones simultáneas: instaurar, en el caso americano, una legitimidad republicana; delimitar el contorno territorial del Estado; y dar respuesta al interrogante de Hobbes de reducir el antagonismo entre poderes particulares a una unidad común.

Si hubiéramos preguntado a finales del XIX cuál de esas líneas de acción terminó prevaleciendo, los estudiosos no hubiesen dudado en señalar que fue el largo y violento proceso de la formación del Estado. Se podría alegar que esta conclusión modifica el argumento de la legitimidad en un aspecto significativo, pero no es así. El Estado fue en los siglos XIX y XX (lo es todavía) una ineludible unidad de pertenencia obligatoria, pero muy pocas evidencias históricas indican que dicha estructura esté necesariamente asociada con un régimen político legítimo. El Estado puede incorporar en su seno diversos principios de legitimidad en el curso del tiempo y también, mediante una metamorfosis monstruosa, transformarse en el marco inexpugnable de una ilegitimidad impuesta a golpes de violencia, de tortura a los disidentes y de terror generalizado.

Frente a esta realidad, algunos pensadores del siglo XIX, entre los que sobresalió Hegel, fijaron en el Estado la idea misma de derecho (una idea, por cierto, tributaria de la experiencia prusiana del filósofo de la Universidad de Berlín, burocrática, estamental y decididamente refractaria al individualismo); y otros, como muchos profesores de derecho público en Francia, identificaron el Estado con el concepto de constitución. No obstante, estos dos casos son aleccionadores: como veremos en el próximo capítulo, en este siglo el nazismo se fagocitó al Estado de derecho y, en el XIX, el bonapartismo hizo un uso instrumental del concepto de constitución. Mientras tanto, el Estado proseguía de pie, firme e indestructible, expandiendo su apetencia de dominación. Desde entonces el Estado fue el ariete más formidable para imponer la obediencia a cualquier precio hacia dentro de sus fronteras y la ley del más fuerte fuera de las mismas.

El papel del Estado en materia de legitimidad es, por lo tanto, ambivalente y se complicó aún más cuando, ensanchada la perspectiva, se pasó del análisis interno de cada Estado en particular al análisis de las relaciones entre los estados. La línea divisoria entre política doméstica y política internacional inspiró a una escuela de pensamiento que sostuvo que la legitimidad, en caso de existir, sólo podría prevalecer fronteras adentro de los estados. Hacia fuera, en cambio, campearía un escenario belicoso en ausencia de una ley común y legítima capaz de dirimir los conflictos gracias a la coacción legal: el paisaje cambiante,

en suma, de la guerra, las alianzas, los arreglos de cooperación y de las políticas de equilibrio entre lo que dio en
llamarse las grandes potencias.

Tal manera de ver las cosas concebía al Estado como
una persona colectiva encarnada en gobernantes guiados
por el principio de la "razón de Estado". No es preciso
añadir más palabras para mostrar la radical diferencia
que ese principio establecía entre el individuo común
(concepto que había hecho suyo Paine para elaborar su
teoría del gobierno representativo basado en el núcleo
indestructible de los derechos humanos) y ese hombre de
Estado "naturalmente" superior que ejercía el poder de
decisión supremo de la guerra y la paz. Ésta era la consecuencia inevitable de teorías que, si bien aceptaban la
limitación del poder político en el plano interno, no proyectaban los mismos principios al plano internacional.
Acaso nadie haya entrevisto mejor este problema, todavía
insoluble, que el viejo Kant en su opúsculo *La paz perpetua*. En esa pequeña joya del pensamiento político, siguiendo la huella abierta por Montesquieu en sus comentarios acerca del federalismo, Kant postuló que la paz
entre los estados era una hipótesis previsible si la constitución civil de cada uno de ellos es representativa y descansa sobre la separación entre el poder legislativo y el
poder ejecutivo. En esto consistía la definición estricta de
una forma de gobierno republicana, condición necesaria
para llegar a un régimen federal de estados libres, capaz
de garantizar el derecho cosmopolita de cada individuo de
recorrer ese espacio sin ser considerado un enemigo.

Muchos críticos achacaron a Kant el error de imaginar
una utopía poco realista. Kant no era sin embargo inocente. Admitía sin contemplaciones "la maldad de la naturaleza humana" y consideraba que los peores instintos de la
especie amenazaban sin dar respiro la tarea del legislador
republicano (una frase de Virgilio, que siempre produce
escalofríos, le servía de soporte: "Un furor impío hierve
por dentro, horrible, en su boca sangrienta"). Al contrario

de lo que sostenían sus críticos, inspirados en el supuesto de una lucha perpetua entre estados, la hipótesis de Kant resultaba valiosa porque vinculaba un tipo de legitimidad interna de los estados con la legitimidad de que puede gozar un sistema internacional posible. Si la legitimidad instauraba la paz hacia dentro, también podía instaurarla hacia fuera.

Claro que el momento histórico no era muy propicio. Cuando Kant publicó su obrita, en 1795, el horizonte del siglo XIX comenzaba a teñirse con un nuevo concepto acerca de la guerra. Abastecida mediante la conscripción obligatoria por enormes contingentes de soldados, la guerra dejó de ser un medio limitado de acción violenta conducido por la nobleza y los ejércitos mercenarios que dependían de ella. Este explosivo crecimiento de la fuerza armada proporcionó a Bonaparte el vehículo más eficaz para llevar la Revolución a toda Europa. Ya apuntamos cómo Ferrero advirtió en este traumático proceso el carácter expansivo de un poder ilegítimo que, valiéndose de un régimen plebiscitario comandado por el rol eminente del poder ejecutivo, hacía caso omiso de la representación política y la separación de poderes. El bonapartismo modernizó la guerra y en muy pocos años reformuló de raíz, en términos cuantitativos y estratégicos, el ejercicio de la violencia militar (tres millones de hombres estaban bajo bandera —en uno y otro bando— hacia el final de las guerras napoleónicas).

No cabe duda de que, en ese contexto, la idea de Kant parecía girar en el vacío. La contradijeron esas guerras y en parte —sólo en parte— lo que aconteció después de Waterloo, cuando, por influjo de Talleyrand y Metternich, las potencias vencedoras establecieron la paz sobre la base de restaurar en todos los países la vieja legitimidad monárquica. La reconstrucción del orden emprendió entonces un rumbo no necesariamente republicano en el sentido de Kant (aunque en ese concierto europeo coexistieran monarquías constitucionales como la inglesa con

monarquías absolutas como la que regía en Rusia), pero
iluminó, desde un ángulo opuesto, el mismo aspecto que
Talleyrand, según hemos visto de la mano de Ferrero,
percibió en sus *Memorias*: un mundo poblado por
legitimidades opuestas y divergentes tiene menos probabilidad de instaurar la paz entre los estados que un mundo en el cual las legitimidades se aproximan y comparten
valores comunes.

Pocos años después de que se escribieran estas cosas, la
gente comenzó a ver la palabra Estado acoplada a un concepto tanto o más atractivo: la Nación, en efecto, se impri-
mió también con letra mayúscula, invocando de este modo
otro objeto de legitimación de estatura equivalente. Tan
natural parece ser ahora este referente que muchas veces
se olvida el complicado recorrido de dicho vocablo en los
últimos doscientos años. Es la historia de una de las más
persistentes creencias en el campo de la política y de la
cultura, frente a la cual suele estrellarse el juicio crítico y
la distancia racional. Según su vertiente moderna, en la
palabra Nación se vaciaron los sentimientos antiguos contenidos en la voz patriotismo: esos vínculos amorosos, típicos de una comunidad inmóvil, hacia el lugar en que se
nacía, vivía y moría. Ésta fue una herencia del lenguaje
con fuertes resonancias afectivas que se enlazó, gracias a
Emmanuel Sieyès, con las ideas novedosas de soberanía,
representación y contrato.

En paralelo con Madison y Paine en América del Norte,
Sieyès elaboró la idea de la representación política merced a una compleja alquimia. Este sacerdote convertido
súbitamente en 1789 en el profeta de la parte del pueblo
que no pertenecía ni a la nobleza ni a la Iglesia, desplazó
la soberanía tradicional, o poder político supremo que
antaño residía en la corona, hacia una nueva entidad que
debía ser "representada". Esa entidad no era el pueblo
que delegaba en otros su poder de gobernarse, sino la
Nación. Y esa Nación, a su vez, era el producto de la suma
de individuos libres e iguales que agregaban sus volunta-

des según una regla electoral. El contrato que forjaba la Nación se verificaba entonces en el acto de representar, lo que habilitaba al representante a legislar en nombre de esa nueva entidad que englobaba a los individuos y, al mismo tiempo, no se confundía con ellos. La ficción estaba creada y el concepto de Nación iniciaba una accidentada marcha que aún no ha concluido.

El razonamiento de Sieyès, a simple vista abstruso, se resumía en el intento de crear una entidad diferente del individuo y capaz de ser representada. Por cierto, este intento no fue el único en la tormentosa vida de legista de Sieyès, pero acaso sea el que mejor sobresale en unas ideas a la vez retorcidas y fulgurantes. Para entender mejor esta operación teórica conviene volver a textos más conocidos. ¿Qué dicen la primera frase del Preámbulo y el artículo primero de nuestra Constitución Nacional? El Preámbulo: "Nos los representantes del pueblo de la Nación Argentina" y el artículo primero: "La Nación Argentina adopta para su gobierno la forma republicana representativa federal, según lo establece la presente constitución." En estas breves sentencias está contenido gran parte del argumento. Es posible que los constituyentes del 53 (Juan María Gutiérrez, Gorostiaga, los redactores de ese documento de prosa transparente) hayan combinado lo que decía la frase inicial del Preámbulo de la Constitución de los Estados Unidos —"We, the people of the United States" — con el lenguaje de prosapia francesa del artículo tercero de la Declaración de los Derechos del Hombre y del Ciudadano, donde quedó estampado el concepto de Nación —"Le principe de toute souveraineté réside essentiellement dans la Nation". En el caso de nuestro Preámbulo, el pueblo parece constituir la Nación; en el artículo primero, con un sentido todavía más fuerte, la Nación precede a la forma de gobierno: es una instancia previa —fijémonos en el giro verbal— que adopta (como una madre y un padre adoptan un hijo) el régimen republicano representativo federal. Ya que hablamos de linajes, aquí está la madre del problema que plantea esta esquiva palabra.

De entrada nomás, en aquel juego de artificios, la Nación emergía como una cosa separada de los individuos y del régimen político, una suerte de objeto que puede —y debe— interpretarse porque en él reside un poder superior: el poder de ser representado. Bastó que otras teorías tomaran ese concepto que reclamaba una intransferible autonomía frente al individuo, y extrajeran de él consecuencias todavía más extremas, para dar curso al tempestuoso relato de la Nación y del nacionalismo. Es una historia muy alemana, muy francesa, muy española y muy iberoamericana que para nada excluye otras geografías y parece ir a remolque de una imagen tan imprecisa como subyugante: la Nación es algo con vida propia que se empina en la historia proponiendo un programa de realización colectiva. Joseph de Maistre, el contrarrevolucionario francés y relevante expositor del pensamiento reaccionario (quizá el más destacado), decía en 1796 en el capítulo II de las *Considérations sur la France*: "Cada Nación, como cada individuo, ha recibido una misión que debe cumplir". Con estas metáforas se fue formando un objeto a la vez semejante al Estado y distinto de él, como, por ejemplo, en la filosofía clásica el cuerpo y el alma eran diferentes y, no obstante, conformaban una unidad sustancial.

Vale la pena detenerse en algunos mojones de este derrotero en el XIX para ver cómo este problema se presenta a principios de este siglo. Entre 1807 y 1808, en los *Discursos a la Nación alemana* que pronunció Fichte, la Nación era el medio privilegiado para dar nacimiento a un pueblo nuevo. La Nación era como la partera de ese nacimiento, doloroso e inevitable, del pueblo alemán que, desde la dependencia impuesta por el extranjero, marchaba hacia la autodeterminación. En esta vigorosa exigencia de hacer valer ante los extraños una identidad colectiva, la palabra pueblo no excluía en principio la dimensión individualista de los habitantes que lo formaban, salvo en un punto decisivo, vigente aún en nuestros días. Más que una reunión de individuos, el pueblo era una materia compacta aglutinada por una "lengua viva", como la llamaba Fichte, un idioma común y preexistente en torno al cual nos reconocemos como miembros de un todo. Ese idioma compartido era el lenguaje del pueblo, que tenía la virtud de mirar hacia adelante y hacia atrás. Era, al mismo tiempo, un núcleo fundante y un proyecto de vida en común. Fichte rozó uno de los nervios más sensibles de esta trama. Concibió la Nación como una fragua espiritual que recogía y unificaba una multitud de elementos dispersos: la lengua, la religión, los lazos comunitarios. Todos ellos, reunidos en una misma imagen por quienes tenían el don de la interpretación, venían a satisfacer una sed de reconocimiento colectivo, porque la Nación unía hacia adentro y discriminaba hacia fuera.

Así expuesta, la idea de Nación era una potencia transformadora de la historia en busca de su forma adecuada. Fichte sostenía al respecto que el Estado era la "organización mecánica" de la Nación. Con esta síntesis ingeniosa el montaje estaba creado: una materia viviente y una estructura capaz de revelarla. De este modo, la Nación se convirtió en una energía espiritual que debía tener una envoltura política unitaria. Hacia fines del XIX, en una Francia que recién parecía haber encontrado el quicio de la estabilidad republicana, Renan precisó todavía más estas metáforas y le asignó a la Nación el papel del alma en relación con el pueblo y el Estado. Arrastrado por la voluntad colectiva de vivir juntos, un "plebiscito cotidiano" actualizaba ese principio espiritual arraigado en la posesión en común de una herencia. Era un discurso que realzaba el pasado y auguraba el porvenir. Daba satisfacción a los muertos, porque la Nación era un legado inscripto en la tumba de los antepasados, y tensaba la voluntad hacia el porvenir porque la Nación requería renovar constantemente el sentido teleológico que la animaba.

En esta doble invocación abrevó el nacionalismo, una corriente que impregnó con su lenguaje y sus acciones la tradición liberal, la tradición conservadora, la tradición reaccionaria y la tradición socialista. Durante el siglo XIX y en las primeras décadas del siglo XX, estas variedades de la Nación y del nacionalismo llegaron a su apogeo, fijaron fronteras, las expandieron y modificaron, destruyeron viejos imperios y construyeron otros sobre sus ruinas, y crearon el Estado-Nación, entidad mixta convertida en el fin y el medio del poder. Desde los extremos del pensamiento reaccionario de Maurras y de la *Action Française* en las primeras décadas de este siglo en Francia (Maurras decía que el verdadero nacionalista coloca a la Nación por encima de todo), hasta propuestas más moderadas como las del Ortega liberal de *España invertebrada* en 1921 ("la Nación es un proyecto sugestivo de vida en común"), el tema nacional dio forma a un pensamiento invasor.

El nacionalismo colocó el debate acerca de la legitimidad del poder en un plano donde primaban criterios afectivos y de identificación comunitaria. Los reconoció, los asumió y luego los radicalizó. De esos sentimientos derivaban la fuerza y debilidad de esta tempestuosa tradición. El nacionalismo se situaba siempre en posición crítica con respecto a la organización institucional del poder. En una variante reaccionaria, el nacionalismo decía que el poder se legitimaría en tanto fuese capaz de interpretar una esencia espiritual que se situara más allá del aparato formal de las instituciones (solía hablarse, en esta línea, de ser nacional); en una variante progresista, el nacionalismo levantaba un proyecto capaz de lanzar a la Nación en procura de un horizonte y de un destino que, en general, se medía en relación con otros proyectos y otros destinos presentes en la arena internacional. Estas presiones constantes sobre la organización institucional del poder (sobre todo si se trata de un poder limitado por los derechos individuales) ponían en jaque la legitimidad y las reglas de sucesión porque, en última instancia, el nacionalismo concebía esas instituciones como instrumentos al servicio del concepto central de Nación. ¿Y quién podría definir ese núcleo primordial sino el propio nacionalismo?

En el plano institucional, es claro el contraste del nacionalismo con el principio de legitimidad del gobierno limitado. Mientras para el nacionalismo las instituciones son una variable dependiente de una suerte de organismo que las precede, para aquel principio de legitimidad la Nación pasa a ser un concepto subordinado a una ley fundamental. Estas precauciones son visibles en nuestra Constitución (a la que se le adosa el adjetivo nacional), pero no han disipado del todo la presencia de esa atrayente imagen, inspiradora de planes legislativos y de gobierno y, al cabo, de actitudes "constructivistas". Porque la Nación se construye en la mente y conciencia de los habitantes a través de las decisiones del poder político; es una idea que invita a desarrollar una labor arquitectónica, a levantar un diseño comunitario y a instaurar un conjunto de leyes básicas inmersas en símbolos y en conmemoraciones: educación pública transmisora de una historia nacional, conscripción obligatoria, protección arancelaria, sufragio obligatorio llegado el caso, seguridad social. Estas leyes, obviamente, no sólo tuvieron por objeto consolidar una identidad nacional, pues también buscaron responder a criterios de libertad política o de justicia distributiva; pero en todos esos debates, el concepto de Nación fue un término de referencia ineludible.

La legitimidad de un tipo de sociedad

No obstante, al ambicioso designio de construir estados nacionales se agregó un principio relativo a las bases sociales de la legitimidad del poder: el tipo de sociedad sobre la cual aquélla debía descansar. Este asunto es tan vasto como los anteriores. Tal vez la manera más sencilla de encararlo sea señalando el cambio que tuvo lugar en la filosofía política, durante la segunda mitad del XVIII, por obra de la Ilustración escocesa.

Para estos pensadores —el más conocido de los cuales es Adam Smith— los derechos individuales, garantizados por tribunales de justicia independientes, eran los medios más adecuados para alcanzar los fines de una sociedad libre, sin trabas burocráticas ni privilegios mercantilistas dependientes de concesiones monopólicas emanadas de la Corona. Éste era, ni más ni menos, el ideal de una buena sociedad, pacífica y comercial, atemperada por la "benevolencia", según la precisa expresión de Adam Smith. Al abrir las compuertas de la libertad para generar un orden espontáneo, esa sociedad rompía con la estructura de poder del viejo orden aristocrático. Este último era el símbolo de la escasez y la penuria; aquélla, en cambio, sería el símbolo de la riqueza y de la movilidad humana. Según la teoría de la Ilustración escocesa (con la excepción de Ferguson), para la legitimidad era más importante el individuo interactuando en la sociedad civil que el ciudadano participando en la sociedad política. Las leyes e instituciones cobraban valor histórico en la medida en que abrían curso a la aventura de la libertad humana. Frente al antiguo régimen, infestado aún de resabios feudales, las instituciones cumplían un rol derogatorio de aquellos obstáculos y trabas. Nada más: el resto —la gran historia a que estaba convocada la humanidad entera— debía forjarse por las innumerables acciones y efectos imprevisibles provocados por el individuo, dueño ahora de su destino.

Casi un siglo más tarde, esta versión del liberalismo se desenvolvió en paralelo con la teoría socialista que, con otra óptica, exploraba también las bases sociales de la legitimidad. Ya vimos como Marx había combinado en una potente síntesis el análisis sistemático de un tipo de sociedad —la sociedad capitalista, dominada por la clase burguesa— con la visión dialéctica y materialista de la historia. El punto omega de la historia estaba en una sociedad al fin reconciliada consigo misma por el papel reservado al proletariado, una clase subordinada y sin embargo dueña, tras las alienaciones a que era sometida, de una vocación universal. Para llegar a esa meta, era preciso atravesar un período de transición: el de la dictadura del proletariado, tramo en el cual esa clase se apropiaría por la fuerza de los medios de producción y los volcaría en favor del mayor número. Marx utilizó una palabra muy fuerte, "dictadura", cuya genealogía llegaba hasta la Roma republicana. Desde aquel origen, la dictadura fue siempre sinónimo de excepción, de un poder que emergía en circunstancias cruciales y ponía entre paréntesis, durante un plazo determinado por la ley, los usos habituales y las garantías de un régimen político. De acuerdo con su etimología y la experiencia histórica, la palabra evocaba pues el ejercicio duro y violento del poder político. El uso que hizo Marx de esta fórmula, en la cual la fuerza y la violencia, envueltas en una esperanza redentora, serían justificadas al cabo por la propia historia, cosecharía sus frutos en los años venideros. Antes se sacrificaba al individuo en nombre de Dios, en defensa del orden o para satisfacer la sed de revancha de memorias facciosas; luego también se lo sacrificará en nombre de la historia y del progreso.

Desde luego, Marx partía de un supuesto según el cual la superestructura política de las sociedades capitalistas no era más que la expresión formal (e ilusoria) de la dictadura que la clase burguesa imponía sobre el proletariado. Marx no llegó al extremo —como advirtió muy bien Bobbio— de reducir esa superestructura a un tipo único de régimen político (distinguía, por ejemplo, entre los regímenes parlamentarios y el régimen bonapartista que se impuso en Francia después de la revolución de 1848 y que daría origen al Segundo Imperio). No obstante esas sutilezas, la teoría de Marx escenificó un combate revolucionario entre una legitimidad históricamente superada (la dictadura de la burguesía), una legitimidad transitoria e incompleta (la dictadura del proletariado) y una legitimidad plena cuyo diseño político quedaba abierto e indeterminado (la sociedad sin clases). Habría que preguntarse si Marx tenía alguna idea acerca del autogobierno de la sociedad comunista, la mejor de las sociedades posibles según las lecciones que él había extraído de la historia.

No es sencillo imaginar esa circunstancia. Marx nos dejó sobre todo un análisis de la sociedad capitalista y un análisis acerca de la historia, pero no dejó indicaciones claras sobre el modo cómo debía regularse la sociedad comunista del porvenir. Algunos autores han percibido en esta indeterminación las lecciones que dejó en el espíritu de Marx (y de Engels) el gobierno revolucionario de la Comuna de París en 1870 y su catastrófico epílogo. La Comuna fue un ensayo político muy francés que puso nuevamente a la orden del día (en realidad a la orden de unos pocos días, tan corta fue esa experiencia) el proyecto del gobierno directo del pueblo: una participación colectiva sin mediadores que actuaba, armas en mano, sobre el terreno público.

Al sucumbir la Comuna en medio de una feroz represión, se abrieron en la tradición socialista por lo menos tres caminos: el que anunciaba una liberación total de la sociedad mediante la supresión del Estado y las formas de representación política; el camino más estratégico, desde el punto de vista maquiavélico, que reconocía que para destruir el poder de la clase dominante había que construir un poder dictatorial alternativo; y, finalmente, el rumbo que valorizaba los regímenes constitucionales establecidos para transformar la sociedad burguesa en una sociedad socialista mediante el sufragio y el respeto por la legalidad. El anarquismo tomó el primer camino; el segundo alimentó una tradición que desembocaría a principios del siglo XX en el leninismo; y el tercero fue el que transitó el socialismo democrático o socialdemocracia.

En la perspectiva del análisis que gira en torno al problema de la legitimidad del poder, el anarquismo representó el papel más extremo. No tanto debido a la versión grosera, comúnmente difundida por el mundo y en nuestro país, que sentenciaba a los anarquistas como maximalistas y asesinos (versión que olvidaba las corrientes pacifistas y autogestionarias), sino por la circunstancia paradójica de que el anarquismo llevó hasta las últimas consecuencias el vaciamiento de lo político que venía insinuándose desde el XVIII. Para el anarquismo no había, en rigor, legitimidad del poder porque en la sociedad no debe ni puede haber poder; ni poder social (familia, iglesias, empresas) ni, por cierto, poder político. El único principio de legitimidad que aceptaba el anarquismo era la formación y desarrollo de la sociedad por ella misma; la legitimidad, en suma, de una sociedad que se ha desembarazado de las relaciones de poder y es pura transparencia. Esto, naturalmente condenaba tanto la solución marxista como la hipótesis socialdemócrata. Tan aberrantes eran para el anarquismo la dictadura como el sistema representativo que los socialdemócratas aceptaban.

Merced a esta revancha de lo social sobre lo político (Sheldon Wolin tiene páginas esclarecedoras al respecto), estas tradiciones llevaron a cabo una faena de desenmascaramiento que no sólo quedó en manos de Marx. Contemporáneamente, con un enfoque opuesto, Nietzsche tomó a cargo una tarea semejante, mientras ejercía su influjo en el plano de las creencias y del lenguaje otra corriente de pensamiento. Habitualmente se trae a colación, para ilustrar este paisaje intelectual, a Saint-Simon y a Auguste Comte. Los ejemplos están bien elegidos, porque estos autores subrayaron las ventajas indudables que tiene la organización industrial — y el poder social que de ella deriva— sobre las, para ellos intrascendentes, construcciones de las instituciones políticas. En este argumento también se deslizaba una crítica al enmascaramiento (el poder político con sus derechos formales cubriendo con un manto ficticio las fuerzas reales que daban consistencia a la sociedad), aunque en el socialismo se trataba de un operativo de diferente factura. La legitimidad de la sociedad industrial presentaba más bien una nueva versión del conservadurismo adaptada a un espectacular cambio en la escala de la producción, de la distribución y del trabajo.

La actitud y el estilo conservador frente a la vida histórica se formaron en el siglo XIX alrededor de la nostalgia del pasado y de una contundente afirmación sociologista. El pasado era el territorio "orgánico" del antiguo régimen, con sus estamentos y lazos de solidaridad entre superiores e inferiores, al cual hostigaba sin cesar la acción concreta de los derechos individuales y las transformaciones económicas. Era el lamento del viejo mundo que caducaba a increíble velocidad. La afirmación que llamamos sociologista tuvo, por el contrario, más éxito. Los pensadores que reaccionaron frente a la teoría de los derechos individuales la acusaron de producir un destructivo individualismo, una pulverización de antiguas solidaridades, precisamente porque había instalado en el mundo de la política y de la cultura un presupuesto erróneo: el presupuesto, según ellos abstracto, de un ser humano dotado, como tal, de un núcleo intransferible de atributos, entre ellos el de nacer libres e iguales en derechos.

Esta suerte de definición universal del sujeto político despertó iras y aprensiones. Joseph de Maistre, en el texto ya citado, escribió en respuesta a este ideal una frase lapidaria: "No hay en el mundo —exclamaba— una cosa como el *hombre*. En el curso de mi vida he visto franceses, italianos, rusos, etcétera... Pero en lo que concierne al hombre declaro que jamás lo he encontrado en mi vida". Los seres singulares que De Maistre enumeraba eran producto de la historia y de las tradiciones. Estaban, si así puede decirse, situados en una estructura y condicionados por una herencia. La única legitimidad verdadera era entonces aquella que brotaba espontáneamente de esa sociedad tradicional. El pensamiento de Saint-Simon y de Comte —lo que luego se llamará positivismo— tuvo la originalidad de adoptar esta concepción del hombre expuesta por los "reaccionarios" y colocarla en la perspectiva de la sociedad orgánica del porvenir; con la diferencia de que el nuevo poder social —tan singular y concreto como el anterior— en lugar de arraigar en la propiedad secular de la tierra, habría de tener su asidero más fuerte en la industria. Por ende, la nueva aristocracia que gobernaría esa sociedad —verdadero complejo de máquinas, empresas y redes de transportes— debería estar formada por propietarios industriales, científicos, técnicos e ingenieros. He aquí la utopía del gobierno de las cosas, en contraste con el gobierno sobre los hombres.

Esa voltereta del trapecio conservador al trapecio industrial llevaba en germen la idea del corporativismo social y con él el sueño de poner nuevamente en funciones a una aristocracia. Para el corporativismo industrial, carecía de significado gobernar individuos porque esta abstracción no tenía la menor correspondencia con la realidad. Por consiguiente, era irrelevante establecer el principio del sufragio según el cual un individuo es igual a un voto; interesaba, ante todo, eliminar aquellas ficciones e instalar a los gestores del poder industrial en la cumbre del poder administrador. De ese modo cobraba forma un régimen de representación basado en las funciones que distintos sectores desempeñaban en la sociedad. Hasta Proudhon, un socialista enamorado de la descentralización y, en ciertos aspectos, un anarquista moderado, se dejó tentar por este nuevo duende. En 1860 afirmó que el sufragio universal "estrangulaba la conciencia pública", si los ciudadanos no podían votar por "categorías de funciones", es decir, de acuerdo con el lugar que les correspondía en una sociedad, paradójicamente, en perpetuo cambio. Proviniendo de quien proviene, importa destacar este juicio. Esta negación de la autonomía del sufragio individual, más enérgica en el mundo de la cultura europea que en otras partes, impregnó durante largos años el lenguaje de los debates y, como el nacionalismo, se convirtió en un pensamiento particularmente importante en el campo de la cultura política del catolicismo.

Tan vigorosos fueron los esfuerzos por trasladar la sede de las preocupaciones de lo político a lo económico-social que el propio concepto de democracia sufrió unas transformaciones que duran hasta nuestros días. Estas alteraciones introdujeron alguna confusión en la historia de un término de neta prosapia política. Desde que los griegos inventaron la palabra, democracia siempre significó el gobierno del pueblo y por el pueblo. Por consiguiente, una sociedad podía ser gobernada con democracia o sin ella. Para esta versión teórica, la democracia es, ante todo, una forma de gobierno o, como dice Carlos Strasser, es "un régimen de gobierno del Estado". Este significado preciso, que delimita a la democracia en relación con otros sistema sociales, no predominó del todo durante el siglo XIX. El giro semántico provino de algunos autores que, después de la Revolución Francesa, vieron una contradicción entre la igualdad de condiciones que afloraba en la sociedad civil y el desarrollo concomitante de formas políticas autoritarias. Se derrumbaba la sociedad del antiguo régimen, caían los privilegios, pero en su lugar no emergía un régimen respetuoso de la libertad y de las garantías individuales en la esfera política.

El cuadro era a la vez fascinante para el historiador y desalentador para un espíritu amante de la libertad política. Quizá quien mejor expresó este problema, convirtiéndose así en un clásico que sobrevive hasta nuestros días, fue Tocqueville. Para no simplificar las cosas en demasía, digamos que no fue el único: lo acompañaron, entre otros, Guizot, Royer-Collard y Rémusat; pero acaso haya sido el autor de *La democracia en América* quien mejor echó las bases de un importante argumento acerca de la sociedad democrática. A partir de ese momento, la expresión "sociedad democrática", en reemplazo de "gobierno o régimen democrático", aunque para muchos resulte un mero juego de palabras, representó un cambio conceptual importante.

Para Tocqueville, el desarrollo de la sociedad democrática era un hecho universal, una tendencia sin duda inevitable que venía desde el fondo del pasado, que se aceleraba o detenía provisoriamente según los accidentes de tiempo y lugar y que, en todo caso, no podía ser contenida por una política que soñase con atrasar el reloj de la historia. Ausentes los viejos rangos y estamentos, una sociedad se democratizaba en la medida en que los sujetos que la habitaban actuaran según un sentimiento subjetivo de igualdad. Esta noción, lejos de eliminar el concepto jurídico de igualdad ante la ley, lo incorporaba en el seno de una teoría mucho más atenta al desarrollo de la historia y a las condiciones sociológicas que entonces surgían en el mundo. En términos formales, una sociedad sin privilegios, es la que, por ejemplo, define el artículo 16 de nuestra Constitución: "La Nación Argentina no admite prerrogativas de sangre, ni de nacimiento; no hay en ella fueros personales ni títulos de nobleza. Todos sus habitantes son iguales ante la ley, y admisibles en sus empleos sin otra condición que la idoneidad. La igualdad es la base del impuesto y de las cargas públicas". Éste es el ejemplo típico de lo que podríamos designar con el nombre de liberalismo derogatorio: se eliminan privilegios aristocráticos; se instaura la igualdad ante la ley. Pero éste es sólo el primer paso en la teoría de Tocqueville, porque el significado objetivo de la igualdad ante la ley representa el punto de partida en cada uno de nosotros de un proceso subjetivo que envuelve por completo al ser humano.

Por eso, más que un derivado de la razón humana o de los postulados de una filosofía pública, la igualdad era, según la perspectiva histórica de Tocqueville, un sentimiento y una pasión; son los deseos e impulsos de un sujeto antaño desconocido que rompen antiguas ataduras y lazos tradicionales, que desarticulan los lugares de pertenencia y erosionan certezas inmemoriales. La democracia irrumpe entonces como una fuerza social, a veces ciega, a

veces ilustrada, cuyo signo más evidente en el siglo XIX es
la rapidez con que destruye viejas jerarquías y construye
con la misma velocidad otras nuevas. Para Tocqueville
este movimiento tiene un sentido ascendente que, por su
propia dinámica, es fuente de conflictos: no ofrece, como
él decía, ninguna paz a las almas y tampoco garantiza en
el plano político un final feliz; pero es algo inevitable,
capaz de quebrar fronteras, distinciones de sexo y discri-
minaciones étnicas. Pertrechada con estos atributos, la
sociedad democrática tiene un arranque y una dirección
predominante: la sed de igualdad y de reconocimiento, el
anhelo consciente e inconsciente de participar en lo que
José Luis Romero, en una frase feliz, llamó "la aventura
del ascenso".

Por hacer tanto hincapié en las pasiones, de la mano de
Montesquieu, su lejano mentor, Tocqueville pertenecía al
bando de los que practicaban un pesimismo razonable. No
se divisa en su teoría ni una meta de plena consumación,
como Marx proponía, y tampoco un arreglo corporativo
entre príncipes industriales, como recomendaban los
positivistas. Hay más bien en ella un final abierto y ambiguo porque la sociedad democrática, en sentido
tocquevilliano, es bifronte: puede conjugarse con la libertad política, con la descentralización del poder, con la vida
cívica de los municipios y con una plétora de asociaciones
voluntarias, o bien puede despeñarse presa de un despotismo que, si bien satisface la sed de igualdad con protección paternalista, cancela en otro plano el ejercicio de la
libertad política. Los dos ejemplos que nutrieron estas
especulaciones acerca del destino político de las sociedades democráticas fueron los Estados Unidos que
Tocqueville conoció en 1830 y la Francia bonapartista.

En el fondo —igual que muchos de sus contemporáneos— Tocqueville evocaba con nostalgia los lazos comunitarios de una sociedad integrada y, sin embargo, irre-
mediablemente decrépita. Ausente el antiguo régimen, lo
único que quedaba en pie era el rol solitario del individuo,

vuelto sobre sí mismo, replegado en su vida privada, poco dispuesto a cargar con la responsabilidad del deber colectivo. La sociedad democrática era una sociedad individualista, siempre tentada a dar la espalda a lo político. Las instituciones que Tocqueville estudió en los Estados Unidos —y que le sirvieron de criterios básicos para su teoría— venían a cumplir algo así como una misión de rescate. Si la historia era propicia, si la colonización en América permitía combinar la igualdad de origen con las libertades propias del gobierno republicano y si, por otra parte, esas instituciones políticas recibían el sustento de unas costumbres favorables y del pluralismo religioso, entonces podría argüirse con fundamentos ciertos que la "sociedad democrática" encontraría su forma adecuada en un "gobierno democrático". La ambigüedad que rezuma el argumento desconcierta: ¿qué esperanza queda cuando el pasado no es propicio y la sed de igualdad no encuentra modo de ser saciada, porque las instituciones son débiles o anacrónicas, y la experiencia acumulada es proclive a la centralización y a esperar todo del Estado? ¿Habría que esperar la revolución?

Ésta, sin duda, era una de las hipótesis posibles. De acuerdo con las explicaciones expuestas en *El antiguo régimen y la revolución*, el último libro de Tocqueville, la revolución resultaría del choque de una formación social cuyas pasiones y costumbres son igualitarias y centralizadoras, con un conjunto de instituciones que, por estar basadas en el privilegio, ya no responden a los valores subjetivos del momento. En un cuadro semejante, aun las reformas mejor intencionadas —como las que intentó Luis XVI— pueden darse vuelta y generar efectos imprevistos, poco comprensibles para quienes las promovieron. La historia resulta ser así una sepulturera de intenciones reformistas, pues aquel que se empeña en tal cometido carece de espacio institucional para llevar a cabo sus propósitos. De Luis XVI a Gorbachev, pasando por una cohorte de reformistas durante el período de entre guerras en este siglo, estos últimos doscientos años están marcados por esos fracasos recurrentes. Para esta perspectiva, detrás de una revolución suele haber un reformista fracasado.

El primer aspecto que Tocqueville destacaba en este análisis era la disolución súbita y violenta de un orden y su imprevisible transformación, a lo cual se sumaba, de inmediato, una inquietante predicción: la imagen de una sociedad democrática dominada por pasiones igualitarias y entregada de lleno a satisfacer intereses particulares, donde la práctica activa de la libertad política está en retroceso y el temple cívico ha quedado relegado al desván de las cosas inútiles. Esta abdicación del sentido práctico del autogobierno (para Tocqueville la libertad era un arte práctico que se aprendía y perfeccionaba mediante la acción) traía como consecuencia el desarrollo de un nuevo tipo de Estado: minucioso, previsor, paternalista, benignamente despótico, que cumplía la doble función de satisfacer los impulsos igualitarios que agitan el espíritu del sujeto democrático y de reprimir al mismo tiempo la libertad política. Éste es un curioso escenario anticipatorio en el cual se han representado, en nuestro país y en el mundo, diversas historias. Tocqueville era un liberal de nueva especie (él mismo se llamaba de este modo) arrojado a la casi imposible tarea de recuperar la libertad en las circunstancias poco propicias de su país. El liberal de los nuevos tiempos tenía entonces por delante la tarea de revelar la libertad y echar las bases culturales para que esos primeros destellos de un mundo sin opresión pudiesen prolongarse en el tiempo.

La legitimidad democrática

En la batalla por la legitimidad del poder intervinieron estos grandes principios que hemos revisado: el poder limitado, la virtud redentora del poder, el Estado Nación y la formación y el desarrollo de la sociedad. Todos hicieron de cartabón para fundamentar los porqués del mando y las razones de la obediencia. Algunos de estos principios valorizaron una forma de gobierno o régimen político (es el caso del principio de legitimidad del poder limitado); otros se refirieron a un sistema de pertenencia obligatorio al que se añadía un criterio de carácter sustantivo (es el caso de la dupla Estado-Nación); y hay, por fin, principios que extraen su vitalidad de un análisis histórico y sociológico de la sociedad (es el caso del evolucionismo basado en la libertad, del socialismo, del corporativismo industrial y de la democracia concebida como un tipo específico de sociedad).

Aunque estos puntos de vista hayan pretendido reducir la realidad a su medida, lo cierto es que los hechos y la conciencia que los sujetos tienen de ellos han sacudido la vigencia de estos principios. Inmersos en el trabajo de la historia, desafiados por el peso del pasado, por los cambios del presente y por la incertidumbre del porvenir, los grandes sistemas no lograron superar enteramente la prueba de las consecuencias. Pero sí se han ensayado —y posiblemente se seguirán haciendo— combinaciones de principios de legitimidad o fórmulas mixtas en el sentido de Aristóteles y de Montesquieu. Pensemos, por ejemplo, en el destino que han tenido los gobiernos constitucionales en el marco del Estado moderno y contemporáneo, en la trayectoria de los proyectos nacionalistas que, combinados con la dictadura, expandieron con ferocidad hacia dentro y hacia fuera la dominación del Estado, o bien en el itinerario (entre civilizado y truculento) de las diversas fórmulas mediante las cuales se expresó el socialismo. Hay en el mundo moderno y contemporáneo un complejo proceso histórico que incorpora estos términos aparentemente opuestos, los confronta, y busca combinarlos en una variedad de experiencias. Sin embargo, son escasas las fórmulas que han podido resolver el acertijo de la legitimidad: infundir consenso respecto de una forma de gobierno y garantizar la sucesión pacífica de los gobernantes.

¿Se podría afirmar con esto que la mejor política es aquella que acierta combinando diversos principios de legitimidad? No es posible dar, al respecto, una respuesta terminante. Existe, es cierto, una línea de pensamiento que desconfía de los principios absolutos. En 1814, Benjamin Constant recordaba cómo predominaron durante los años revolucionarios las ideas y actitudes más exageradas. Entonces, decía, quienes razonaban acerca del estado social lo hacían como entusiastas, analizando las pasiones humanas con un estilo semejante al de los geómetras. Ello aparejó un menosprecio del mundo real que renegaba del espíritu de compromiso. Posiblemente Constant haya exagerado en su juicio tanto como los ideólogos que él condenaba; pero algún valor predictivo tienen sus palabras pues señalan las dificultades inherentes a la relación entre las ideas generales y los individuos que hacen la historia sin conocer a ciencia cierta sus efectos. Las ideas nacen de la historia y suelen volver a ella en son de conquista.

Desde luego, en el curso del siglo XX, estos fenómenos rozaron el paroxismo en muchas oportunidades. Los criterios absolutos del poder redentor se universalizaron y se instalaron en muchos lugares del planeta al ritmo de cambios extraordinarios en la escala económica y tecnológica. Se arguye con insistencia, al modo de un Polibio modificado, que esas expresiones del furor humano fueron productos de ciclos acaso irrepetibles. Quién sabe. La producción de mitos irracionalistas es tan abundante en la historia contemporánea como la producción de racionalidad en el campo de las ciencias puras y aplicadas. Cuando confluyen en alguna encrucijada de la política, estos aspectos de la condición humana, pueden generar efectos catastróficos o razonables (por supuesto, entre estos puntos extremos se extiende una gama de situaciones intermedias.)

Esta mirada sobre el mundo histórico permite entender

mejor la idea que tenía Ferrero de la legitimidad democrática: idea inspirada en el recorrido de más de 2000 años de una palabra saturada de historicidad, que fue cambiando su sentido según se cernieron sobre ella nuevos retos e interrogantes. Lo notable del caso, en este relato, es la porfiada duración de ese lenguaje, como ideal valorativo y como cartabón para medir su mayor o menor vigencia: la democracia que debe ser y la democracia que es. Ferrero recogió parte de esta historia y la subsumió en un principio de legitimidad ubicado en un estricto plano político; pero debido a los valores implícitos que este principio pone en juego (libertad, igualdad, justicia, fraternidad o solidaridad), la democracia también reclama en aquellos que la practican un atributo muy especial: la virtud de saber combinar esos valores en una fórmula política. Si se entiende a la democracia como un ideal, nada impide acentuar un valor en detrimento de otros (hay sobrados ejemplos en la teoría política, entre ellos el de Rousseau, que subrayaba el principio igualitario en la formación de la voluntad general); si, en cambio, se observa a la democracia como un régimen histórico, como una forma de gobierno conectada con diversos tipos de sociedad, es posible discernir en ella una combinación de tradiciones, de maneras de concebir la soberanía del pueblo y de instituciones capaces de convertir esos usos e ideas en derechos y leyes.

La experiencia democrática tiene pues múltiples facetas en las que late una tensión muy bien destacada por Bobbio: la democracia es, antes que nada, un conjunto de reglas de procedimiento para limitar el poder y asegurar el ejercicio pacífico de la soberanía del pueblo; pero también, según Bobbio, la democracia arrastra en su decurso un conjunto de "promesas incumplidas" que marcan distancia entre lo que es y lo que se espera de ella. Sin duda, esa revelación de lo que aún falta realizar es factible porque el régimen democrático concede en principio a la libertad humana un margen de acción amplio y generoso. En gran medida, la historia de la democracia es la historia de la incorporación de un contingente cada vez más numeroso de seres humanos a los beneficios de la libertad. Se es libre en lo esencial porque podemos elegir, lo cual nos coloca, inevitablemente, frente a valores de igualdad y justicia. Por otra parte, la historia de la democracia también señala que no siempre existió entre esos tres valores —libertad, igualdad y justicia— una pacífica relación cooperativa.

El asunto es apasionante porque está montado sobre un contrapunto entre dos visiones de la libertad. En primer lugar, la libertad que busca reconciliarse con la igualdad y la justicia en un régimen democrático y, en segundo lugar, la libertad que emerge en un mundo de valores incompatibles y acaso excluyentes. La primera visión defiende el supuesto de que la política es una mediadora capaz de amalgamar con eficacia la libertad, la igualdad y la justicia. La segunda, en cambio, nos advierte que la política está condenada a navegar entre valores en conflicto; y muchas veces, en circunstancias críticas, esta incompatibilidad plantea a los gobernantes una drástica opción.

La primera perspectiva está ilustrada por un viejo texto de John Stuart Mill. "Es cierto —decía en una carta fechada en 1852— que el bajo nivel de la humanidad en general, y en particular el de las clases trabajadoras, los hace actualmente ineptos para cualquier orden de cosas que presuponga, como condición necesaria, un cierto grado de conciencia y de inteligencia. Me parece que el principal propósito del mejoramiento social debe ser preparado mediante la educación para una condición de la sociedad que combine la más grande libertad personal con la justa distribución de los frutos del trabajo que las actuales leyes sobre propiedad ni siquiera se proponen alcanzar."

Este escrito de John Stuart Mill es tan atractivo como ambicioso. Para él la política debía abrir simultáneamente las puertas de la educación y de la justicia (de una justicia, se entiende, que es conmutativa y distributiva) según el arte de la combinación. Así, el genio legislativo residía en la habilidad para diseñar la estructura normativa de las instituciones dedicadas al mejoramiento social, tanto como la inteligencia del gobernante consistía en su habilidad para montar una organización capaz de traducir en acciones administrativas esas normas jurídicas. El Estado de bienestar, como se lo denominará en el siglo XX, está prefigurado en esta propuesta.

El propio John Stuart Mill, por su parte, admitía, no sin escrúpulos y preocupaciones, que en esta ardua cuestión estaba contenida la agenda del porvenir: "Confieso —proseguía— que considero las investigaciones puramente abstractas de la economía política, de muy poca importancia comparadas con las grandes cuestiones prácticas que plantea el progreso de la democracia y la difusión de las opiniones socialistas, para las cuales ni las clases gobernantes ni las gobernadas están preparadas. Todavía no se ha decidido si Europa entrará con paz y prosperidad en un nuevo orden, o si las nuevas ideas serán inauguradas por un siglo de guerra y violencia como el que siguió a la Reforma de Lutero; y esta alternativa probablemente dependa del movimiento intelectual y moral de los próximos diez o veinte años. Hay, por lo tanto, ocupación abundante para los maestros de moral y política como aspiramos a ser nosotros".

Daría la impresión de que el autor de *On Liberty* quería desempeñar en este texto el papel de un filósofo que expone principios, dejando en manos del hombre político la tarea de perfeccionar el arte de la combinación. Arte sin duda difícil, enmarañado, que constantemente es llamado al orden por otra corriente de pensamiento preocupada en discernir los obstáculos que se yerguen frente a esa tarea. Isaiah Berlin los presentó en 1969 bajo la forma de cinco interrogantes, en su Introducción a los *Four Essays on Liberty*: "¿Debe [...] en ciertas condiciones ser promovida [...] la igualdad a expensas de logros culturales?, ¿o la piedad a expensas de la justicia?, ¿o la espontaneidad a expensas de la eficiencia?, ¿o la felicidad, la lealtad y la inocencia a expensas del saber y la verdad?" Se podría ir más lejos añadiendo a este inventario nuevas preguntas. Todas ellas insinúan una respuesta que, en tiempos de crisis o de fuertes sacudimientos, se hace aún más dramática.

Tal vez esa respuesta no ilumine el porvenir con el tono de esperanza que le infundía Stuart Mill, pero al menos plantea serios dilemas. ¿Puede la política pasar por alto el imperativo de elegir entre valores escasos y quizá irreductibles? Berlin asignaba al hombre político la tarea de superar ese, por momentos agónico, contrapunto entre valores no siempre complementarios. La historia está plagada de casos que muestran ese implacable condicionamiento. Hace treinta y cinco años, en el pináculo de su gloria de estadista, Charles de Gaulle repetía en sus giras y discursos unas palabras acaso incomprensibles en una primera lectura. Hablaba de la *necessité* y de *la force des choses*. El padre de la Quinta República francesa se valía de estos términos para destacar las opciones que asechan a los programas de gobierno mejor elaborados. Y es curioso que esta percepción provenga de alguien que había adoptado la voluntad y la grandeza como norte de su acción de gobernante.

Sin embargo, hay opciones y opciones. El gobernante —diría Montesquieu—, que está limitado por una forma de gobierno moderada, elige entre cursos de acción diferentes, y el déspota, que obra sin frenos ni restricciones, también lo hace. El problema entonces está íntimamente vinculado con el tipo de régimen vigente en una sociedad. No son iguales —de hecho hay una diferencia cualitativa— las opciones que se le plantean a un gobernante en el marco de un régimen democrático o en el contexto de una monocracia. En una circunstancia, la decisión está sujeta a límites y control; en la otra, no. Por eso, es imprescindible distinguir en una democracia, tanto desde el ángulo conceptual como del histórico, los diferentes niveles que la constituyen y, al paso del tiempo, aseguran su despliegue y perfeccionamiento.

La democracia se constituyó durante los siglos XIX y XX a partir de la legitimidad del poder limitado, sobre el tríptico de los derechos, de la separación de poderes y de la representación política. Éste es el núcleo duro de la forma de gobierno democrática y el cimiento desde el cual ampliar las esferas de la libertad y la justicia: de la constitución para unos pocos a la constitución para todos; de la representación de algunos a la representación popular; del reconocimiento de los derechos individuales ligados a un grupo particular a la percepción de los derechos humanos inherentes a todos los seres que habitan el planeta. En algunos países estas dimensiones de la democracia resultaron de un proceso diacrónico, donde se fueron superponiendo, al ritmo de las edades, diversas generaciones de derechos. En otros países, en cambio, la instauración de la legitimidad democrática obedeció a un movimiento sincrónico donde los derechos, las libertades y la participación popular con sus exigencias de igualdad actuaron de consuno. Cuando Ferrero comprobaba el pacífico reinado de la democracia en Suiza, no hacía más que presenciar los efectos derivados de una secuencia diacrónica.

Con todo, cualquiera que sea el punto de partida, la democracia se forja en primer lugar en las instituciones, en una disposición del obrar humano que supone (aunque a primera vista parezca contradictorio) la incompatibilidad de valores de que hablaba Berlin y el arte de la combinación a que hacía referencia Stuart Mill. En estos márgenes se desenvuelve el argumento de la legitimidad democrática. Una cosa sigue a la otra: la acción política puede echar las bases y poner en funcionamiento una legitimidad y ésta, a su vez, puede servir de apoyo para explorar nuevas metas programáticas y llevarlas a cabo. Ferrero veía este trajín como algo semejante al trabajo de

Sísifo que jamás concluye y siempre recomienza. Estas maneras de ver y hacer la cosa pública chocaron con otros principios para configurar la trama de los conflictos y tragedias del siglo XX.

III

DEL SIGLO XIX AL SIGLO XX

Las ideas que esbozó John Stuart Mill en su carta de 1852, expuestas con más detalle en muchos de sus escritos, gozaron de larga difusión. Mill fue un autor clásico en vida, leído y admirado. Treinta y siete años después de su muerte, el editor de los volúmenes de su correspondencia, Hugh R.S. Elliot, declaraba en 1910 que esa celebridad, si bien explicable en su momento, había sido superada por un cambio de paradigmas en el terreno del conocimiento biológico y social: según el compilador de marras, John Stuart Mill era un personaje anacrónico en aquellos años de principios del siglo XX, porque pertenecía a la "edad pre-evolucionista".

Los azares de su vida personal, que transcurrió entre 1806 y 1873, y el desarrollo del pensamiento filosófico y científico, pusieron fuera de circulación esas humanitarias ideas escritas antes del florecimiento de las doctrinas evolucionistas de la selección natural. Para Elliot, el método de Mill no podía sostenerse pues ignoraba las grandes leyes orgánicas capaces de guiar a la humanidad por el camino de una perpetua (y benéfica) transformación. La "era biológica" estaba en su apogeo; sólo se requería de los sabios que revelasen con mayor precisión los mecanismos inherentes a esa verdad probada por la ciencia.

El darwinismo ingenuo contenido en estas expresiones, tan diferente del método que preconizó el propio Darwin, formaba parte de un lenguaje evolucionista más envolvente, al cual también abonaban otras ideas de diferente prosapia. En las últimas décadas del XIX, justo en la frontera del nuevo siglo, esas maneras de ver el mundo tuvieron el vigor suficiente para convertirse en creencias colectivas y en un principio de legitimidad que, en su versión más extrema, echaba por la borda la acción consciente del sujeto político. El arte del buen gobierno descansaba en la adaptación de la política económica a las reglas sobrentendidas de una sociedad planetaria, cuyas áreas centrales, formadas por una cultura blanca y avanzada, incorporaban gradualmente nuevos países. En estas manifestaciones espontáneas de la ciencia, del progreso y de la diferenciación social se cifraba el porvenir (el Alberdi de los últimos años no hubiese desentonado en este ambiente).

Las teorías evolucionistas brindaban al hombre político un punto de apoyo en el cual confiar que, sin embargo, no eludía la exigencia de instaurar la legitimidad del Estado ni de forjar la identidad de la Nación. Eran tres legitimidades que solían converger sobre grandes objetivos. Hasta la voluntad de Bismarck, entregada de lleno a la construcción del Estado y de la Nación alemana, se dejó tentar por el relato evolucionista. En 1852, el mismo año en que John Stuart Mill escribió la carta ya citada (cuyo corresponsal, el profesor Rau de Heidelberg, compartía la lengua de Bismarck), el futuro canciller del primer Reich, a la sazón embajador de Prusia en Francfort, decía que "la corriente del tiempo sigue su camino tal como debe, y si yo hundo mi mano en ella, lo hago por considerarlo mi obligación, pero no porque crea poder variar con ello su curso."

Las combinaciones posibles entre esos propósitos ambiciosos (construir el Estado-Nación ante propios y ajenos) y las restricciones derivadas de una rica variedad de imágenes acerca de la evolución social, conformaron un rasgo típico de la cultura política de la segunda mitad del XIX. La evolución de la historia servía para múltiples fines: justificaba al hombre de Estado y al colonialismo, colocaba a la Nación en un curso venturoso y también servía de acicate para llevar a buen destino una tarea que se juzgaba necesaria e impostergable. Cuando el siglo llegaba a su fin, y más de ochenta años lo separaban de las guerras napoleónicas, las nuevas realidades podían dar fe de que esta silenciosa marcha no se detenía. Los datos preocupantes de una nueva estratificación social, que sin duda incubaba en su seno intensos conflictos y urgía a los gobernantes a elaborar políticas reformistas, no invalidaban esa firme creencia en el relato evolucionista.

Las impresiones de un viajero

La utilidad más evidente de ese relato provenía de su carácter planetario y de su vocación ecuménica. Era una imagen que atemperaba y ponía coto a otro proceso paralelo, en el cual se destacaba la singularidad de los estados, lenguas y naciones (singularidad que el romanticismo llevó hasta límites exagerados y, en muchas ocasiones, insoportables). En el último tramo del XIX esas diferencias eran tan visibles como el proceso universal del comercio, de los movimientos de población y del desarrollo de la tecnología y de los nuevos métodos de producción.

La diversidad del mundo se expresaba mediante individuos y organizaciones: banderas y ejércitos, ferrocarriles y vapores, educadores y magistrados, hombres de negocios y capitanes de industria. Los actores del principado político coexistían con los del principado económico, pero estos últimos, mientras prevalecieran unas condiciones mínimas de paz internacional (o guerras limitadas, como efectivamente lo fueron después del Congreso de Viena), circulaban por el mundo con más movilidad y sentido de la adaptación. Esta estricta separación entre papeles sociales no siempre se presentaba con tanta claridad. En todo caso, para el evolucionista convencido, que encarnaba una vocación planetaria, esa movilidad entre continentes todavía distantes se encarnaba en el rol arquetípico del viajero.

Había entonces viajeros de todo tipo, desde los anónimos que en número creciente ingresaban por las oficinas de inmigración de nuestro país o de los Estados Unidos, hasta los viajeros notorios, señores con nombres conocidos que se desplazaban en condiciones por cierto mucho más confortables. Su función era importante: veían y comparaban sociedades diferentes a las que comenzaban a unir el vapor y el ferrocarril. Algunos europeos poseyeron maestría para ver lo que querían en poco tiempo (Sarmiento merece figurar en esta galería) y para narrar esas impresiones en forma escrita.

El esfuerzo valía la pena: un viajero sin un libro que prolongara esa corta experiencia parecía carecer de sentido. En 1830, los nueve meses que Tocqueville pasó en los Estados Unidos inspiraron *La democracia en América*, de 1835, y entre 1870 y mediados de los ochenta tres estadías, que también totalizaron nueve meses, fueron la materia prima de que se valió James Bryce para dar cima a su *The American Commonwealth*, publicado en 1888. Este libro se convirtió de inmediato en un clásico. Bryce era un victoriano a quien la democracia norteamericana subyugaba igual que a Tocqueville. En su voluminoso estudio detalló con minucia el funcionamiento de las instituciones políticas de los Estados Unidos en sus tres niveles —municipios, estados y gobierno federal— sin prestar mayor atención a las especulaciones teóricas en torno al origen y destino de la democracia; las mismas que, según comprobamos en el capítulo anterior, obsesionaron a Tocqueville. Como escribió Woodrow Wilson en su reseña crítica a *The American Commonwealth*, Tocqueville había viajado a los Estados Unidos para analizar un principio de gobierno y Bryce para investigar el funcionamiento concreto de las instituciones.

Las conclusiones del futuro presidente de los Estados Unidos destacaban la diferencia, entonces repetida *ad nauseam*, entre los arquetipos del intelectual francés y del intelectual inglés. Bryce encajaba justo en este último casillero (un compatriota suyo, Harold Laski, decía de él que tenía un "insaciable apetito por los hechos y una grotesca incapacidad para ponderarlos"). Era Bryce un viajero que sabía escuchar con atención lo que otros decían; un frenético lector de diarios y de los libros necesarios para salvar las dificultades de información que no podía proporcionarle la observación directa; un antiguo alumno de Oxford, donde desempeñó la cátedra de legislación civil, y el fundador, con lord Acton, de la *English Historical Review*. Bryce era un hombre práctico con excelente formación jurídica e histórica, capaz de entender una ciencia práctica —la ciencia de la política— que, según entonces se afirmaba tajantemente, debía ponerse a prueba en los escaños parlamentarios y en la acción diplomática (miembro del partido liberal de Gladstone, fue representante en los Comunes durante veintisiete años y embajador del Reino Unido en los Estados Unidos entre 1907 y 1913).

Este espectador curioso templado por la experiencia desconfiaba, pues, de la gran teoría, pero no dejaba de lado el placer que le deparaba presentar una buena síntesis de lo visto y oído, salpicada de reflexiones generales. De este modo, la crónica del viajero dejaba filtrar con deliciosa discreción creencias sociales, puntos de vista dominantes y hasta teorías que, por ser tan evidentes, no valía la pena discutir. Este fascinante engarce de lo general con lo particular, se encuentra en el libro escrito por Bryce a los setenta y cuatro años, donde relata un viaje de cuatro meses por barco y ferrocarril a través de Panamá, Perú, Bolivia, Argentina, Uruguay y Brasil, entre 1911 y 1912. Lo tituló *South America. Observations and Impressions*.

El viaje fue un paréntesis en sus tareas de embajador ante el gobierno de los Estados Unidos, que le permitió ponderar (en contra de lo que sugería Laski) el éxito probable de cada uno de esos países de cara a un futuro previsible. De acuerdo con lo que sugería Bryce, el mundo estaba gobernado, en la superficie, por hombres de Estado y políticos, y en un nivel más profundo por la feliz conjunción de la ciencia física y de los negocios; ningún obstáculo, salvo los originados en las poblaciones nativas aún refractarias al progreso, podía detener ese proceso acaso inevitable. El beneficioso influjo del mundo exterior sobre las sociedades del Cono Sur ya había sido anticipado por Alberdi, pero en el caso de Bryce el análisis llega hasta el punto de constatar que los últimos cuarenta años de transformaciones demográficas y económicas colocaban a la Argentina en el lugar más prominente. Nuestro país ya era una Nación consolidada de pura sangre europea (sentencia que hubiese dado sosiego al Sarmiento de *Conflicto y armonías*...), cuyo futuro estaba garantizado por una tasa de fecundidad de los inmigrantes superior a la de la población nativa, y que crecía sin pausa impulsada por una confianza exuberante, muy parecida al *trust* que los norteamericanos compartían con respecto al porvenir de su país entre 1830 y 1860.

De Mendoza a Buenos Aires (los únicos lugares que recorrió Bryce) el viajero observaba una mezcla de novedad y arrogancia que dejaba atrás un pasado mucho menos denso que el que se encontraba intacto en los rostros vivientes de la herencia indígena en Bolivia y Perú. Más débil que Chile en cuanto al funcionamiento de las instituciones republicanas, la Argentina tenía para Bryce una ventaja decisiva: el tamaño, la frontera agrícola todavía inexplotada y el predominio del comercio y la industria sobre cualquier otro interés. En treinta años, nuestro país podría igualar en población a Italia; en medio siglo se acercaría a Francia e Inglaterra y en algún período no muy lejano, podría llegar a ser la nación más numerosa entre los pueblos que hablan una lengua de origen latino.

El entusiasmo de Bryce no caía en la trampa de juzgar irrelevante la indigencia de la población rural y la rígida estructura de la gran propiedad en las estancias, o aun el riesgo de que, una vez superada la era de las tiranías y revoluciones, surgieran nuevos liderazgos populistas irresponsables. Esas dificultades sin duda existían; pero el viajero estimaba más fuertes los factores evolutivos basados en el desarrollo extendido de la propiedad y en los hábitos industriales. Ésta era la primera condición, asistida por la enseñanza pública, para que una comunidad prosperase.

Esos hábitos espontáneos representaban un papel semejante al que las viejas teorías del XVIII asignaban a *l'éducation des choses*; un papel estratégico, no planeado por la autoridad, que amortiguaba el impacto de la pereza intelectual y de las teorías mal digeridas. Evolucionista práctico al fin, Bryce quedó impresionado por la popularidad entre los intelectuales sudamericanos de los libros de Herbert Spencer, un evolucionista teórico con mucho más prestigio en los países del Mediterráneo y en Rusia que en Gran Bretaña y en los Estados Unidos. Jugando con la fama de un sociólogo que, al parecer, no respetaba demasiado, Bryce describía de este modo el estereotipo de un intelectual de cultura incomprensiblemente abstracta, no muy lejano de los franceses dieciochescos que criticaron Burke y Tocqueville. Eran personajes poco atentos a lo concreto, listos para seguir atajos fáciles en la ruta del conocimiento y para ser seducidos por esquemas de escasa significación.

Es claro que Bryce no rehuía el análisis de estos factores; es claro, también, que tampoco estaba dispuesto a descartar el consejo de gobernar algunos países por medio de una oligarquía benevolente, como la que con tanta eficacia había montado Porfirio Díaz en México (la revolución mexicana no fue otra cosa para Bryce que un retroceso a épocas más atrasadas). Estos datos no podían eliminarse de un plumazo, así como tampoco la incomunicación entre América Latina y América del Norte, a la que él llamaba "teutónica". Sin embargo, la fortaleza de que daba muestras la Argentina, junto con Chile, Uruguay y Brasil, servía de ejemplo para las naciones latinoamericanas más atrasadas y mostraba cómo una transformación planetaria podía llevar a países remotos la buena nueva del progreso. Ni la herencia negativa de la educación ca-

tólica con respecto a la responsabilidad individual, ni la
acción de grupos anarquistas en los centros urbanos despertaban en Bryce mayores preocupaciones. En las ciudades argentinas, donde según él regía una separación de
hecho entre la Iglesia y el Estado, era evidente la escasa
influencia clerical en la cultura; y, por lo demás, no había
por qué darle al fenómeno anarquista más trascendencia
que la que tenía en las sociedades maduras.

Después de este viaje, Bryce vivió diez años más, hasta
1922. Si hubiese tenido que confrontar sus predicciones
de 1912 con lo que ocurrió en el mundo en esa década
catastrófica habría llegado a una conclusión sin duda
ambivalente: en uno de los centros desde donde se irra-
diaban las ondas del progreso, en Europa continental, las
sociedades padecían una gravísima fractura, mientras los
países sudamericanos proseguían su marcha ascendente
con excelentes resultados. ¿Qué tenía que ver la Argentina presidida por Alvear o el Uruguay gobernado por el
battllismo con el malestar de la sociedad europea? Frente
a la desolación ocasionada por la Primera Guerra Mundial, el Río de la Plata era una periferia civilizada que si
bien no suscitaba el interés de los grandes pensadores de
la decadencia, servía de atracción a un contingente de
inmigrantes cada vez más numeroso.

A la distancia, Bryce acertó en el corto plazo, pero no
previó la conmoción que la experiencia de la guerra y de
sus consecuencias tendría también en el plano de las
ideas y de las creencias colectivas. En un sentido, las ciudades que iban fijando el contorno civilizado del Río de la
Plata vivían en la prosperidad. En la vereda opuesta, las
ideas recién llegadas repicaban como campanas que toca-
ban a duelo. Esta fractura no sólo tuvo que ver con la
recepción de esas imágenes calcadas de los escombros y de
los millones de seres humanos sacrificados en las trincheras europeas, sino con la interrupción abrupta de aquel
proceso universal, guiado por la ciencia y los hábitos industriales, que tanta confianza despertaba en Bryce. En

el conflicto entre las legitimidades que destacamos en el
capítulo anterior el mundo asistía a una derrota inesperada. La fórmula que debía guiar los pasos hacia el futuro
combinaba, según Bryce, el principio de legitimidad de la
democracia electiva (y de los derechos e instituciones sobre los cuales aquel régimen descansa) con los datos provenientes de una pacífica evolución planetaria. Eran las
lecciones de casi un siglo de paz y de los excelentes resultados económicos de un período expansivo de veinte años
entre 1895 y 1914.

Esta fórmula no soportó la prueba de una contienda
atroz ni tampoco pudo doblegar el hosco particularismo
que emanaba del Estado-Nación. Apoyado en ejércitos poderosos, en el progreso tecnológico volcado a la producción
bélica, en la forja de historias nacionales que evocaban
con rasgos épicos hazañas guerreras, y en una capacidad
fulminante para convertir a ciudadanos dotados de autonomía en soldados obedientes, el principio de legitimidad
del Estado-Nación hizo valer su presencia con esos atributos intactos y abatió las predicciones optimistas acerca de
la evolución y el progreso. De este modo, la decadencia
volvió a ocupar un lugar preeminente en el análisis histórico (Spengler no fue más que la cabeza visible de un extendido sentimiento crepuscular). Hacía ya un siglo y
medio que la decadencia no figuraba en la agenda del
futuro de la humanidad, gracias, en parte, al genio narrativo de Gibbon. Ahora reaparecía en la realidad europea y
se reflejaba en la imaginación de aquellos que, en ciudades prósperas y alejadas del teatro de los acontecimientos, consumían con fruición esas novedades.

Curiosamente, en la cabeza de algunos europeos atentos a lo que pasaba en nuestras orillas, las predicciones
optimistas de Bryce lograron sortear también con éxito la
prueba de la crisis económica de 1929-1930. Aún en 1935,
un lustro después del golpe de Estado de 1930, que inte-
rrumpió casi siete décadas de estabilidad institucional, la
Argentina proseguía ubicada en la línea de un porvenir

promisorio. En aquel año, en un opúsculo sobre la crisis europea, un émulo francés de Bryce mucho más joven, André Siegfried, celebrado en su país como el pionero de una ciencia política ávida de datos empíricos, colocaba a la Argentina junto con Canadá, Australia, Nueva Zelanda y, por supuesto, Estados Unidos, en "la sección extraeuropea de una civilización occidental" que desbordaba ampliamente al Viejo Continente.

¿Qué decir de estas pocas conjeturas a las que podríamos sumar, por cierto, una abundante bibliografía complementaria? Volvamos casi tres siglos atrás. En 1713 Jean Bernoulli definía al "arte de conjeturar [...] como el de evaluar lo más exactamente posible las probabilidades de las cosas, para que podamos siempre, en nuestros juicios y acciones, orientarnos acerca de lo que habrá de ser mejor, más apropiado, más seguro, más aconsejable: y esto es el único objeto de la sabiduría del filósofo y de la prudencia del político." Para Bernoulli, lo mejor era un fruto de la sabiduría y la prudencia; para los futurólogos de comienzos del siglo XX, lo mejor solía resultar de una extrapolación de tendencias (lo que hacían Bryce y Siegfried) o de un análisis prospectivo que avizoraba el porvenir con la lente de teorías nacidas al calor de la guerra y de nuevos procesos revolucionarios.

No sólo las tendencias espontáneas juegan con quien las predice, confirmando una hipótesis en el corto plazo y desmintiéndola en un período más largo; también las ideas que viajan de un país a otro y se mezclan con otras circunstancias pueden acompañar ciertas mutaciones, acaso incomprensibles para quienes las originaron. Ya hemos visto el destino del *Contrato Social* de Rousseau, transformado en lenguaje purificador de una república extensa, numerosa y, en ese momento, guerrera. Vueltas análogas tuvo la teoría de Marx a través de las interpretaciones respectivas de Lenin y Trotsky, los padres de la revolución soviética de 1917. Jamás Marx hubiera apostado en favor de una revolución socialista exitosa en una de las naciones más atrasadas de Europa. Marx aducía, en consonancia con sus presupuestos teóricos, que el socialismo no era viable en las sociedades rurales y tradicionales sino que, al contrario, debía resultar de la etapa burguesa de acumulación de capital. El socialismo no provenía de la escasez; nacía como dialéctica superadora de la madurez, abundancia y distribución desigual de la sociedad capitalista. Ésta era, en efecto, la función prometeica que él asignaba a la burguesía: ser una clase conquistadora de la naturaleza, capaz de acumular en sus manos capitales y tecnología, que luego, merced a la socialización de los medios de producción, quedarían bajo el control del proletariado. Sin embargo, el viaje de las ideas adoptó otro rumbo y recaló en el país donde menos se esperaba una revolución semejante. Para un hombre educado entre Alemania, Bélgica, Francia e Inglaterra, el arrabal de Europa estaba en Rusia, esa enorme reserva, como él decía, de barbarie reaccionaria.

Llevado a la exageración, este enfoque mostraría a los siglos XIX y XX como un gran equívoco armado en torno a circunstancias que parecían evolucionar de una manera y ocurrieron de otra. En realidad, los procesos históricos son mucho más complicados. En la historia hay sin duda equívocos y también tendencias que se pueden diagnosticar y hasta prever. La combinación de ambas cosas configura una de las tramas más atractivas de estos dos últimos siglos. En el siglo XX, la guerra y las revoluciones aceleraron unas tendencias que, en cierto modo, ya habían sido anticipadas por los fundadores de la sociología de finales del XIX, Durkheim, Weber o Tönnies; pero, ¿quien hubiese sido capaz de pronosticar el equívoco espantoso que a principios del siglo XX produjo la legitimidad del Estado-Nación librada a su propia dinámica y voluntad? En 1994, en su libro *Diplomacy*, Henry A. Kissinger definió la diplomacia anterior a 1914, guiada por el supuesto de la legitimidad exclusiva del Estado-Nación, como "una máquina política infernal."

La sociedad evolutiva entre la revolución y la guerra

Para entender mejor la conmoción que sacudió al mundo en la segunda década del siglo XX, quizá convenga reflexionar de nuevo en torno a las diversas acepciones de la palabra ley. En esa encrucijada, chocaron por lo menos tres concepciones: la ley en tanto *rule of law* o conjunto de reglas jurídicas que restringen el poder del gobernante; la ley entendida como una tendencia de carácter evolutivo; y, por fin, la ley en tanto representa una misteriosa fuerza histórica latente que se activa merced a un proceso revolucionario y a la voluntad de los líderes que lo encarnan.

En 1914, Albert Venn Dicey consignó en su libro más famoso, *Introduction to the Study of the Law of the Constitution*, la siguiente frase: "Si limitamos nuestra observación a la Europa del siglo XX, podríamos decir que en la mayoría de los países europeos el gobierno de la ley (*the rule of law*) está casi tan bien establecido como en Inglaterra". Dicey era un viejo amigo y colega de Bryce. Los dos se educaron y enseñaron en Oxford, viajaron a los Estados Unidos en 1870 y obtuvieron una consagración merecida por sus obras de ciencia política y derecho constitucional en los mismos años, entre 1885 y 1888. La frase citada posiblemente haya sido escrita para la séptima edición de *The Law of the Constitution* publicada en 1908 (la primera era de 1885), pero Dicey juzgó innecesario retocarla en la octava edición que vio la luz en 1915. En ese año ya estaba en plena producción una carnicería de alrededor de once millones de seres humanos (las cifras conocidas oscilan entre ocho y medio y trece millones, sin contar los mutilados en cuerpo y espíritu), sacrificados en asaltos a trincheras, batallas, ofensivas y contraofensivas.

¿Qué explicación tiene este enigma? Meses antes de que se desencadenara la contienda Dicey veía en el ascenso del *rule of law* la posibilidad de que al fin los pueblos de Europa se desembarazaran del poder arbitrario y discrecional de los gobiernos. Juzgaba, con sólidos argumentos, que los principios generales de la ley derivaban de los derechos inherentes a cada individuo. Esa ley gobernaría de este modo un orden general al que estaría sujeto el capricho de los príncipes, burócratas y magistrados estatales. Dicey no hacía más que apuntalar la perspectiva evolutiva de Bryce con un punto de vista complementario: los significados de la ley, en tanto proceso evolutivo el segundo, y ordenamiento jurídico abstracto y general el primero, se perfeccionaban mutuamente.

Tanto Dicey como Bryce suscribían la teoría que concebía a la historia como un secreto (y fructífero) encadenamiento de efectos queridos y consecuencias inesperadas. Paradójicamente la teoría sirvió para explicar *a posteriori* lo que ocurrió, pero no logró advertir —tan arraigada estaba la confianza en el mundo del porvenir— las consecuencias que podrían derivar de las decisiones adoptadas por los jefes de Estado en el verano de 1914. Las interpretaciones corrientes de esta abrupta emergencia del fenómeno guerrero coinciden en señalar una relación desproporcionada y sin duda fatídica entre los cálculos estratégicos iniciales y sus efectos (el engranaje de las alianzas entre estados, herencia esclerótica del ya lejano equilibrio del poder pactado en el Congreso de Viena, trazó el contorno de esas decisiones).

Vale la pena subrayar una vez más que la guerra exhibió, de manera inconcebible en el pasado (salvo el caso de la Guerra Civil en los Estados Unidos, con su saldo de 670.000 víctimas, y la guerra de la Triple Alianza, que diezmó a la población masculina del Paraguay), la capacidad de los estados nacionales para someter a millones de individuos mediante la disciplina militar. Fue tan profundo el desgarrón en el tejido de las sociedades y tan rápido el retroceso al escenario de las guerras napoleónicas (en versión corregida y aumentada), que durante largos años quedó flotando en el ambiente una remembranza idealizada del pasado. Junto con la exposición acerca del vínculo perverso entre intenciones y efectos, la nostalgia por "el mundo de ayer", como Stefan Zweig llamó a la sociedad cosmopolita que se había formado en Europa antes de 1914, suele impregnar los relatos históricos situados a derecha e izquierda del espectro académico (Zweig fue un escritor muy popular y uno de los divulgadores de la historia en lengua alemana más conocidos, al lado de Emil Ludwig, entre los años veinte y cuarenta).

En 1964, en *A World Restored: the Politics of Conservatism in a Revolutionary Age*, Kissinger escribió que en el largo intervalo de paz posterior al Congreso de Viena "se perdió el sentido de lo trágico; se olvidó que los estados pueden morir, que los levantamientos pueden ser irreparables, que el temor puede convertirse en el medio de la cohesión social [...] ¿Cuál de los ministros que declararon la guerra en agosto de 1914 no habría retrocedido horrorizado si hubiera visto el estado del mundo en 1918, por no decir nada del estado actual?" En 1994, en la visión panorámica que abre su *Historia del siglo XX*, Eric Hobsbawm sostuvo que el siglo largo anterior a 1914 (según su concepto del "siglo largo", el tramo comprendido entre 1789 y 1914) fue "un período de progreso material, intelectual y *moral* casi ininterrumpido", en contraste con los años posteriores, la época "más mortífera de la historia a causa de la envergadura, la frecuencia y duración de los conflictos bélicos que [la] han asolado sin interrupción (excepto durante un breve período en los años veinte), [y] también por las catástrofes humanas, sin parangón posible, que ha causado, desde las mayores hambrunas de la historia hasta el genocidio sistemático". Especulando acerca del origen de esta hecatombe, François Furet escribió en 1995, en *Le Passé d'une illusion*, que "la guerra de 1914 tiene para la historia del siglo XX el mismo carácter de matriz que la Revolución Francesa para el XIX." Ya explicamos, con la ayuda de Isaiah Berlin, cómo la historia había tomado el lugar de la Providencia divina en el siglo XIX. Para Furet las locuras nacidas de esta sustitución se difundirían en el siglo XX luego de la Primera Guerra Mundial. En este sentido, la guerra fue un disparador mortífero de proyectiles e ideas.

En aquel contexto surgieron enfoques teóricos y prospectivos muy difundidos en nuestra cultura. Por lo pronto, la representación "orteguiana", expuesta en los años veinte, de una sociedad de masas que interviene con violencia en la vida pública provocando "la politización integral" de las relaciones sociales, y dispuesta a ser dominada, en el peor de los casos, por demagogos; o la imagen opuesta, que delineó con maestría Max Weber, de una sociedad prisionera de la racionalización extrema, desencantada del mundo, en la cual la ley ya no vendría a garantizar derechos previos, sino a expresar la voluntad nacional que arrojó a los estados europeos a una lucha por la supremacía. Estas visiones nacidas en medio de aquel descalabro daban cuenta de una crisis de legitimidad que colocaba nuevamente a la orden del día el tema de la revolución.

Con la perspectiva que hoy nos ofrece la historiografía a finales del siglo XX, no es fácil reconstruir en sus grandes líneas el cambio que suscitó la revolución soviética en el repertorio de las ideas y actitudes frente a la política. Ante, todo, en octubre de 1917 tuvo lugar un renacimiento fulminante de algunos modelos acerca de la acción revolucionaria que se consideraban perimidos y, al mismo tiempo, se produjo una radical innovación en la manera de hacer política. Durante el siglo XIX, la idea de revolución osciló entre varios referentes históricos, pero en la mayoría de ellos (incluido Marx y exceptuado, entre otros, Bakunin), la revolución debía sobrevenir más como efecto de un determinismo histórico que como consecuencia de la voluntad de un grupo ideológico inspirado en criterios estratégicos y tácticos de cuño militar.

Desde luego, esta idea de la revolución se había formado en años anteriores, pero recobró impulso merced a la guerra. Porque en ese escenario se representó el absurdo de un conflicto bélico conducido por gobiernos y fuerzas armadas, cuya proximidad en el plano ideológico era tan evidente como los lazos familiares que unían a las diferentes casas reinantes (el filme de Jean Renoir, *La gran ilusión*, es una de las más bellas ilustraciones de este aparente sin sentido). La guerra barrió esa clase de regímenes y activó unas ideas y estrategias que durante muchos años habían permanecido latentes sin campo propicio para actuar. Sobre todo —vuelvo a Furet— la guerra fue el fermento más eficaz para dar un nuevo impulso a la pasión revolucionaria. Estos sentimientos, inscriptos como creía Tocqueville en el núcleo íntimo de las sociedades modernas, canalizaron las apetencias igualitarias hacia un escenario teñido por el horizonte revolucionario en lugar de hacerlo hacia la meta política de la democracia.

Por otro lado, los meses que transcurrieron en Rusia entre febrero y octubre de 1917 trajeron de nuevo a la memoria el argumento de una revolución frustrada que, sin embargo, recupera su viejo *élan* y lo consuma en una experiencia definitiva. Esta interpretación estaba directamente vinculada con lo que ocurrió en Francia entre 1789 y 1794 y con la hipótesis de Ferrero acerca de las dos revoluciones que se sucedieron en ese quinquenio: una primera revolución de las libertades, cuyo emblema fue la Declaración de los Derechos del Hombre, y una segunda revolución jacobina, igualitaria y militante. Malograda esta última experiencia, el ideal revolucionario quedó en suspenso, aguardando otros procesos capaces de recuperarlo. Los hechos del XIX, en el 48 y en el 70, no pudieron doblegar la reacción contrarrevolucionaria. Los acontecimientos de octubre del 17 y la toma del poder en Moscú y Petrogrado consiguieron, en cambio, abrir curso a esa corriente bloqueada durante más de un siglo; y ello acontecía, precisamente, porque esta vez la revolución se desdoblaba de acuerdo con la dirección correcta que imponía la historia: el gobierno provisional de febrero, mero exponente de las ilusiones burguesas, fue derrotado por los hombres de octubre que representaban la verdadera revolución.

Como en una obertura de la nueva historia, en el siglo XX los episodios revolucionarios parecieron mostrar que la redención política era posible y el poder, su instrumento más precioso. Mediante ese golpe, que esta vez decapitaba a quien correspondía, es decir, a los moderados, era posible invertir la ecuación de Acton, de tanto influjo a finales del XIX. Si era utilizado por la voluntad de aquellos que entendían el sentido de las cosas y ocupaban con tal propósito un puesto de vanguardia, el poder ya no se corrompería más. Este incontenible avance de la voluntad guerrera (combinada con una extrema racionalidad para asignar recursos, movilizar ejércitos y poner la producción al servicio del objetivo máximo de vencer o aniquilar al oponente) se transformó en uno de los signos distintivos de este siglo que fenece. La marea de la violencia racionalizada cubrió toda clase de ideologías y arrastró a los más diversos análisis. Utópicos y realistas forjaron un extraño consenso de resultados del cual aquella lenta decantación de principios, que pretendía limitar la tendencia de los seres humanos al abuso del poder, sufrió una fuerte alteración. A la postre, se afirmaba con actitud judiciaria desde la izquierda y la derecha, el poder descansaba en la voluntad que maneja fusiles y elementos de destrucción; o, como en esa atmósfera con olor a muerte escribió un teórico político alemán, Carl Schmitt, la política se reducía, en su esencia, a una dialéctica entre el amigo y el enemigo (el ahora famoso texto de Carl Schmitt, *El concepto de lo político*, que se dio a conocer en 1928, en vísperas del nazismo, estaba dedicado a un amigo caído en la batalla de Moncelul en 1917).

En el plano político, la guerra y la revolución fueron dos de los grandes protagonistas del siglo XX. La guerra no era un fenómeno nuevo, pero la revolución sí. Antes de 1914, la guerra se había esparcido por el planeta de la

mano del colonialismo (las matanzas en las colonias del
Congo en África a partir de 1880 fueron terribles y no
menos brutal fue la guerra del opio en China). Después de
1918, quedó en claro que esas ondas destructivas ya no
eran ocasionadas por la violencia de las potencias coloniales sobre los territorios en disputa en África y Asia, sino
por el antagonismo desatado entre países blancos a quienes, según el darwinismo vulgar entonces de moda, les
correspondía llevar a cabo una misión civilizadora. La división se produjo entonces dentro de esas civilizaciones.

Sin duda, decíamos más arriba, la revolución estalló en
los suburbios de Europa (aún los propios bolcheviques en
Rusia apostaban a un proceso revolucionario en la Alemania derrotada en 1918 para estar a tono con las leyes de la
historia, que exigían el desarrollo previo de la sociedad
capitalista); pero esa victoria cruenta, lejos de invalidar
los azarosos hechos de octubre de 1917, ensanchó la idea
de revolución con un sentido ecuménico que antes no había tenido. En el fondo, Marx era un universalista que, sin
embargo, subordinaba el designio revolucionario al desarrollo de las condiciones objetivas de la revolución: todas
las sociedades estaban convocadas a la dictadura del proletariado y al socialismo siempre que en ellas hubiese tenido lugar la expansión de las fuerzas productivas provo-
cada por el capitalismo. Con el triunfo bolchevique en
1917, la esperanza revolucionaria franqueó un obstáculo
decisivo, teórico y práctico. Tanta originalidad y fuerza
expansiva tuvo aquel impulso inicial que pudo recorrer el
mundo durante sesenta años: la revolución se movió de
Europa hacia Asia y en la década del sesenta hacia América Latina.

Este cambio en la escala de lo posible transformó al
poder en la fragua del Estado de la sociedad socialista y,
al cabo, del hombre nuevo que brotaría de ese tronco una
vez superadas las antiguas alienaciones. La combinación
de este propósito con el desarrollo cada vez más eficiente
de las técnicas de la guerra y de la represión dibujó mapas

de aniquilamiento en los cuales campeaba la separación del universo humano en dos segmentos opuestos. El siglo XX se convirtió en el laboratorio de prueba de las teorías dualistas expuestas en el XIX, con un añadido importante: el dualismo se imponía como método de eliminación del contrario; jamás como método que condujera hacia una reconciliación posible. La catarata de binomios excluyentes, que se volcó sobre millones y millones de seres humanos condenados a perder sus vidas, es escalofriante: amigo-enemigo, revolucionario-contrarrevolucionario, subversivo-antisubversivo, fascista-antifascista... La lista es interminable tanto como los rigurosos esquemas que se aplicaban a la realidad de naciones y sociedades diversas. En este empeño se buscaron caminos propios, adecuados a culturas que iban desde la Rusia de Stalin a la China de Mao Tse-tung y, años más tarde, a la Camboya de Pol Pot. No obstante, un impulso hacia la imitación concluyó reproduciendo modelos semejantes. Tenía razón el viejo sociólogo Gabriel Tarde: las sociedades imitan; el punto estriba en saber qué se imita.

Ante todo, se imitó la guerra. En el mapa de aniquilamientos, la guerra ocupó un espacio más grande que la revolución. Si bien a partir de los años veinte de este siglo comenzó un período de guerras ideológicas, la pasión guerrera desbordó en muchas oportunidades este rígido encuadre. Es una historia paralela de terribles contrastes: el progreso tecnológico aplicado a la destrucción masiva, física y humana, corrió parejo con los extraordinarios hallazgos en el campo de la medicina. En el siglo XX nunca se hizo tanto para prolongar la existencia y jamás se alcanzó un nivel tan refinado y efectivo para segar la vida humana en proporciones enormes.

Aunque de sobra conocidas (sobre todo luego de la publicación de la obra de Hobsbawm ya citada) las cifras de la muerte dejan siempre en el ánimo de quien las recuerda un sentimiento sobrecogedor. La Segunda Guerra Mundial arrojó entre treinta y cinco y cincuenta y cinco millones de víctimas. En el ínterin, la guerra civil en Rusia, posterior a la Revolución de Octubre, sepultó alrededor de veinte millones de individuos; casi dos millones de armenios fueron exterminados y deportados entre 1920 y 1921; veinticuatro millones sucumbieron en China entre 1937 y 1945; y cerca de un millón de caídos cobró la Guerra Civil Española de 1936-1939. Después de 1946 la sucesión de episodios no se detuvo: la partición de India y Pakistán sacrificó dos millones de seres humanos y la guerra de Corea de 1950-1953 cerca de tres millones. En la década del sesenta, la guerra de Vietnam segó la vida de dos millones de civiles, sin contar las pérdidas de la guerra que se desarrollaba en Medio Oriente entre Israel y los estados árabes. En África, junto con las masacres étnicas, la descolonización comenzaba con su secuela de hambrunas.

El fenómeno del totalitarismo

Una versión muy difundida de la historiografía del siglo XX postula que los regímenes totalitarios se instalaron en Europa como efecto no querido de tres series de hechos: no se previeron las consecuencias de la guerra, ni el rápido ascenso de la praxis revolucionaria, ni tampoco el tipo de régimen político que surgiría de ese contexto. De no haber existido aquel encadenamiento de accidentes, es posible que el planeta hubiese marchado por carriles evolutivos, sin dar lugar al liderazgo de Lenin, Mussolini, Stalin o Hitler. En realidad, se trata de hipótesis contrafácticas pertenecientes a una historia que no fue. Lo que sí ocurrió puso contra las cuerdas el ideal de una legitimidad política que debía perfeccionarse gracias al progreso gradual de las sociedades. El fenómeno del totalitarismo fue una respuesta sorprendente a ese disloque, que tuvo la peculiaridad de combinar en una misma forma política los criterios de legitimidad más inestables de cuantos hemos analizado. El orden totalitario refundó la legitimidad del Estado, se valió de los criterios afectivos sobre los que descansaba la legitimidad de la Nación y, en la mayoría de los casos, justificó las acciones del presente con criterios redentores teniendo en mira la legitimidad de una sociedad futura.

Esta amalgama de criterios provenientes del pasado no invalida en absoluto el carácter innovador del fenómeno, Como la guerra, el totalitarismo dejó en el mundo del siglo XX la noticia de que la sociedad entera podía ser subsumida dentro de las instituciones políticas. Ese salto de la teoría a la práctica (al fin de cuentas, la totalidad había sido pensada en el XIX tras la ruta abierta por Hegel) se tradujo en una experiencia guerrera donde no se respetaba más el límite tradicional que separaba al soldado en armas de la población civil; pero además esa experiencia tuvo a su disposición un instrumento antes desconocido: no se puede, en efecto, entender cabalmente el totalitarismo sin tomar en cuenta el desarrollo que tuvo en las últimas décadas del XIX el aparato burocrático del Estado como factor de movilización imperativa.

El totalitarismo es hijo directo de un concepto de los pueblos en armas muy diferente del que preconizaba el republicanismo clásico. Mientras para esta visión de la política, la virtud republicana se prolongaba en el sacrificio consciente del ciudadano en defensa de su patria, para las nuevas concepciones que se imponen definitivamente con la conscripción obligatoria (en la Argentina esto ocurrió en 1901), el servicio militar era el ordenamiento que mejor expresaba la racionalización compulsiva de la obediencia. Uno de los significados que tiene la palabra servicio, cuyo origen en las formas de gobierno monárquicas y aristocráticas no es difícil de rastrear, denota jerarquía y subordinación. En el siglo XX, estos atributos crecieron para enfocar un objeto mucho más amplio: del servicio prestado a un señor o a un estamento superior como la nobleza se pasó al servicio adscripto a un ordenamiento administrativo que, en muchos casos, delimitaba vastos territorios.

La expansión del espacio territorial donde se aplica el mando y se exige obediencia, explica la primera diferencia de fondo entre la fórmula totalitaria y sus antepasados en el setecientos y en el ochocientos; un parentesco remoto que, en aquel tiempo, remitía a cuatro palabras: tiranía, dictadura, autocracia y despotismo (en lo personal el término evocaba un juicio denigrante aún más fuerte: tirano, dictador, autócrata y déspota). Excepto el concepto de dictadura, que estaba previsto en la legislación romana en tanto suma de facultades extraordinarias otorgadas por tiempo limitado a un funcionario supremo, las otras tres palabras tienen etimología griega y califican al gobierno de uno solo sin límites ni restricciones. Éste es el denominador común de la forma impura de la monarquía (tiranía), de la dominación ejercida sobre esclavos (despotismo) y del mando soberano encarnado en una voluntad singular (autocracia). Los referentes históricos, por su parte, eran de sobra conocidos y solían estirarse hasta abarcar otras regiones. Había tiranos griegos en la época clásica y tiranos sudamericanos en el XIX, déspotas orientales antiguos y modernos y autócratas rusos.

De acuerdo con estas clasificaciones no siempre precisas, se concibieron en el XIX dos formas para proteger al individuo de los excesos del poder; una deseable (el gobierno de la ley que garantizaba derechos inherentes al individuo), y otra forma impuesta por la necesidad y el atraso. Aun cuando les tocase coexistir en un mismo cuadrante temporal con las formas de gobierno más avanzadas, la tiranía, el despotismo, la autocracia y la dictadura eran regímenes perimidos, situados en el pasado de la civilización moderna. Paradójicamente, este anacronismo atemperaba la violencia y roturaba un camino para romper con el atraso y disfrutar de los beneficios de la libertad. Como eran primitivos, no había en ellos comunicación eficaz en el circuito que ligaba el mando con la obediencia: sin caminos, ni ferrocarril, ni telégrafo, ni industria, la autocracia presentaba la imagen de una silueta sobresaliente en medio de una sociedad que, al vegetar en su condición primigenia, no tenía mayor necesidad de ser controlada. Bastaba establecer distancia con respecto al centro del poder autocrático para no sufrir en demasía la inclemencia de la represión.

Estos cuadros, inspirados en relatos de viajeros que simplificaban realidades históricas más complejas, gozaron de un auge duradero gracias a la paleta de Adam Smith y Montesquieu. El autor de *La riqueza de las naciones* percibió que el comercio internacional irradiaba progreso en las sociedades avanzadas y, al mismo tiempo, beneficiaba a los países atrasados introduciendo en ellos hábitos menos violentos. Montesquieu convirtió al comercio en el agente secreto de unos *mœurs douces* (costumbres que hacían más benigna la condición humana), capaces de liberar gradualmente a esas comunidades primitivas del yugo de los déspotas. En realidad, esa "dulzura" se combinó en el XIX con las armas de ejércitos que aseguraban el reparto colonial de regiones periféricas en Asia, África y, en grado menor, América Latina.

De todos modos, más allá de las posibilidades que se abrían para esos poderes arbitrarios de evolucionar favorablemente, había en ellos un germen primitivo de dominación peligroso e imprevisible. Montesquieu elaboró la definición más sobrecogedora del despotismo al vincular esa forma de gobierno con la pasión dominante del miedo y el terror; pero aun en esa circunstancia, en la cual el súbdito esclavizado estaba sometido a una sistemática deshumanización, el miedo se concentraba en palacio o en las pequeñas aglomeraciones urbanas donde podía llegar la coacción bruta con su secuela de crímenes y tortura (los asesinatos más tenebrosos en el teatro de Shakespeare, los de *Ricardo III,* por ejemplo, ocurren en ese encierro agobiante hasta el momento en que la justicia se levanta victoriosa en el campo abierto de batalla).

El totalitarismo del siglo XX dilató esta perspectiva estrecha: incluyó a millones de seres humanos en una fábrica ideológica cuyo propósito básico, en los hechos, fue la producción masiva del miedo. Este desarrollo de la capacidad de mandar no sólo suponía, según señalaban las tipologías tradicionales, una transferencia absoluta de poder del individuo hacia el Estado, sino la reducción por medios violentos de todas las esferas de la vida humana a un único centro de decisión. Así definido, este "tipo ideal" de la dominación totalitaria alumbra experiencias históricas diferentes, pero acaso tenga la ventaja de resumir en pocas palabras una ambición política que no registra parangón en la historia. Ciertamente, el sueño del imperio universal planeó sobre largos períodos del pasado; y acaso haya sido Roma, en la clave de la *civitas* imperial que irradiaba su autoridad sobre el mundo conocido, el ejemplo más acabado al respecto. Sin embargo, la enorme extensión que, para la época, comprendía este experimento político no guardaba relación con la menor intensidad con que se aplicaban sus leyes. El Imperio Romano era un mosaico de leyes universales que se combinaban con costumbres y tradiciones particulares.

La invención totalitaria del siglo XX tuvo sin duda una vocación imperial (la tuvo Hitler, Stalin no le fue en zaga y hasta Mussolini pretendió imitar dicho propósito en una escala mucho menos pretensiosa) a la que sumó, por la propia evolución de los aparatos represivos, el ejercicio intenso del poder. Es la imagen y realidad de un poder que se recarga y recrudece constantemente. Estos atributos conformaron la tautología, repetida hasta el cansancio en los manuales de ciencia política de los años cincuenta y sesenta, que sostiene que el totalitarismo es la expresión más acabada del poder total. Desde luego, este designio es incomprensible si no se toma en cuenta el cambio que introdujo en el mundo moderno un mecanismo inédito, pensado como mediador exclusivo entre la sociedad y el Estado.

El nuevo artificio fue el partido único que, por obra de un nuevo concepto, se convertía en un centro de control y de integración ideológica. Pese al desarrollo y a la organización que mostraban antes de 1914 los partidos de raíz liberal, conservadora, católica o socialista, la idea que entonces se tenía de esas agrupaciones era modesta y circunscripta: como indicaba su nombre, los partidos eran parte, solamente parte, de un conjunto heterogéneo. Para los sociólogos más destacados, de Spencer a Durkheim, la división del trabajo en el campo de la política, de la cultura y de la economía era un signo evidente del progreso histórico. Por otro lado, había exigido un gran esfuerzo teórico y práctico reconocer el valor positivo de los partidos y, en general, de las asociaciones voluntarias en el desenvolvimiento de las sociedades. Al cabo de esta larga querella que cubrió prácticamente un siglo de reflexión política (por lo menos desde que Burke y los autores de *El Federalista* en el XVIII descubrieron primero en las facciones y luego en los partidos un potencial de cooperación hasta entonces ignorado), los partidos mediaban entre intereses rivales y competían en comicios periódicos. Una metáfora de uso corriente en los Estados Unidos llamaba a los partidos "máquinas electorales" que, naturalmente, se hacían más sofisticadas al compás del crecimiento de la ciudadanía.

La concepción del partido político que sirvió de fundamento al orden totalitario cambió por completo los datos de la cuestión. De mediador, el partido se transformó en una entidad capaz de forjar la sociedad y la historia a su medida. El partido era pues una organización cuyos dirigentes esgrimían un doble poder: el poder de hacer valer su voluntad contra cualquier resistencia y el poder de obligar a la sociedad a creerles contra cualquier contenido de conciencia que se les opusiera. Aron definió esta clase de régimen como ideocrático, dando por sentado que el totalitarismo de tipo soviético era el que mejor calzaba en esta definición. Al adoptar el régimen soviético este carác-

ter, el sentido escatológico de la religión, situado más allá
de las fronteras de la vida, efectuaba una vuelta de cam-
pana y se radicaba en el tiempo y espacio de la historia:
sin Dios ni trascendencia, las creencias abonaban una
religión secular.

En estricta cronología, debemos a Lenin la invención
del partido como resorte del orden totalitario. Sin embargo, Lenin no imaginó de entrada al partido para conservar
el orden sino para conquistar el poder dondequiera las
condiciones históricas lo permitieran. Para ello, Lenin
vació de contenido espontáneo la teoría de Marx acerca de
la clase proletaria y asignó al partido el papel de vanguardia organizada de dicha clase. Esta notable ocurrencia,
como bien observó Kostas Papaioannou en 1963, tenía
antecedentes en algunos populistas y anarquistas rusos.
Lenin fue más lejos y en un opúsculo de 1902 titulado *Qué
hacer*, elevó esta categoría política a la condición de un
microcosmos revolucionario: el partido, en efecto, convertía el concepto de dictadura del proletariado de Marx en
un instrumento operativo que inyectaba en la clase obrera
la conciencia de su propio destino. El poder pues venía de
afuera; respondía a un criterio elitista y militar gracias al
cual el proletariado, ahora efectivamente representado,
tendría en sus manos las armas necesarias para enfrentar
a sus enemigos de clase: "Dadnos una organización de
revolucionarios —exclamaba Lenin— y pondremos a Rusia patas para arriba".

Esta concentración de la legitimidad futura en un partido, cuyo gobierno interno descansaba en una estricta
disciplina jerárquica y centralista, era producto de una
mezcla que se creía superada en los albores del siglo XX.
Entre los objetivos más ambiciosos del pensamiento liberal y evolucionista del XIX se destacaba el propósito de
separar tres esferas básicas de la vida humana: la esfera
de lo político limitada por el *rule of law*, la esfera del
conocimiento científico y la esfera de lo religioso. La autonomía de cada una de estas esferas era condición eficiente

de la libertad. Lenin realizó una prodigiosa amalgama en el seno de su imaginario partido entre una concepción política militar que llevaría a cabo el combate revolucionario, una ciencia del proletariado que el partido, conocedor de las leyes del desarrollo histórico, interpretaba, y un conjunto de verdades cuyos dogmas la clase obrera (falta aún de madurez y de "verdadera conciencia política") no debía discutir. El partido era a la vez escuela de estrategia, escuela científica y escuela de verdades profanas. La fusión entre estas tres esferas creaba un poderoso dispositivo que entre 1902 y 1904 sólo permanecía escrito en textos de escasa difusión (en 1904 Lenin había publicado *Un paso adelante, dos pasos atrás*).

La guerra ubicó estas ideas en un escenario distinto. En agosto de 1917, en pleno proceso revolucionario luego de la caída del régimen zarista, Lenin abandonó provisoriamente la tesis del partido vanguardia en su clásico *El Estado y la Revolución* y desarrolló la idea de dictadura del proletariado en tanto violencia legítima aplicada a una "clase represora". Este doble concepto de represión (la represión buena y necesaria que sustituye a la represión mala y contingente) le permitió definir con rigor el rol del partido a partir de octubre de 1917. El formidable impacto que tuvo este modelo de organización política en un territorio inmenso asombró al mundo. Nunca como en ese momento fundador se advirtió con más claridad el temple dogmático de ese aparato y su extraordinaria capacidad para justificar sin más trámite, en 1918, la disolución de una asamblea constituyente, libremente electa durante los meses anteriores, o para enfrentar el rigor de una despiadada guerra civil. El partido leninista se transformó de este modo en el esqueleto del mando que dominó la Unión Soviética entre 1928 y 1953, proyectando su sombra sobre el planeta entero (Lenin había muerto en 1924). El nombre lo dice todo y ya lo habíamos destacado en nuestro recorrido por el año 1937: era Iosef Stalin.

Junto con el de Hitler, que veremos de inmediato, el fenómeno de Stalin está revestido de punta a punta por los rasgos que aquella palabra denotaba en la literatura y en el habla popular del XIX: un "fenómeno", en efecto, era una cosa o una persona monstruosa; pero esa cosa que emergía velozmente en el mundo contaba con una palanca hasta entonces ignorada. El poder constituido sin ninguna clase de restricción se elevaba sobre millones de seres humanos y ejercía su dominio precisamente porque estaba respaldado por una utopía que generaba esperanza e ilusiones. Si la Inquisición torturaba y mataba en nombre de la fe, el totalitarismo stalinista lo hacía en nombre del paraíso terrestre que advendría para consumar la historia. Una larga fila de intelectuales se encolumnó tras aquella esperanza que, según las enseñanzas de Lenin, ponía entre paréntesis la ética de los medios en función de la moralidad de unos fines superiores (el título del libro de memorias de Arthur Koestler, *Euforia y utopía*, publicado en 1953, revela con excelencia literaria esos impulsos contradictorios).

Comenzó entonces una matanza sistemática que se enardecía o aplacaba según las circunstancias y jamás desaparecía del todo. En el stalinismo todos eran presuntamente culpables: ni la distancia ni la proximidad entre el poder y los habitantes protegía a las eventuales víctimas. Durante los años del "Gran Terror", hacia fines de la década del treinta, fueron sacrificados en la Unión Soviética alrededor de siete u ocho millones de individuos. Se llamó a este método "purgas", como si, de acuerdo con los criterios médicos de moda en aquella época, el régimen necesitase evacuar de tanto en tanto los elementos que perturbaban su buen funcionamiento. Si sumamos a esta cifra los campesinos que perecieron durante la colectivización de la agricultura en los años veinte y treinta, el resultado puede llegar al número de veinte millones (hay autores que, añadiendo otras víctimas y los deportados durante la Segunda Guerra Mundial, llegan a duplicar esta cifra; otros, en cambio, la reducen sin bajar nunca de los diez o doce millones).

En el cuarto de siglo que transcurrió entre el ascenso de Stalin y el fin de la Segunda Guerra Mundial (1928-1946) se consolidó definitivamente la cultura de la muerte. Con su corte de artefactos de aniquilamiento —armas, tecnologías para torturar, campos de exterminio, cámaras de gas— la muerte significó un medio habitual de vida para numerosos contingentes de individuos. El terror, decía Ferrero, es recíproco: para matar es necesario quien se encargue de hacerlo. Joseph de Maistre argüía que la cohesión de las sociedades depende, en última instancia, del verdugo. Si el totalitarismo supone la universalización del miedo, también supone la difusión masiva de los verdugos y sus asistentes.

El fenómeno del nazismo y en menor grado la experiencia del fascismo (intensificada, se entiende, por el gobierno de Saló en el norte de Italia entre 1943 y 1945) coloreó con creces este panorama, pero el apogeo de Hitler no se debió tan sólo, según la tesis defendida por Ernst Nolte en 1987, en *La guerra civil europea*, a la respuesta e imitación en diferente registro ideológico del leninismo. Tanto el fascismo como el nazismo abrevaron en tradiciones paralelas a la de Marx formadas en el XIX. Una de ellas recogió las posiciones más extremas del nacionalismo y las combinó con el llamado principio de la jefatura; la otra sembró la idea de la supremacía racial muy pronto transfigurada en racismo militante.

Estas tradiciones ofrecían la ventaja de la más cruda simplificación. Proponían poner de nuevo a la orden del día el esquema del dualismo en su expresión más elemental. El Estado combatía al enemigo de afuera y al enemigo de adentro según una clasificación establecida por la ideología que profesaba. En la Alemania nazi el enemigo interior por excelencia, aunque no exclusivo, fue el judío. Con el antisemitismo activo emergió a la superficie un espeso subsuelo de prejuicios, alimentados en gran parte por las religiones establecidas en Europa (tanto la católica como las protestantes), que tuvo la peculiaridad de radicalizarse al ritmo de la guerra y de la crisis económica de 1929-1930.

Desde Thomas Paine en adelante, la idea de los derechos individuales fue tributaria de una concepción de la naturaleza humana que podía ser captada por medio del sentido común. Como bien escribió Hannah Arendt en uno de sus libros políticos más importantes, *The Origins of Totalitarianism*, publicado por primera vez en 1950, el antisemitismo fue, antes que nada, un ultraje al sentido común. ¿Cómo se llegó a ese punto terminal del mal absoluto y al hedor de los campos de concentración donde se fabricó con eficiencia burocrática el Holocausto de seis millones de judíos y de dos millones de gitanos y otros seres humanos a los cuales los dueños de la muerte consideraron también inferiores u opositores? ¿Es que hay, según interrogaba Aron, un "misterio nazi" inscripto en los repliegues más hondos del impulso idolátrico y asesino?

Como cualquier proceso histórico, el nazismo merece ser explicado: se pueden rastrear sus antecedentes, se puede penetrar en la psicología patológica de Hitler, hasta se pueden establecer correlaciones hipotéticas acerca de los efectos de la hiperinflación o del desempleo sobre el comportamiento electoral de los ciudadanos durante los catorce años de la república de Weimar. Confieso que he pasado largas, larguísimas, horas repasando esta concatenación de causas y consecuencias, sumergido en la copiosa bibliografía (cada vez más abundante) a que dio lugar la experiencia nazi entre 1933 y 1945; pero nada, salvo la descripción de lo que realmente ocurrió, alcanza a explicar la potencia inaudita del paroxismo humano para matar y destruir. Acaso ofrezca una pista explicativa el cambio (vuelvo a Hannah Arendt) de la teoría y práctica del terror en el siglo XX que, de factor para eliminar al enemigo político, pasa a ser el medio exclusivo para obtener aquiescencia política. El argumento es consistente, en parte, aunque todavía queda en pie, sin respuesta plausible, el interrogante de saber por qué esa aquiescencia no sólo fue tributaria del terror sino de una creencia irracional, compartida por millones de individuos, en las virtudes de un conductor dotado de cualidades extraordinarias (el tema del carisma puesto en circulación por Max Weber en su obra inconclusa *Economía y sociedad* anticipó en gran medida aquel aluvión de instintos).

Como rezaba el título de un filme de la apologista del régimen nazi Leni Riefenstahl, esa identificación entre la irracionalidad y su intérprete traducía *El triunfo de la voluntad*. El totalitarismo era todo y la posibilidad de hacer todo: sólo bastaba la voluntad. Stalin, igual que Hitler, tenía una "voluntad de acero" que desafiaba los obstáculos más grandes. Los héroes del trabajo en la Unión Soviética eran dechados de voluntad: fuertes, de cara cuadrada y musculatura portentosa, su presencia en grandes conjuntos pictóricos guiaba al proletariado hacia su destino. La juventud nazi, tal como la filmaba Riefenstahl en 1934, en Nuremberg, formaba una marejada de uniformes y banderines que gritaban a voz en cuello con acompasadas consignas la adhesión voluntaria al Führer. No había que pensar, había que querer. La creencia se desglosaba así en un arma mortífera para vencer las conspiraciones que asolaban el mundo (la conspiración judía, la conspiración plutocrática, la conspiración burguesa o la conspiración imperialista) y en una suerte de paternalismo benevolente del jefe que velaba por su pueblo y le daba trabajo.

Las dos caras del totalitarismo se reflejaron en el mundo por medio de la propaganda. En algunos casos, esa doble experiencia duró algo más de una década. El nazismo ascendió al poder en 1933, y en 1938 se embarcó en operaciones militares que proseguirían un año más tarde, dando comienzo a la Segunda Guerra Mundial. El stalinismo, por su parte, construyó un sistema estatal de planificación imperativa de los medios de producción sobre hambrunas derivadas de la colectivización rural (la de

Ucrania, por ejemplo, fue espeluznante). La Segunda
Guerra sumó en 1945 a esas cifras un saldo de veinticinco
millones de víctimas. El fascismo, el nazismo y el régimen
militarista japonés fueron derrotados en la guerra por
una coalición de potencias que reunía en su seno dos principios de legitimidad antagónicos: los Estados Unidos e
Inglaterra representaron la democracia constitucional, y
la Unión Soviética la legitimidad del leninismo en su versión stalinista. El fascismo y el nazismo fueron
totalitarismos personalizados que no afrontaron la prueba de la sucesión. Ambos regímenes terminaron sus días
con el fusilamiento y suicidio de sus jefes. El modelo leninista, en cambio, fue más trascendente porque gobernó la
Unión Soviética durante más de tres décadas después de
la muerte de Stalin y se expandió por todo el mundo.

El problema de la sucesión no pudo ser eludido en el
orden totalitario. La organización del régimen en Italia
estableció una instancia sucesoria en el Gran Consejo
Fascista. Fue una institución fantasma que sin embargo
sirvió en 1943 para destituir a Mussolini y nombrar en
su reemplazo al mariscal Badoglio mientras avanzaban
las fuerzas aliadas desde el sur de la península. El nacionalsocialismo no llegó a ese punto institucional ni pretendió hacerlo. Destruida la Constitución de Weimar a
golpes de decretos y violencia sin necesidad de derogarla
formalmente, el nazismo concentró su destino en la persona del Führer: con él nació y con él se enterró. En la
Unión Soviética, la sucesión provocó un reto aun más
exigente cuyos resultados permitieron esbozar, a los innumerables adherentes que en todo el mundo se encolumnaban tras el proyecto comunista, una ilusionada
predicción: muerto Stalin, y pese a los años atroces de la
tiranía, el sistema ideocrático del partido único proseguía incólume su camino.

La historia de la sucesión en la Unión Soviética afrontó
tres pruebas. Primero, la desaparición física de Lenin en
1924, el padre del socialismo momificado de inmediato

para celebrar su culto frente a las murallas del Kremlin; segundo, las incógnitas de la sucesión se plantearon de nuevo en 1953, cuando Stalin murió. En ambas circunstancias, las viejas pasiones, que habían inspirado tantos crímenes y guerras dinásticas del antiguo régimen, reaparecieron con un furor digno de las mejores leyendas. La sucesión se dirimió eliminando enemigos presuntos o reales dentro del partido único, mientras fuera de ese recinto millones de habitantes eran sacrificados como si fueran una correa de transmisión de esas iras exaltadas. El punto es importante porque pone al descubierto una característica del partido único donde se aúna la violencia con la incertidumbre. En el Décimo Congreso del Partido Comunista, convocado en 1921, en vida de Lenin, fueron condenadas las agrupaciones que actuaban dentro del partido, lo cual eliminó cualquier atisbo de pluralismo interno y de competencia regulada entre grupos rivales. Se intentó suprimir mediante esta decisión los conflictos entre bolcheviques, prosiguiendo así la misma línea estratégica que condujo a extirpar el choque de ideas e intereses del seno de la sociedad.

Esta tajante negación de una de las dimensiones básicas de la vida social (para Marx el conflicto era el motor de la historia) clausuraba la posibilidad de reconocer la legitimidad de la oposición política. La oposición era mala por un doble motivo: porque representaba enemigos de clase frente al proyecto de la dictadura del proletariado encarnada en el partido de vanguardia; o bien, porque en la organización misma de ese partido se formaban corrientes de opinión o interpretaciones alternativas en torno a la política revolucionaria. Jamás la vieja guardia del Partido Comunista hubiese imaginado que el concepto de "enemigo de clase" caería como un *boomerang* sobre ellos. Y, de hecho, eso fue lo que aconteció.

Los once años que transcurrieron en la Unión Soviética entre 1927 y 1938 ilustraron trágicamente los efectos de estos supuestos institucionales. El partido fue un mecanismo implacable que facilitó el encumbramiento de Stalin y, al mismo tiempo, ofreció el marco más eficaz para matar a sus rivales. Ausente la noción de una lucha por el poder regulada por procedimientos electorales, el conflicto volvió por sus fueros y recuperó sus rasgos más feroces: fue un vehículo para consumar las pasiones asesinas de un gobernante que no estaba restringido por ninguna ley o costumbre establecida. El cortejo de ejecuciones reunió a lo más granado de la antigua dirigencia comunista. Trotsky fue expulsado de Rusia en 1927 y deambuló por Turquía, Francia y Noruega hasta recalar en México, donde al fin cayó asesinado en 1940, en su casa amurallada de Coyoacán. En 1934, Kirov fue ajusticiado en Moscú; en 1936 corrieron igual suerte Zinoviev y Kamenev; en 1937, Radek; en 1938, Bujarin y Rykov. La operación se presentaba envuelta en acusaciones ante los estrados judiciales y patéticas confesiones por parte de los presuntos culpables.

En el modelo stalinista no había contrarios, como tampoco debía haberlos en el nacionalsocialismo. En junio de 1934, un golpe fulminante ejecutado con precisión por Himmler y Goering, liquidó al grupo militarizado de los guardias de asalto (las temibles SA) y fusiló a sus líderes Gregor Strasser y Ernest Röhm. La operación sirvió para que Hitler tranquilizara a los grupos empresariales y a las Fuerzas Armadas, temerosos ambos del lenguaje revolucionario de las SA, y de paso se sacara de encima a los enemigos internos del aparato de represión que él más prefería, las fieles SS comandadas por Himmler (a partir de 1936 las SS tendrán a su cargo el poder de policía y pocos años después tomarán el control efectivo del Estado racista). Es posible que esta atmósfera asesina haya inspirado en Ferrero la idea de que los jefes de los regímenes totalitarios de los años treinta estuvieran poseídos por el miedo. Miedo que se esparcía en la sociedad y miedo que corroía los rangos de la elite revolucionaria. El escenario evocaba la reaparición de la *hybris*, de un apetito de dominación insaciable que provocaba catástrofes sin ningún dios ni ley humana capaz de castigar esa soberbia desmesurada.

En los hechos, la soberbia fue enterrada en Berlín y Milán en 1945, pero el desarrollo posterior del régimen soviético demostró que, al menos, la elite del partido podía montar algún principio utilitario de supervivencia. Se trataba, en suma, de sobrevivir, aunque los disidentes externos al partido siguieran sufriendo el destino de la deportación y de la cárcel. Stalin mantuvo hasta el momento de su muerte una invariable actitud. Entendía que el mejor resorte para conservar su poder y la pasión que ponía en movimiento un complejo sistema extendido por Europa con vocación imperial, estaba contenido en ese rol de verdugo lejano y no menos omnipresente. La gloria del triunfo en la guerra, el sacrificio de un pueblo que resistió la muerte, el hambre y la descomposición de las relaciones humanas más elementales, todo ello no modificó un ápice el concepto que él tenía del oficio de mandar. Esto duró hasta 1953. En ese año, sin revisar las decisiones de 1921, se dieron los primeros pasos para dar a luz aquel arreglo de supervivencia. Mientras el jefe de policía y verdugo inmediato de Stalin, Lavrenti Beria, era ejecutado con premura, Nikita Kruschev asumió el cargo de primer secretario del partido.

Kruschev denunció los crímenes del stalinismo en 1956, y desempeñó la jefatura del gobierno a partir de 1958. La estructura básica del régimen permaneció invariable, pero los dirigentes que desafiaron su liderazgo —Molotov, Malenkov y Kaganovich, entre otros— tuvieron la oportunidad de concluir sus días en un retiro forzado o fueron alejados del centro de la escena para cumplir alguna función burocrática intrascendente. El mismo Kruschev, incapaz hacia 1964 de contener la oposición interna en el Comité Central, fue destituido aparentando una renuncia debido a su "edad avanzada y al deterioro de su salud." A principios de la década del sesenta, la violencia domesticada en la elite dirigente ofrecía la oportunidad de legitimar el régimen ideocrático mediante dos mecanismos: en la cúspide, sucesión burocrática sin violencia; en la base, control ideológico y reducción de todas las actividades civiles y económicas a la unidad del Estado. Un argumento difundido en los años sesenta decía que la pacificación de la elite era condición necesaria para trasladar el carisma de los fundadores a las instituciones del partido y del Estado. Se trataba de una interpretación de la estabilidad socialista matizada con conceptos provenientes de la sociología de Max Weber. Debido a esa presencia de rutinas más estables en el centro de control del régimen, no faltaron observadores que estiraban aquel argumento y anunciaban una venturosa convergencia entre la Unión Soviética y las democracias occidentales (veremos este punto con más detalle en el próximo capítulo).

La Unión Soviética, que directa o indirectamente gobernó Leonid Breznev desde 1964, tuvo esa apariencia consoladora para quienes preconizaban un orden mundial basado en la coexistencia pacífica de legitimidades opuestas. La política comunista se revistió entonces con el ropaje de un régimen al mismo tiempo innovador y arcaico, mezcla de orden moderno con autoridades vitalicias que dejaban el cargo imprevistamente por conflictos internos o por desaparición física. El Comité Central del partido único era un poderoso instrumento de gobierno que tenía en sus manos el dispositivo nuclear y lanzaba la ciencia soviética a la aventura de la conquista del espacio; pero, simultáneamente, conformaba un colegio de electores mucho más frágil e imprevisible. Ése fue uno de los condicionantes del rol supremo que la constitución impuesta por Stalin en 1936 otorgaba en su artículo 126 al Partido Comunista. "Vanguardia de la sociedad", núcleo que "la guía hacia el comunismo", estructura que "reúne a los cuadros más activos y conscientes": esos atributos, que desde luego se colocaban por encima de un artículo posterior (el 127, donde se reconocía "la inviolabilidad de la persona") no lograron sin embargo resolver el problema de la sucesión. Se construyó así un sistema dirigido siempre por una ambición de totalidad que reprimía con fiereza y terror la disidencia ideológica y, a la vez, garantizaba trabajo, educación y seguridad social a poblaciones separadas por hondos sentimientos lingüísticos y regionales; un sistema, en suma, que si bien luego de la crisis de los misiles en Cuba, en 1964, aventó el riesgo de una hecatombe nuclear, no amortiguó en otros rincones del globo el choque violento de las ideologías (en ese campo todos mataban: los soviéticos y los occidentales).

Donde mayor significación adquirió el desarrollo de la revolución comunista fue en aquellos países donde el proceso brotó con características propias. Fue una carrera planetaria en procura de recrear la imagen de un "hombre nuevo", libre al fin de la explotación capitalista, que se detuvo en varias estaciones. Saltó de Asia hacia América Latina pasando por África y enlazando en una misma esperanza experiencias como la de Mao Tse-tung en China y la de Castro en Cuba. En la primera se forjó un régimen sucesorio que, pese al trauma de la desaparición de Mao en 1976, aún subsiste; en la segunda experiencia el destino del socialismo sigue amarrado a la figura de Castro.

Las matanzas y exilios que rodearon esta busca de la purificación humana son también diversos. En 1954, el "año del terror" en China, se sacrificaron entre uno y tres millones de habitantes (la revolución maoísta había derrotado y expulsado al ejército nacionalista de Chiang Kai-shek en 1949). El régimen de Castro en Cuba se inauguró con fusilamientos en el "paredón" (palabra que muy pronto adquiriría en América Latina contornos épicos para acusar y descalificar enemigos) o la cárcel para los disidentes, pero el método de control de la población se regularizó luego mediante oleadas de exilios masivos a los Estados Unidos, inducidos por el gobierno.

Es sin duda paradójico que, mientras esos ideales convocaban a la redención de los pueblos en el mundo subdesarrollado, en la Unión Soviética de la etapa de Breznev se había consolidado el régimen de una potencia líder en el mundo, donde ya nadie creía en utopías ni en hombres nuevos. No creían por cierto los dirigentes, y menos la población, entregada a la rutina de vivir y sobrevivir en medio de una economía que comenzaba a mostrar signos de agotamiento (en los países satélites de Europa del Este esa resignación no fue suficiente para impedir frecuentes rebeliones populares que fueron reprimidas a tiros de cañón en Alemania, Hungría, Polonia y Checoslovaquia).

En gran medida, lo ocurrido en la Unión Soviética representó la segunda etapa de un largo proceso de secularización. Primero se puso en movimiento desde el XVIII la onda de secularización de los estados occidentales de carácter religioso (fenómeno que prosigue hasta nuestros días y se detiene en la periferia de los países musulmanes); luego, en un tramo mucho más corto de apenas tres décadas, las sociedades comunistas también se secularizaron. Según el sentido con que Saint-Simon usaba la palabra, dejaron de ocupar un lugar eminente en los países europeos y americanos las creencias religiosas impuestas a través del Estado. Un impacto análogo pulverizó la religión secular cuyos dogmas justificaban el régimen ideocrático de la Unión Soviética. Por extraño y redundante que parezca, las religiones seculares también se secularizaron. Lejos de ser una creencia, la ideología oficial se convirtió al cabo en una rutina vacía.

¿Qué perduraba entonces, luego de tantas vueltas, en el fenómeno totalitario? Veamos de nuevo las dos dimensiones que configuran nuestro tipo ideal del totalitarismo. Por un lado, la reducción total a la unidad del Estado de todas las esferas de la vida humana; por otro, la transferencia absoluta de poder a una instancia política que actúa sin límites ni restricciones. En general, la bibliografía consagrada al tema se ocupó preferentemente de la primera dimensión, dando por supuesto que, sin constatar el control previo del poder político por un partido único, no era posible explicar una exitosa reducción de la cultura, la práctica religiosa, la economía o las peculiaridades regionales a la unidad del Estado. Este proceso resultaba ser, entonces, tributario del primero.

No todos los procesos de reducción a la unidad se aproximaron al modelo stalinista. Aun la economía de guerra del nazismo, cuyo frenesí productivo entre escombros, bombardeos y mano de obra esclava proveniente de los campos de concentración quedó reflejado en las memorias de Albert Speer, ministro de armamentos y de producción de guerra de Hitler, estaba basada en corporaciones industriales privadas sometidas al férreo control del Estado (con una perspectiva más benigna, el caso del fascismo ilustra también este cuadro); pero en ningún caso el régimen totalitario abandonó su ambición de controlar de manera absoluta el poder político y, a través de él, la sociedad entera. Desde Rusia hasta China y desde Alemania hasta Japón no hay mayores variantes en este común denominador. Vistas las cosas de esta manera y en relación con el XIX, el siglo XX reproduce a una escala mortífera incomparable el ejercicio absoluto del poder. Este potencial destructivo impulsado por la innovación tecnológica aplicada a la guerra estableció un parentesco entre hegemonías políticas diversas y, por cierto, antagónicas.

En última instancia, en su naturaleza profunda y en las pasiones que lo pusieron en movimiento, el totalitarismo fue la versión extrema de la militarización de la política: una exposición de personajes vestidos con uniforme, túnicas asiáticas, gorra, botas, birretes, borceguíes e insignias que se destacan sobre un fondo de matanzas. Fue un paisaje estremecedor donde el partido, inspirado por una concepción belicista semejante, controlaba la fuerza armada. Esta fusión produjo al cabo que la guerra y la política fueran la misma cosa: política sin límites (lo cual suponía barrer de la historia la idea del poder limitado) y guerra sin límites (lo que significaba eliminar de raíz cualquier consideración ligada al derecho de gentes). Mao

Tse-tung condensó estos conceptos en una sentencia lapidaria: "La guerra revolucionaria es una guerra de aniquilamiento." Falsearíamos, sin embargo, la verdad si sostuviéramos que aquel fenómeno fue la única versión de la política convertida en un perpetuo combate.

Los regímenes autoritarios y su momento totalitario

Esa lucha, concebida como un enfrentamiento definitivo entre visiones del mundo opuestas, justificó en Europa, luego de la Primera Guerra Mundial, la forja de un tipo de régimen autoritario de inspiración católica. Los ejemplos que siempre se traen a colación para ilustrar este fenómeno los proporcionan, por orden de entrada en escena, el Portugal de Salazar (1926-1974), la España de Franco (1939-1975) y la Francia de Pétain (1940-1944). Los tres casos, a los cuales podríamos sumar el gobierno de Dollfuss en Austria (1932-1934) y las nuevas naciones organizadas en Europa del Este bajo la égida nazi, como Eslovaquia y Croacia, enmarcaron, en pleno siglo XX, el renacimiento del pensamiento integrista y reaccionario que se fue formando desde fines del XVIII: una concepción histórica contraria al individualismo, organicista, refractaria a la secularización y apegada a viejos modelos de absolutismo religioso. Más allá de otras vertientes, que con una mezcla de convicción y oportunismo convergieron en aquella coyuntura, estas experiencias contaron con el apoyo manifiesto de la Iglesia católica.

Durante el XIX, la Iglesia católica representó el papel de un actor histórico que se colocaba fuera del proceso de secularización y lo juzgaba críticamente. Expuesto de modo tajante, este punto de vista no toma en cuenta la variedad de matices y de corrientes que se agitaron en el seno de la Iglesia durante los pontificados de Gregorio XVI (1831-1846), Pío IX (1846-1878), León XIII (1878-1903), Pío X (1903-1914) y Benedicto XV (1914-1922). En

1831, justo en el año en que la Santa Sede aceptó la legitimidad de la Constitución del reino de Bélgica que establecía las libertades de culto y de prensa, el papa Gregorio XVI fijó una regla de convivencia sin duda mejor adaptada a los casos de los países donde el catolicismo no era la religión predominante. Decía Gregorio XVI en la bula *Sollicitudo ecclesiarum* que "los papas de Roma debían entrar en negociaciones cuando hubiera cambios de dominación y de régimen, con los depositarios del poder, en favor de las iglesias de esos países, y sobre todo para el nombramiento de los obispos sin por ello aprobar su dignidad o conferirles nuevos derechos."

Se trataba, por consiguiente, de reconocer en los hechos un problema que, como se dijo en aquella época a propósito del debate constitucional en Bélgica, podía resolverse mediante una distinción entre tesis e hipótesis. La tesis, vale decir, una forma de gobierno católica que transmitiera las verdades eternas a través del orden temporal, en contraposición con la hipótesis de un régimen cuya constitución, pese a no proclamar esas verdades, garantizara a la Iglesia católica coexistir en paz con otros cultos en pleno goce de sus derechos. La forma de gobierno de la tesis era el régimen verdadero (llamado también ultramontano); la forma de gobierno de la hipótesis, el régimen posible. En la circunstancia deseable había subordinación de los gobiernos a la Iglesia en materias espirituales y morales (culto, educación y familia); en la otra circunstancia, donde la Iglesia no ocupaba el lugar eminente en el orden religioso, correspondía a ella defender, en uso de las libertades constitucionales, los valores propios del catolicismo con respecto al ejercicio del culto, a la familia y a la educación (en el siglo XIX, el campo de Agramante de estas cuestiones —existió por cierto en nuestro país— fue delimitado por las leyes vinculadas con la educación pública y el matrimonio civil).

Esta variedad de fórmulas formaba en la cultura católica un amplio arco en cuyos extremos estaban los Estados

Pontificios (la forma de gobierno católica y absolutista por
excelencia, representación acabada de la tesis) y los países con otras religiones oficiales o que establecían, como
los Estados Unidos, una estricta separación entre iglesias
y Estado. En este contrapunto se pueden encontrar los
orígenes tanto del integrismo católico como del llamado
catolicismo liberal y, más tarde, de la democracia cristiana. Sin embargo, en las últimas décadas del XIX se impuso el temperamento católico integrista y antimoderno encarnado en la figura de Pío IX, un pontífice de origen
moderado y estilo liberal (según el tierno retrato que le
dedicó Sarmiento en sus *Viajes...*, antes de la crisis de
1848) que cambió drásticamente de orientación durante
las décadas posteriores.

En 1864, en la encíclica *Quanta cura*, publicada junto
con un catálogo de principios inaceptables para Roma conocido como el *Syllabus*, Pío IX sistematizó escritos anteriores emanados de la Santa Sede que condenaban "el
error del siglo", contenido en el liberalismo de la sociedad
moderna. Verdaderos emblemas de combate para el
integrismo católico, esos textos produjeron desgarros morales en intelectuales y prelados católicos (dos casos
arquetípicos son los de lord Acton y el cardenal Newman
en Inglaterra) y orientaron en la Iglesia un doble movimiento que, por un lado, impugnaba el laicismo educativo,
la separación de la Iglesia y el Estado y las libertades de
culto y de prensa, y, por otro, alentaba una mayor independencia con respecto a los poderes establecidos: por la
propia gravitación de los acontecimientos (entre los cuales, obviamente, descollaba la pérdida de soberanía sobre
los Estados Pontificios), la Iglesia se desligaba en algunas
naciones de compromisos políticos y acrecentaba sus
obras misioneras en áreas coloniales; al mismo tiempo,
desde esa posición que acrecentaba su autonomía, se ela-
boraba en Roma un cuerpo de doctrina de carácter cultural y social. La vieja teoría ética y política que fijaba las
condiciones del gobernante católico consagrado al bien

común, comenzaba a sustentarse en un análisis, mezcla de anatema y explicación, acerca de los desajustes profundos de una sociedad antropocéntrica y, por ende, relativista.

Como comprobó Roger Aubert en 1964, en su *Historia de la Iglesia católica entre 1848 y el Concilio Vaticano Segundo*, la crítica en cuestión trepó y disminuyó en intensidad a medida que se sucedieron en Roma esos pontífices. El cambio sutil que introdujo León XIII a partir de 1885, al proclamar la neutralidad de la Iglesia con respecto a las formas de gobierno monárquica y republicana, tuvo sin duda efectos importantes sobre los católicos que no se plegaban a las actitudes integristas y ultramontanas, predominantes durante el período de Pío IX. Los mismos comentarios cabrían acerca de la apertura que se ensayó hacia la llamada "cuestión social" con la encíclica *Rerum novarum* de 1891. No pasó lo mismo, en cambio, durante los años en que reinó Pío X, cuando fueron condenados movimientos demócrata-cristianos como la *Azione popolare* en Italia o *Le Sillon* en Francia, y la corriente modernista dentro del catolicismo fue severamente reprimida.

Pese a estos retrocesos, menos evidentes en el plano pastoral, el pontificado de Benedicto XV procuró mediar en pos de la paz en el curso de la contienda mundial (un intento proclive, acaso por su carácter católico, al Imperio Austro-húngaro) y no desechó la oportunidad, terminada la guerra, de alentar la reaparición en Italia de la democracia cristiana con el *Partito Popolare* del sacerdote Luigi Sturzo. Al paso de los años, no faltaban pues observadores que veían en estas modificaciones, a primera vista insignificantes, el germen de una muy lenta evolución en procura del reconocimiento de la libertad religiosa y del pluralismo. La crisis de legitimidad que se desplomó luego de la Primera Guerra Mundial sobre los regímenes políticos de la península ibérica, en Portugal y en España, frenó aquel proceso. En su lugar, la Iglesia católica justificó, a partir del alzamiento militar de julio de 1936, una solución autoritaria a tono con los fastos de la Italia fascista.

El escenario español fue particularmente novedoso porque en él se dirimía, mediante el conflicto armado, un proyecto político católico. Esta circunstancia, envuelta en un lenguaje heroico que clamaba contra la represión y el martirio de sacerdotes y religiosas (lo que de hecho acontecía en grado intenso por España, salvo en el país vasco), tenía a ojos católicos un parentesco estrecho con lo que entre 1926 y 1929 se llamó en México "guerra cristera". En este país, aún sacudido por los coletazos de una revolución que dejó un saldo de 250.000 muertos, un ejército católico de 20.000 efectivos fue derrotado por las fuerzas gubernamentales del presidente Calles. Con fuerte participación de sacerdotes, pero sin un apoyo explícito del Vaticano, la lucha armada se hizo en nombre de una "constitución cristera" en contra de la Constitución mexicana de 1917, impugnada por los obispos en el momento de ser sancionada a causa de sus disposiciones anticlericales. El combate adquirió un tono comparable al viejo antagonismo entre el régimen jacobino y la Iglesia que, entre marzo y octubre de 1793, tiñó de sangre la región francesa de la Vendée durante una frustrada insurrección católica.

Mientras en esos lugares, impregnados por la vieja cultura hispano-católica del antiguo régimen, entraban en erupción estas nuevas versiones de las guerras de religión, en otros países las relaciones entre la Iglesia y el Estado se adecuaban más a una coexistencia pluralista. En Inglaterra, un categórico ensayista católico como Hilaire Belloc, bien conocido en la Argentina, que brilló en la polémica con Wells y Shaw a la par de su amigo Chesterton, creador de animados cuadros históricos sobre las herejías, donde los réprobos protestantes siempre desencadenaban los males del Occidente moderno, se volcó a la liza política ocupando un escaño en los Comunes por el partido liberal entre 1906 y 1910. En Alemania, los cató-

licos intervenían activamente en la política republicana
mediante un partido confesional igual que en las monarquías constitucionales de Holanda y Bélgica. Con el mismo talante estratégico se organizó en España la Confederación Española de Derechas Autónomas, C.E.D.A., una
agrupación integrante del gobierno desde 1934 hasta la
victoria del Frente Popular en febrero de 1936. En los
Estados Unidos, el vehículo para la participación política
de los católicos de origen irlandés e italiano fue el Partido
Demócrata, que en 1928 presentó por vez primera un candidato católico a la presidencia en la persona de Al Smith
(el republicano Herbert Hoover le infligió una contundente derrota). Los caminos eran pues múltiples y no faltaban intelectuales en los años treinta, entre los cuales sobresalía el filósofo francés Jacques Maritain, que preconizaban una reconciliación más profunda —y no por mero
recurso táctico impuesto por las reglas de la hipótesis—
entre cristianismo y democracia.

La silueta de Maritain se destaca en el mundo católico
porque fue pasto de un inhóspito cruce de acusaciones y
de reivindicaciones igualmente ardorosas. Es curioso que
este hombre devoto de la razón haya despertado en su
momento tantas pasiones. Nieto de Jules Favre, un liberal opositor al Segundo Imperio que tuvo un papel destacado en los años fundadores de la Tercera República,
Maritain se convirtió en su juventud al catolicismo por
influencia del escritor Léon Bloy y abrazó con estricta
ortodoxia la filosofía de Santo Tomás de Aquino. En la
encíclica *Aeterni patris* de 1879, el papa León XIII había
revestido el pensamiento de Santo Tomás con el carácter
de una autoridad filosófica y teológica capaz de guiar la
educación impartida en los seminarios e institutos universitarios católicos. El influjo del pensamiento tomista
en la cultura política del catolicismo no tardó en manifestarse como una suerte de verdad bicéfala. En el tomismo,
en efecto, tenían asiento visiones integristas y teorías
más atentas al pluralismo y a la libertad religiosa.

Maritain recaló al principio de su itinerario intelectual en el integrismo francés de Charles Maurras y escribió algunos ensayos típicos del combate católico antimoderno (por ejemplo, *Antimoderne* de 1923 y *Trois réformateurs* de 1925); pero muy pronto este temperamento cambió drásticamente de rumbo por causa del choque que produjo en su espíritu la condena pontificia de la Action Française de Maurras en 1926.

Durante un cuarto de siglo, para ser precisos entre 1933, en que publicó *Du régime temporel et de la liberté*, y 1958, en que dio a conocer *Reflexions on America*, Maritain puso a punto una filosofía política que concebía la democracia como una manifestación temporal del espíritu evangélico. Este florecimiento, producto de raíces lejanas, no alentaba el desarrollo de un nuevo clericalismo: ni la Iglesia debía imponer la adhesión a un régimen democrático, ni los católicos debían encolumnarse tras un partido confesional como, por ejemplo, lo venían haciendo en Alemania. Maritain proyectaba esa acción política, con plena autonomía en el orden temporal, para ser fermento de una civilización pluralista, personalista y comunitaria centrada en la dignidad de los derechos humanos. Expuso así las grandes líneas de ese compromiso cristiano con la ciudad moderna en dos textos de 1935 y 1936: *Lettre sur l'indépendance y Humanisme intégral*, que levantaron en los católicos de Europa e Iberoamérica (particularmente en nuestro país, que visitó en 1936) una polvareda de proporciones.

Maritain terció en la opción comunismo-fascismo, señalando que ambos términos eran "medicaciones draconianas" que conducían inexorablemente al Estado totalitario. Este diagnóstico no propugnaba una "medicación de sostenimiento" de las estructuras sociales del orden burgués, que él denunciaba con un énfasis cercano al lenguaje de izquierda, sino una refundación de la democracia según los "valores de verdad, justicia y amistad fraternal." En consecuencia, era normal y saludable que las diversas escuelas culturales, cuyas conclusiones prácticas coincidían con respecto al valor del régimen democrático, entrasen en libre competencia. "¡Que cada escuela defina y afirme su credo con integridad y plenitud! —exclamaba Maritain por aquellos años—. ¡Pero que ninguno intente imponerlo por la fuerza a los demás! La tensión recíproca consecuente enriquecerá antes que perjudicará la tarea común." El pluralismo político era un mentís a las concepciones que hacían del Estado la envoltura más completa de una nación homogénea. Lejos de ello, el Estado desempeñaba en la teoría de Maritain un rol modesto, dependiente de la sociedad civil; era, como sostuvo en 1949 en unas lecciones sobre este tema, un instrumento al servicio del hombre.

La vida de Maritain siguió hacia principios de los años cuarenta el curso de las desdichas de los demócratas en Europa continental. Jamás flaqueó su rigurosa ortodoxia y el apego al macizo sistema de la filosofía tomista. Igual que sus contrarios en el campo del integrismo católico, para él no había fisuras. Emigró a los Estados Unidos, donde enseñó y escribió con excepción de unos pocos años en que se desempeñó, luego de la liberación, como embajador de Francia ante el Vaticano. En el discurso de presentación de las cartas credenciales al papa Pío XII, en 1945, Maritain dijo que "Francia ha conocido el infierno durante cuatro años: ha luchado contra la mentira, ha conocido la tortura, ha sabido de la horrorosa deportación."

¿De qué se trataba? Volvamos nueve años atrás, al espeso momento cargado de furor ideológico en que estalló la Guerra Civil Española. ¿Cuál era la visión que habría de prevalecer en una coyuntura donde mandaban los extremos? A la distancia, no es desacertado suponer que las ideas de Maritain cavaron hondo en la reconstrucción democrática de posguerra (aun cuando él mismo no haya estado satisfecho en su vejez con el resultado práctico de las mismas). En las cercanías del año 1936, en cambio, el impacto del integrismo fue espectacular, como si representara un registro paralelo y activo de las verdades que defendía la ideología revolucionaria. Así como para esta última la Revolución Francesa era una empresa frustrada que felizmente retomaba la revolución leninista en la Unión Soviética, para el pensamiento católico integrista la Revolución Francesa era causa directa de la revolución bolchevique. En ambos casos, el 89 era el comienzo de una consumación, necesaria y embebida de sentido histórico en el primero, impura y execrable en el segundo.

El engarce polémico entre revolución y contrarrevolución fue otra de las versiones del dualismo en el siglo XX que se agigantó por obra de la guerra. La Guerra Civil Española, de la cual surgió armado con todos los atributos el régimen franquista, significó así una suerte de choque de civilizaciones entre el pasado y el porvenir: el pasado de la vieja España católica que encarnaba la contrarrevolución, en pugna con el porvenir de la España anarquista o comunista que avizoraba la revolución. Entre este fuego cruzado cayeron las esperanzas compartidas por los liberales españoles de signo diverso de instaurar en aquel país desgarrado una república democrática legítima. El cuadro, simplificado al extremo tal como pretendían esas ideologías, tuvo en nuestro país —y en general en Iberoamérica— un influjo decisivo. La trayectoria del integrismo no se debió tanto a que los nacionalistas hayan logrado en la Argentina estructurar una fuerza dominante como la del franquismo, cuanto por la capacidad que mostraron tener para socavar las bases de legitimidad de una democracia muy endeble, erosionada por malas prácticas institucionales, y penetrar el aparato del Estado (Fuerzas Armadas, policía, sistema educativo, direcciones de inmigración, servicio exterior, etc.)

La ventaja extraordinaria que tuvo esta imagen del pasado se debió, paradójicamente, al estilo moderno de su lenguaje y acción. En palabras del historiador Philippe Ariès, quien conocía de cerca la *Action Française* por haber participado en ella, la novedad que

traían los "maurrasianos" era "la amalgama de nacionalismo jacobino y voluntarista [...] y de tradicionalismo
contrarrevolucionario". Comentarios semejantes cabrían con respecto a la Falange Española de José Antonio Primo de Rivera a principios de los años treinta.
Esa mezcla aparentemente contradictoria se expresó en
algunos lugares mediante la invención moderna del
ejército. Gracias a ella, la contrarrevolución se incrus-
taba en el mundo del siglo XX con la ayuda de un aparato coactivo que poco tenía que ver con la ilusión de
regresar al imaginario teocrático y estamental de la
Edad Media. En realidad, esa clase de contrarrevolucio-
narios no marchó *Hacia una nueva Edad Media* (título
de un ensayo muy difundido en medios católicos, de
Nicolai Berdiaiev, ortodoxo ruso exiliado de la Unión
Soviética en 1920), sino a un estadio análogo al que
institucionalizó la contrarreforma católica en el siglo
XVI: en lugar de volver atrás las agujas del reloj, ese
movimiento teológico político alumbró el nacimiento del
primer Estado moderno bajo la égida de los Austrias.

La amalgama de que hablaba Ariès, tenía puntos de contacto con el totalitarismo fascista y nazi pero no se confundía del todo con ellos. Es cierto, sí, que en los albores de la
Segunda Guerra Mundial, o en los primeros años del incontenible avance de la *blitzkrieg* nazi por toda Europa, los
estados autoritarios católicos se identificaron en su política
doméstica con el fascismo. Tal actitud es visible hasta en el
régimen menos militarizado de los tres citados —el de
Salazar en Portugal— y sin duda en la Francia de Vichy,
que muy pronto enhebraría una siniestra complicidad con
la fábrica criminal del Holocausto (parejas actitudes crecían en Europa del Este). No obstante, había diferencias.
En 1937, en una carta abierta dirigida a Maritain desde
Buenos Aires, César E. Pico fijó su pensamiento profascista
dentro de estos límites: "Si entendemos por fascismo, no tal
o cual régimen instalado en determinado lugar (p. ej. el
neopaganismo nacional socialista que debe ser, ahora más

que nunca, repudiado por los católicos), sino el complejo de
las fuerzas que reaccionan, incluso con procedimientos
drásticos, contra esa civilización moderna que termina
dialécticamente en el comunismo, es lícito y conveniente
colaborar en su gesta libertadora." Aun las plumas más
proclives al antisemitismo y al nazismo, como la que en
nuestro país esgrimía el presbítero Julio Menvielle, colocaban a esta nueva especie de régimen en un plano superior.
En la revista *Sol y Luna*, en 1939, Menvielle escribía que
con la guerra europea de 1914-1918 "se cierra la época pas-
tosa del último siglo de historia moderna y con el pontificado de Pío XI se inaugura la época del heroísmo, del heroísmo del diablo con el comunismo, del heroísmo de los valores naturales con el fascismo y el nacionalsocialismo, del
heroísmo sobrenatural con la cruzada cristiana de liberación española".

Las esferas del heroísmo que Menvielle delineaba
proponían un ascenso desde el mal absoluto hacia la
plenitud sobrenatural, sin descartar el estadio interme-
dio del nazifascismo, cuya bondad estaba asegurada por
el arraigo que esos movimientos tenían en la ley natural. Estos tinglados ideológicos, a los que no eran aje-
nas imágenes antisemitas de variada especie, gozaron
de atractivo en la cultura católica, pero no pudieron
sortear el obstáculo del propio Pío XI, por quien
Menvielle sentía tanto entusiasmo. Hacia finales de la
década del treinta quedó establecido en la doctrina
emanada de la Santa Sede que tanto el comunismo
como el fascismo y el nacionalsocialismo eran ideologías
incompatibles en diferentes grados con el pensamiento
católico (lo cual no impidió que la Santa Sede firmara
sendos concordatos en 1929 con Mussolini y con Hitler
en 1933). Las encíclicas de Pío XI *Non abbiamo bisogno*
de 1931, *Divini Redemptoris* y *Mit brennender Sorge*
(ambas de 1937) ratificaron esta tesitura a la que habría que sumar, como hemos visto, la condena que sufrió la *Action Française* en 1926.

Sin embargo, ninguno de los regímenes definidos por sus propios gobernantes como católicos pasó por la criba de un análisis crítico. Al contrario: el Portugal de Salazar, la España de Franco, la Francia de Vichy y los estados bajo tutela nazi de Europa del Este gozaron de apoyos manifiestos en Roma, hasta el punto de que las acciones militares de Franco fueron consagradas con el óleo de una cruzada en defensa de los valores morales y católicos. El velo autoritario que cayó sobre la visión católica del mundo acertó en ocultar los matices y la pluralidad de opciones que se presentaban en otros países, como si esa larga preparación del pensamiento reaccionario que iba de la *Action Française* a la Acción Española, hubiese encontrado por fin el lugar histórico más adecuado para vencer la cadena de provocaciones de la cultura moderna. En nuestro país, esa brusca y exitosa redefinición del compromiso católico tuvo consecuencias que se prolongaron hasta mucho después de concluida la Segunda Guerra Mundial. En parte esta prolongada vigencia se explica por la capacidad de los regímenes español y portugués para sobrellevar la derrota del fascismo y del nacionalsocialismo (resistencia que por cierto tenía antecedentes frente al propio Hitler, como lo demostró Franco en 1940) gracias al desarrollo de la Guerra Fría entre Washington y Moscú.

La duración es pues tan importante como la férrea voluntad de esos líderes para conservar la estructura básica de un régimen que observadores y estudiosos del tema muy pronto denominaron autoritario (la excepción a este fenómeno· es, obviamente, el derrumbe del régimen de Vichy cuando la liberación de Francia: Pétain, Laval y Maurras fueron sentenciados a muerte, sanción que luego le fuera conmutada a Pétain por la de prisión perpetua). La palabra autoritarismo ocupó desde entonces un lugar de preferencia en el lenguaje político del siglo XX. Fue un concepto no muy preciso que se interponía entre los regímenes totalitarios y los regímenes democráticos. El autoritarismo cubría así un territorio vago, de fronteras cambiantes, que ocupaban los estados católicos revestidos de una presunta legitimidad teológica, o regímenes de prosapia militar y laica, como por ejemplo el de Kemal Atatürk, que pretendió extirpar de Turquía el tradicionalismo religioso a la caída del Imperio Otomano en 1918.

Más allá de sus linajes remotos, el autoritarismo del siglo XX derivó de una realidad que había cambiado por obra de la guerra. Uno de los intelectuales que mejor expresó en la Argentina ese cambio de época fue Leopoldo Lugones. Después de 1914 escribía: "Entramos a comprender que para la Nación resultaba más importante la potencia que el derecho y la soberanía que la libertad. Pues la vida no era un régimen jurídico ni moral, sino un estado de fuerza. Así la Patria definióse como una expresión de victoria, un dominio". Lugones —de más está decirlo— no pertenecía a la tradición católica, ni tampoco sentía el menor resquemor por los efectos que producía en su espíritu la tentación fascista. El nacionalismo en nuestro país, igual que el universo autoritario, era plural; pero, en el caso de las experiencias autoritarias, esa variedad de voces y tradiciones adoptaba, como marca definitoria del régimen político, una transferencia no limitada de poder hacia el núcleo decisorio del Estado. El objetivo hacia el cual apuntaba el autoritarismo del siglo XX estaba ubicado en el pasado y en el porvenir. Atacaba, en primer lugar, el principio de legitimidad del gobierno limitado y sus componentes básicos (derechos individuales, separación de poderes y representación política) y combatía, en segundo lugar, las promesas de libertad e igualdad que pretendía conjugar la legitimidad democrática.

De acuerdo con este cartabón, al autoritarismo representaría en el siglo XX la versión contemporánea de la dictadura, de la autocracia o del despotismo: el dictador, caudillo o líder militar, manda sin controles externos, concentra el poder de legislar (o lo tutela) en el Ejecutivo y hace prevalecer sus decisiones sobre el poder judicial.

Lo que caracterizaría entonces al autoritarismo sería una precaria coexistencia entre la esfera política, que al no estar limitada suprime una competencia abierta entre partidos rivales, y la esfera social compuesta por empresas privadas, sindicatos dependientes y, a veces, una iglesia o religión predominante. Los vínculos que se trazaban entre el poder hegemónico del Estado y esos estamentos aliados o subordinados al mismo ofrecieron un cuadro propicio para calificar a estos regímenes con el apodo de corporativistas.

En realidad, la palabra corporativismo, como acontece habitualmente con términos antiguos que se aplican a una realidad histórica diferente, muy pronto cambió de significado. El pensamiento reaccionario usó el corporativismo con el ánimo de reproducir en pleno siglo XX la pluralidad jerárquica del antiguo régimen europeo e iberoamericano. Algo semejante, aunque sin ninguna nostalgia por el pasado, venía intentando Mussolini en el Estado fascista. Ninguno de esos designios logró prevalecer enteramente; pero lo que sí terminó al cabo imponiendo su férula —sobre todo en regímenes autoritarios de larga duración como el Estado español de Franco— fue la madeja de intereses económicos ligados al poder político que se multiplicaban a medida que los usos tradicionales cambiaban y la economía crecía al impulso de la industrialización. Las nuevas corporaciones poco tenían que ver con las antiguas comunidades de artesanos y daban razón, en cierto sentido, a la notable intuición de Saint-Simon cuando anunció el desarrollo de la sociedad industrial. De paso, esta ligazón de intereses de la sociedad industrial con el Estado calmaba las aprensiones de los propietarios al suprimir.la acción sindical (o encerrarla dentro del aparato rígido y subordinado de los sindicatos oficiales). El vínculo de las formas políticas con el corporativismo industrial y financiero significó algo más que una oportuna coincidencia histórica: muy pronto se convirtió en un método de desarrollo que suprimía el ejercicio de la libertad política en beneficio, muchas veces, de grandes empresas. Su capacidad para sobrevivir fue tan fuerte como diversas las fórmulas autoritarias que justificaron este andamiaje.

La ciencia política de los últimos treinta años ha brindado aportes importantes para alcanzar una comprensión más precisa de este fenómeno planetario (me basta con recordar al lector, entre otras, las contribuciones de Juan Linz y Guillermo O'Donnell). Lo que acaso importe destacar de nuevo es la manera como el autoritarismo contemporáneo fue elaborando no sólo una técnica de represión política sino también un método de control cultural. Los regímenes autoritarios pueden emular al bonapartismo y recurrir a una precaria legitimación plebiscitaria; pueden también diluir la impronta autocrática del poder que se concentra en uno solo favoreciendo un arreglo colegiado de carácter militar; pueden ser, en suma, conservadores o movilizadores pero, en general, las primeras libertades que anula esta forma de gobierno, mitad absolutista y mitad plural, son las libertades de prensa y opinión. Estos regímenes practicaron (y practican) en pleno siglo XX la censura y son maestros en enseñar a los más dóciles el arte de la autocensura. Pretenden mandar sobre las creencias sin convertirse en agentes de una religión secular, imponen límites a la discusión y al debate, abren y cierran las puertas de la libertad según el dictado de la oportunidad. Sobre todo, los regímenes autoritarios guardan en su seno el mismo resorte que mueve al poder en los regímenes totalitarios.

En los dos regímenes, en efecto, el poder político no reconoce otros límites que no sean aquellos impuestos por la voluntad individual o colegiada de los gobernantes y por la resistencia o cuasi independencia de que hacen gala sectores económicos, sociales o religiosos. Esta dinámica puede desembocar en un régimen totalitario o en un régimen más libre de estas ataduras. No obstante, "el huevo de la serpiente" se incuba siempre en la pretensión monocrática de quienes mandan. Pretensiones monocráticas: es decir, las que conciben el ejercicio del poder político con carácter permanente y exclusivo. Con respecto a las esferas de la vida humana puede haber monocracias que las subordinan totalmente o monocracias que les otorgan una autonomía circunscripta. Debido a este rasgo común, las monocracias no totalitarias tienen momentos de terror y crueldad a los que suceden coyunturas menos furibundas. Si el totalitarismo puede ser visto, según apuntábamos más arriba, como la instancia política que universaliza el miedo, el autoritarismo vuelca esa misma pasión sobre sectores más delimitados. Esta suerte de administración sectorial del miedo indujo a algunos autores y espectadores comprometidos con la política norteamericana durante el período de la Guerra Fría a emitir sobre esta clase de regímenes un juicio más benigno que el que merecían las monocracias totalitarias. Con la perspectiva que ofrece la comparación histórica, sobran razones para sustentar este argumento: son las razones de los seres humanos aniquilados en los campos de exterminio de Hitler y en el Gulag de Stalin y sus sucesores. Con la perspectiva que, en cambio, enfoca los sacrificios y padecimientos de las víctimas sometidas a la acción represiva, esa actitud condescendiente es inaceptable.

Los regímenes autoritarios están en todos lados en el siglo XX. Por su forma constitutiva y por los instrumentos de coacción policial y militar que ponen en juego, han mostrado tener un talante especial para durar. Heredero de la guerra civil en España, vástago directo de la hegemonía militar en nuestro país y, en general, en América Latina, vehículos de las guerras de liberación contra el colonialismo en Medio Oriente, en África y en Asia, el régimen autoritario incluyó en su trayectoria hasta los años sesenta momentos totalitarios donde el furor del bando victorioso coexiste con la exterminación de los derrotados. El contorno de estas masacres súbitas ha sido, y continúa siendo, la guerra. Civiles, religiosas, ideológicas, nacionales, inscriptas en una contienda interna por la supremacía, las guerras que hicieron de pórtico a los regímenes autoritarios forjaron un mecanismo represivo apto para lograr un contundente efecto inmediato, y sirvieron de justificación para proseguir su dominación exclusiva.

La definición del enemigo es tan vasta como la geografía que cubre esta clase de regímenes. Al cabo, los enemigos se convirtieron en víctimas. Entre 1939 y 1945, el régimen de Franco mandó al exilio a 300.000 españoles, condenó a prisión o a trabajos forzados a un número equivalente y fusiló según las cifras más conservadoras a 28.000 individuos (hay cálculos que elevan esa cifra hasta llegar a 200.000 sacrificados frente al pelotón militar). Dos décadas más tarde el régimen de Ferdinand Marcos en Filipinas cobró 2.500 vidas y encarceló a más de 70.000 opositores. El furor trepó en Indonesia, en el año 1965, hasta alcanzar niveles de exterminio comparables a los del stalinismo, sólo que con un signo diametralmente opuesto. Si en la Unión Soviética se aniquilaba a los enemigos del partido, en Indonesia los militares exterminaron entre 500.000 y 800.000 personas acusadas de comunistas. En África, las ráfagas de violencia comenzaron con la independencia e invención de nuevos estados. La Uganda de Idi Amin y Milton Obote fagocitó a cerca de 800.000 habitantes a partir de 1962. En 1971, el llamado "terror rojo" en Etiopía masacró a 25.000 comunistas en Addis Abeba.

A escala planetaria la cosecha de la muerte en ese período del siglo XX es sin duda mayor, lo cual demuestra que mucho más mortíferos fueron los instrumentos de los regímenes autoritarios en relación con las dominaciones despóticas del pasado. La plataforma de lanzamiento de este sinfín de aventuras fue la legitimidad del Estado-Nación. Este principio prevaleció a la postre durante el tramo más duradero del siglo XX. El Estado que se despojaba de los mecanismos de control derivados de un concepto civil de la autoridad y se convertía en expresión del poder contenido en ejércitos organizados tras caudillos profesionales o improvisados. La realidad del Estado, que por fin se difundió por el planeta entero, era tributaria de una legitimidad de contorno, reconocida por las organizaciones internacionales de las Naciones Unidas, apta para todo tipo de experiencias. Dado ese contorno, cualquier contenido era posible: la civilización de la tolerancia o las coacciones paternalistas, el pluralismo político o la cultura del exterminio al enemigo. La palanca para excluir y cavar el foso necesario entre los que merecían estar dentro y fuera del Estado fue provista tanto por la cultura del nacionalismo como por los intereses de las superpotencias inmersas en la carrera ideológica de la Guerra Fría. El punto estribaba en saber en nombre de qué se levantaban esos regímenes tenaces y resistentes que se negaban a desaparecer del mapa. Estas pruebas repetidas acerca de cómo los autoritarismos contemporáneos duraban y renacían a la vuelta de cada crisis, no provenían tanto de la virtud de los caudillos para sobrevivir y adecuarse a las situaciones cambiantes del sistema internacional (Franco y Salazar hicieron gala de astucia al respecto), cuanto de la frecuencia con que esas experiencias se reproducían por doquier.

Cuando el mundo entraba en las tres últimas décadas del siglo XX, el cuadro de esa expansión creciente, en donde la democracia era un régimen compartido por un pequeño número de países, arrojaba una conclusión a la que tal vez no fueran ajenos los viejos temores de Montesquieu frente a la formación del poder; porque si por un lado "la condición natural" del planeta impulsaba los mercados hacia la transnacionalización (palabra sin duda abundante en letras, que se empezó a usar en los años sesenta), por otro, la presencia también universal del autoritarismo demostraba que el principio de legitimidad democrática era algo semejante a un arte escaso y, por lo tanto, muy poco difundido.

IV

LA TRADICIÓN REPUBLICANA EN LA DEMOCRACIA CONTEMPORÁNEA

¿Era acaso la *praxis* de la democracia un arte escaso en los albores del siglo XX? Volvamos a las inquietudes de Ferrero. Para él —lo repetimos una vez más— la regla de oro del régimen democrático era la sucesión pacífica de los gobernantes. Esta manera de hacer política se destacaba en la historia como el genio que domesticaba la violencia merced a la legitimidad de un núcleo de leyes fundamentales. En lugar de la fuerza, las leyes marcan en la democracia el ritmo de la vida pública. La sucesión pacífica mediante elecciones libres, sinceras y periódicas era pues la punta visible de una decantación de instituciones, hábitos y costumbres que, al paso del tiempo, transmutaban la hostilidad en un mínimo de concordia y amistad cívica.

Antes de que la humanidad se internara en el período de las guerras totales del siglo XX, la democracia era una forma de gobierno que se combinaba con la monarquía y ampliaba las bases electivas de la república. Todavía no se utilizaba mucho la palabra democracia al modo de un sustantivo que, sin otro aditamento, definía las características de un régimen político. Más bien, la democracia era un adjetivo que acompañaba con su tradición venerable a la buena noticia del sufragio universal masculino. Esta legislación, que se esparcía rápidamente por el mundo (llegó a nuestras orillas en 1912) adosada al voto voluntario o al sufragio obligatorio, era la receta más apropiada para asegurar el crecimiento de la ciudadanía y, por ende, para ampliar las bases del sistema representativo.

La democracia era una lente que abarcaba perspectivas cada vez más amplias. El foco podía ensancharse con la mira puesta en las monarquías constitucionales —como

efectivamente ocurría en el Reino Unido, en los Países
Bajos, en Bélgica y hasta en el Imperio alemán— o bien
desplazando el punto de observación hacia las repúblicas
representativas que, codo a codo con el ensayo norteamericano, emprendieron una navegación azarosa durante el
XIX en algunas pocas naciones europeas y en los países
hispanoamericanos. Las repúblicas formaron una tradición
dividida en tres partes; montaron un tríptico donde en el
centro estaba la primera gran república (por su tamaño y
pretensión) de los Estados Unidos. A los costados de aquel
experimento inédito que conquistaba extensas regiones y
atraía poblaciones del mundo entero, se ubicaba el proyecto republicano abierto en Francia en 1792, al fin consolidado después de casi un tormentoso siglo de vida en las instituciones de la Tercera República y, desde ya, el cuadro
turbulento de nuestras repúblicas hispanoamericanas (sin
contar a Suiza que, en el corazón de Europa, era un eco
discreto de los logros obtenidos en los Estados Unidos).

*Ocaso y derrumbe de la tradición republicana: el
período de entre guerras*

Con una experiencia a cuestas de más de cien años, las
tres tradiciones entraron en el siglo XX. Sin suprimir enteramente los postulados del republicanismo clásico, el
republicanismo moderno intentó traducir en instituciones
los principios del gobierno limitado, de la separación de
poderes y de la representación popular. Los traductores
fracasaron muchas veces en su empeño y el tránsito entre
estos tipos de república no excluyó sobresaltos ni conflictos. El republicanismo clásico, cuyo genio en el mundo
antiguo de Grecia, Roma y el Renacimiento pretendía con-
servarse gracias al soplo de la virtud y al sentido del deber en la *vita activa* de los ciudadanos, reapareció en las
prácticas de la república moderna por obra del papel que
le asignaron actores tan dispares como Jefferson,

Bonaparte o Simón Bolívar. Esta cruza de ideas, estilos y visiones de la guerra y de la paz dejó en la tradición republicana algunos sedimentos: igual que sus congéneres de la antigüedad, la república fue guerrera y, por ser moderna, fue educadora, científica y liberal.

Estos significados convivieron durante el XIX en algunas biografías arquetípicas. Tal vez en nuestro país hayan sido Mitre, Sarmiento y Roca los republicanos más representativos de este contrapunto entre la *virtù* guerrera y los beneficios de la paz. En todo caso, hacia 1870 las tradiciones republicanas en ambas Américas y en Europa habían entrado en un ciclo que despejaba la atmósfera belicosa de las guerras civiles e internacionales. Al período comprendido entre 1860 y 1870 sucedía en el mundo una época más pacífica y menos militante. En ese tramo, superados los efectos de la crisis económica de los años setenta, comenzaron a desarrollarse nuevos partidos políticos de ideas socialistas que introdujeron por la vía legal demandas de participación y un nuevo concepto acerca de la política de la igualdad.

Las variedades del liberalismo se conjugaron, en fórmulas aún inestables, con las variedades del socialismo. Obviamente, las abundantes vertientes del liberalismo no eran propiedad exclusiva de los regímenes republicanos. Tan importantes como aquellas eran las que se habían formado en el seno de las monarquías. Más que una construcción rígida, con aristas punzantes, el liberalismo configuró en aquella época una familia plural, de viejo linaje, rica en matices y proyectos. En esa constelación que giraba en torno a los principios centrales de libertad e igualdad ante la ley, rotaban ideas diversas que iban de Hobbes a Locke, de Adam Smith y David Hume a Jean-Baptiste Say, de Rousseau a Kant, de Montesquieu a Madison y a los artículos de *El Federalista*, de François Guizot a Tocqueville, de Jeremy Bentham a John Stuart Mill, y de los pensadores evolucionistas a Herbert Spencer. Estas variedades (hemos enumerado siete y sin duda hay más) se mezclaron con otras culturas históricas en escenarios cambiantes e impulsaron un viaje de las ideas con sabor ecuménico que dio origen a los liberalismos iberoamericanos, en la península y en América, y recaló al cabo en otros puntos del planeta. El liberalismo fue pues universal por sus apetencias y particular por las múltiples formas en que tradujo aquella vocación primigenia.

Atributos semejantes podían encontrarse entonces explorando las variedades del socialismo. Como el liberalismo, el socialismo también era plural: sus raíces estaban regadas por la vieja tradición de la cooperación libre, por el fuerte componente revolucionario de Marx y Engels, por corrientes nacionales, autogestionarias y sindicalistas y por las tendencias reformistas que, en un amplio arco, abarcaban a los "fabianos" en Inglaterra y al socialismo de inspiración kantiana representado por Eduard Bernstein en Alemania (a esta última corriente se adscribió el socialismo del joven Ortega en España y el de Juan B. Justo en nuestro país). Mucho más relevante en la cultura política de los europeos que en la de los Estados Unidos, la tradición reformista del socialismo cuestionó sin duda al liberalismo económico contenido en la defensa y aliento a la propiedad privada, pero aceptó la legitimidad del liberalismo político, en particular las instituciones del régimen representativo y parlamentario.

Esta simbiosis de los programas reformistas (habitualmente se distinguía entre el programa de largo plazo de transformaciones del régimen de la propiedad y el programa de corto plazo de modificaciones graduales en la política social, impositiva y de empleo) con el valor acordado al ejercicio de la libertad política amplió las fronteras de la democracia, pero no impidió que entrara en funcionamiento en 1914 el engranaje fatal que movilizó a los ejércitos europeos. Las agrupaciones conservadoras y liberales, los incipientes partidos católicos que actuaban fuera de Italia y los partidos socialistas, todos ellos, formaron con sus votos en los parlamentos nacionales las mayorías necesarias para votar la decisión suprema de la guerra. Cercado por esa ola voluntarista y guerrera, el socialista francés Jean Jaurès defendió en soledad convicciones pacifistas. Fue asesinado por un fanático en el momento de la declaración de la guerra.

En aquellas vísperas, las repúblicas y las monarquías constitucionales habían dado pues algunos pasos para formular lo que más tarde se llamaría democracia social. Muchos hombres de Estado e intelectuales aducían que la política no sólo debía obedecer a la acción espontánea de las fuerzas del mercado sino también al rol orientador que sobre aquella ejercía la legislación. De marco general, la ley pasó a ser también un vehículo normativo de carácter programático. Esta arquitectura de la sociedad civil (a la cual la ley brindaba sus cimientos constitucionales junto con un conjunto de palancas impulsoras del desarrollo humano) venía precedida por el notable prestigio que tuvo la idea de educación pública en las corrientes conservadoras y liberales. Sarmiento en la Argentina, Manuel Montt en Chile y José P. Varela en el Uruguay fueron heraldos, en el Cono Sur del continente americano, de las propuestas de Horace Mann en los Estados Unidos y, más tarde, de las de Jules Ferry en Francia o Bismarck en Alemania (esta última, se entiende, en clave monárquica).

Había un hilo conductor en estas teorías no siempre concordantes acerca de la educación pública: era la antigua idea del republicanismo clásico, actualizada gracias al novedoso lenguaje del positivismo, que equipaba al Estado con un instrumento administrativo para formar ciudadanos libres y disciplinados. La educación estaba orientada de este modo por dos clases de razones. El individuo rompía las ataduras de la ignorancia y, al mismo tiempo, desarrollaba sentimientos patrióticos de pertenencia hacia su comunidad de origen. Por su propia vocación, la política republicana hacia el desarrollo del conocimiento era universal; la política de la obediencia que exponía los fines y el porqué de la adhesión al Estado nacional era, en cambio, particular. Gracias a esta mezcla de orientaciones, que el historiador puede observar revisando los programas escolares de la época, el pasaje entre la guerra y la paz era un rito de purificación patriótica accesible a todos los habitantes: el ciudadano debía tener la aptitud suficiente para convertirse de inmediato en soldado. El servicio militar coronaba de esta manera una escala de deberes impuestos por el Estado donde figuraban la educación pública y, en muchos países (entre ellos el nuestro), el sufragio obligatorio.

Por caminos diferentes del que fijaba en las monarquías el criterio de lealtad a la corona, las repúblicas habían llegado a un resultado semejante: ambos sistemas políticos estaban pertrechados para defender y promover un valor trascendente a su forma de gobierno. Sobre los derechos individuales, o encima de la virtud democrática inscripta en la conciencia del ciudadano, planeaba la autoridad más alta del Estado nacional. Mucho antes de entrar en la liza diplomática, para guiar conceptualmente en la redefinición del mapa europeo a las potencias victoriosas reunidas en Versalles después de 1918, el principio de las nacionalidades estaba anclado en la conciencia de la gente. Las naciones se habían enfrentado en la guerra; las naciones habían fundido las ideologías particulares en una fragua más intensa (es ilustrativa, al respecto, la transformación de Georges Clemenceau, un viejo republicano de izquierda, en el conductor de la *union sacrée* de los franceses frente al enemigo); las naciones, en fin, habían justificado el poder del Estado para segar la vida de millones de seres humanos en los campos de batalla.

Hacia 1920, se había apagado definitivamente la esperanza de lord Acton en torno a la coexistencia armoniosa de dos o más nacionalidades en el seno de una estructura política pluralista (el Imperio Austro-húngaro y el Reino Unido ofrecían a su juicio las fórmulas históricas que más se aproximaban a ese ideal). Acton había publicado el ensayo *Nacionalidad* hacía más de medio siglo, en 1862, pero la evolución de los acontecimientos, ya entrado el siglo XX, confirmó el pro-

nóstico pesimista con que se cerraba aquel estudio: la nacionalidad era, en efecto, la fuerza "más absorbente, más sub-
versiva [y] más arbitraria" de cuantas hacían valer su presencia en la historia moderna, puesto que sacrificaba la libertad y la prosperidad "a la imperativa necesidad de que
sea la nación el molde y la medida del Estado."

Lejos de abandonar ese principio, la inventiva política levantó otras entidades nacionales sobre el suelo que dejaba a
la vista el derrumbe de los imperios centrales. En parte
porque aquel racionalismo geopolítico no lograba adecuar
enteramente los estados recién creados con la reivindicación
nacionalista de la lengua unida a la religión; en parte también porque la política de los vencedores azuzó sin misericordia el resentimiento de los vencidos (como en 1919 advirtió John Maynard Keynes en su profético *Las consecuencias
económicas de la paz*), lo cierto fue que por ese mosaico se
filtró a la postre más inestabilidad e incertidumbre. A ello se
sumó una cuestión no menos significativa: muchos de esos
nuevos estados del norte, del sur y del este europeo adoptaban para su gobierno la forma republicana y democrática.

Éste fue el preámbulo para que durante el período de
entre guerras el régimen republicano representara un
papel tan ambicioso como trágico. La república dejó de ser
una excepción compartida por Francia y Suiza, y se difundió generosamente por la geografía política. Se organiza-
ron repúblicas (o se pretendió hacerlo) en Rusia, en Alemania, en Austria, en Checoslovaquia, en Polonia, en Portugal, en Irlanda y, por fin, en España. El propósito no
duró mucho tiempo. En los años cuarenta, salvo en Irlanda, ninguna república quedaba en pie: habían sucumbido
por descomposición interna o por invasiones externas. La
llamada crisis de la República de Weimar en Alemania es
el ejemplo que más destaca la bibliografía académica en
esta galería de fracasos. Luego de su colapso en 1933 (la
constitución que se juró en la ciudad de Goethe era de
1919) se presentó a ese régimen como un vástago exangüe
de la derrota, condenado por tradiciones domésticas y

efectos económicos de carácter exógeno a caer presa del nacionalsocialismo.

Desde luego, esta suerte de inevitabilidad que los estudiosos decretan *a posteriori*, una vez conocido el ascenso irresistible de Hitler al poder, poca correspondencia guarda con los detalles y matices de aquella breve historia de catorce años. Los regímenes perecen debido a accidentes fortuitos que se impostan sobre tendencias más generales. ¿Qué hubiese sido de la República de Weimar de no mediar la gran crisis económica de 1929-1930? ¿Qué destino habría tenido la República española si una alianza de partidos centristas hubiese sido capaz de controlar electoralmente a los extremos? Preguntas sin respuesta que recalan en la historia conjetural, en la historia que pudo haber sido y sin embargo no fue. La historia que "realmente ocurrió", según la expresión de Ranke, recogió en cambio una trama de conflictos y guerras intestinas que infligió a la legitimidad republicana y democrática un durísimo golpe, para la mayoría de los testigos una herida mortal. El fracaso del experimento republicano en el siglo XX era doble: fracasaban los hombres de Estado y fracasaban las ideas.

A partir de 1917, los políticos republicanos formaron también una larga fila de víctimas. Fueron víctimas de su propió desconcierto para optar entre cursos de acción inscriptos en una situación límite, y víctimas sobre todo de un contexto que no pudieron controlar. La furia combinada de la guerra, de la revolución y de la contrarrevolución arrojó a estos personajes a un desván de cosas inútiles para la "verdadera" historia entonces en pleno apogeo y los convirtió en figuras caricaturescas, oprobio para quienes enarbolaban consignas redentoras a derecha e izquierda. Hoy, Aleksandr Kerenski, Mathias Erzberger o Walter Rathenau, y Manuel Azaña, por citar sólo cuatro blancos típicos de esa conjunción de invectivas en Rusia, Alemania y España, son actores a los cuales la historiografía rinde su debido juicio. En las años que corrieron entre 1917 y 1940 esos hombres fueron, en cambio, pasto de las pasiones inclementes: su destino fue el exilio, el asesinato y el repudio.

En febrero de 1917, cuando la guerra desarticuló el orden de la autocracia zarista en Rusia y, al paso de la abdicación de Nicolás II, se formaron en las ciudades comités espontáneos de soldados y obreros (*soviets*), ascendió durante un breve lapso la estrella de Kerenski. Tenía entonces treinta y seis años; era un orador fogoso, diputado en la Duma desde 1912 y miembro del partido socialista revolucionario. Fue designado vicepresidente del Soviet de Petrogrado y ministro de Justicia en el gobierno provisional formado por la Duma que estableció las libertades de expresión y religiosa, el sufragio universal y la igualdad de derechos de las mujeres. Noventa días más tarde, en el mes de mayo, Kerenski ocupó la cartera de Guerra y Marina y prosiguió una guerra que prácticamente nadie quería. Cometió errores, organizó una ofensiva imposible y fracasó. Llegó, no obstante, a desempeñar el cargo de primer ministro en un verano asfixiante, tomó el lugar del comandante en jefe del ejército frente a los intentos de golpes militares y despertó en la izquierda inquina y desconfianza (muchos creían que pretendía asumir poderes dictatoriales); pero cumplió con un viejo anhelo: convocar a una asamblea constituyente que debería ser elegida por sufragio universal para organizar la república y legislar sobre la cuestión agraria.

Las elecciones tuvieron lugar en noviembre de 1917. En ese momento el gobierno de Kerenski había caído y la Revolución de Octubre conducida por Lenin y Trotsky tomaba el control de las ciudades principales. Pese a todo, los comicios se realizaron mientras Kerenski permanecía en Rusia viviendo en la clandestinidad. Votaron 36 millones de electores, de los cuales sólo nueve millones y medio apoyaron al partido bolchevique. El resto se repartió entre los 21 millones del partido socialista revolucionario y los cuatro millones y medio de los partidos liberales y conservadores. La mayoría de representantes (417 bancas sobre 690) pertenecía pues a las corrientes políticas afines al gobierno provisional que había sido derrocado.

Esos fueron días decisivos porque en su transcurso se cruzaron todas las fuerzas: la inocencia republicana, la utopía revolucionaria y el más crudo realismo para conquistar el poder. Kerenski representó el papel de la inocencia. Según relata en las memorias de vejez, escritas en St. Antony's College en Oxford a los ochenta y tres años (*Russia and History's Turning Point*, 1965), la esperanza que guiaba sus pasos era tan curiosa como desproporcionada. Confiaba en que la Asamblea Constituyente, una vez reunida, escuchara un discurso suyo pronunciado ante los representantes del pueblo, asociado por obra de su imaginación con un plan secreto que le restituyera el poder perdido. No fue atendido por sus propios amigos, temerosos de los efectos de esa estrategia para ellos descabellada, ni por el partido bolchevique, que con rapidez fulminante trocó la legitimidad legalista de la soberanía popular por la legitimidad revolucionaria impuesta por fusiles y ametralladoras. En enero de 1918 el palacio Tauride, donde debía deliberar la Asamblea en Petrogrado, fue sitiado por escuadrones bolcheviques que atrancaron sus puertas y dispersaron a tiros a la multitud reunida en las inmediaciones.

Poco después Kerenski partió hacia un largo exilio que concluyó con su muerte en Nueva York en 1970. En las memorias citadas, donde de tanto en tanto se filtran referencias a la condición trágica de la vida que evocaba Dostoievski, Kerenski comprobó el extraordinario auxilio de las creencias en aquella operación represiva (la policía secreta, la célebre *Cheka*, comenzaba a organizarse y días después nacería el no menos célebre Ejército Rojo) con esta melancólica reflexión: "Otro factor importante favorable a Lenin consistía en la creencia mística de muchos socialistas y demócratas, aparte los idealistas cristianos y kantianos, en una nueva era que iba a brotar del caos de las 'guerras imperialistas' dando vida nueva a un nuevo tipo humano. Mucha gente consideraba a

Lenin como la comadrona de dicho renacimiento espiritual."

Desde ya que la melancolía y la indiferencia no guiaron los pasos de la propaganda oficial. En el filme *Octubre* dirigido por Serguei Eisenstein, que rindió homenaje a la revolución cuando cumplió sus primeros diez años en 1928 con el recaudo de censurar las imágenes de Trotsky en las escenas en que figuraba junto a Lenin, Kerenski era un ser bilioso y cobarde, una especie de Casio según el *Julio César* de Shakespeare, a quien le fallaban todas las conspiraciones, temblando entre almohadones en el Palacio de Invierno mientras el proletariado entraba en la historia (desde luego esas escenas de masas provenían de noticieros captados en febrero, cuando el pueblo estuvo presente en las ciudades, y no en octubre). El arte del desprecio rozó en la propaganda stalinista cumbres memorables, pero no fue un ejercicio exclusivo de aquel taciturno jefe de partido, ya en posesión de los resortes del poder total en 1928. Kerenski fue igualmente odiado por la extrema derecha; se lo presentó como un "idiota útil", un bobalicón permisivo, antecedente inevitable de la revolución y, por lo tanto, partero del mal. Los ecos de estos denuestos recalaron en Chile en la década del setenta por el solo hecho de que un presidente demócrata cristiano transfiriera el gobierno al candidato socialista victorioso, Salvador Allende: para esta clase de juicios, Eduardo Frei Montalva era "el Kerenski chileno".

De cara al fracaso, el exilio corría parejo con el asesinato. En los mismos años, entre 1918 y 1922, hubo en la Alemania republicana de Weimar 22 crímenes atribuidos a la izquierda y 354 a la extrema derecha. Si bien el aparato judicial no pudo vanagloriarse de su sentido de la justicia, pues condenó a los criminales de izquierda y fue extremadamente condescendiente con los de derecha (entre ellos Adolf Hitler), la ola de violencia cayó tanto sobre los líderes de la revolución "espartaquista" (Karl Liebknech, Rosa Luxemburg, Hugo Haase y Kurt Eisner fueron eliminados en 1919) como sobre los republicanos moderados. En 1921, el dirigente católico del *Centrumpartei*, Mathias Erzberger, fue asesinado por un miembro de una organización nacionalista. Para esta mentalidad criminal, las faltas que había cometido ese político no tenían atenuante: Erzberger firmó como vicecanciller el armisticio que concluyó con la guerra y desde posiciones progresistas (era el líder del ala izquierda de ese partido confesional) apoyó y condujo la incorporación de los católicos al régimen republicano. Además tuvo que soportar —igual que el primer presidente de la república, Friedrich Ebert— un proceso judicial. Si el político católico fue acusado de prácticas corruptas, el dirigente socialista tuvo que sufrir la condena de haber cometido alta traición durante la guerra.

En este clima de odio la trayectoria de Walter Rathenau, asesinado en 1922, sirvió de pantalla para proyectar las frustraciones y delirios de los purificadores. Rathenau era un compendio de todos los males: un burgués rico e ilustrado, hijo del fundador de la gran empresa de energía alemana AEG. Encargado durante la guerra de la administración de las materias primas estratégicas, había intervenido en la fundación del partido democrático alemán (el partido de Friedrich Naumann y Max Weber) donde abogó por una política de apertura hacia los socialdemócratas. También escribía; en un libro de 1918 recomendó una suerte de autogobierno industrial que asegurase la participación obrera en las empresas como vía intermedia entre el sistema de propiedad privada y la nacionalización total por parte del Estado. Con estos auspicios, Rathenau presentaba a la vista e impaciencia del fanatismo dos pecados capitales: era judío y pacifista (meses antes del crimen, como ministro de Relaciones Exteriores había negociado con la Unión Soviética el tratado de Rapallo). Cuesta trabajo encontrar un blanco comparable para la locura ideológica y racista de aquel tiempo. Todas las explicaciones más revulsivas de la política y la historia se concentraron en aquel personaje: liberal, burgués, judío, pacifista y socialdemócrata. Estos estereotipos y las atrocidades que inspiraban anticiparon el genocidio en masa del nacionalsocialismo y plantearon ante el teórico de la política unos interrogantes de parejo dramatismo.

En lo que se llamó el invierno revolucionario de 1918-1919, Max Weber pronunció en Munich una conferencia sobre *La política como vocación*. Cuando cundía aquella simplificación de las opciones, Weber introdujo en el debate la idea de que el político debía comportarse según los dictados de una "ética de la responsabilidad" y no según los valores absolutos de una "ética de la convicción". Weber englobaba en esta última categoría los milenarismos revolucionarios que entonces estallaban en Petrogrado o en Berlín: acciones súbitas, raptos de inocencia pura, que no tomaban en cuenta el significado que adquiere en la política el uso de su medio específico, es decir la violencia. Sólo una ética de la responsabilidad, atenta a los efectos de esas acciones, podía librar a la política de los demonios que la acosaban. Pero, ¿qué valor práctico (aparte de los teóricos) podían tener esas advertencias cuando el *Beruf* del político, su propia vocación, se expresaba en un mundo sin instituciones legítimas, con una república a medio hacer, apoyada en un cuerpo de funcionarios —jueces, burócratas y militares— que se aferraban con nostalgia al antiguo régimen? Entre esas viejas lealtades y el rigor de los absolutistas de la política, no resonaba más en la voz de Max Weber el entusiasmo del nacionalista que, un lustro atrás, se extasiaba con una "guerra grande y maravillosa": ahora los estudiantes escuchaban la argumentación de un moderado en tiempos propicios para los extremistas, que aceptaba el proyecto de constitución republicana escrito por su colega Hugo Preuss y no descartaba la posibilidad de que "todo [podía] terminar en la basura" (como de hecho ocurrió).

En esos años la palabra basura estaba de moda. Trotsky se complacía en hablar del basurero de la historia y había otros intelectuales, ubicados en las antípodas del organizador del Ejército Rojo, que veían en ese republica-

nismo democrático y liberal el producto de la revolución
de la estupidez y de la revolución de la vulgaridad
(Spengler *dixit*). La fuerza de este tipo de pensamiento,
que gozó de buena difusión en nuestro país, provenía del
prestigio de filosofías guiadas por palabras como la existencia, el ser, la nada, la decisión, el mundo al cual dicho
ser era arrojado. Como bien han mostrado en nuestro medio académico Osvaldo Guariglia y Mario Presas, Martin
Heidegger navegó por esa corriente cuando adhirió, en un
rapto de fervor, al nuevo orden del nacionalsocialismo. En
la conferencia del 27 de mayo de 1933 con que inauguró su
rectorado en la Universidad de Friburgo, Heidegger declaró que un conductor capaz de ejercer la jefatura del
Estado podía revelar el ser del pueblo alemán e hizo par-
tícipe a la juventud universitaria de una trascendente
batalla: "Todos los poderes de la voluntad y el pensamiento, todas las fuerzas del corazón y las capacidades del
cuerpo, deberán desarrollarse mediante la lucha, elevarse
en la lucha y preservarse como lucha".

El mensaje de Heidegger anunciaba una civilización
heroica muy distinta de la que avalaba con distanciamiento crítico y un dejo de escepticismo otro prominente grupo
de intelectuales. Esos novelistas e historiadores, entre los
cuales sobresalían Thomas Mann con sus *Confesiones de
un apolítico* (1918) y Friedrich Meinecke con *La idea de la
razón de Estado en la Edad Moderna* (1924), representaron en aquella república sin convicciones lo que Peter Gay
llamó los *Vernunftrepublikaner*: republicanos fríos, con
escaso entusiasmo, distantes del fragor de las querellas,
que ocupaban un espacio crítico cada vez más pequeño.
Para Thomas Mann (temperamento que modificó años
más tarde), la política no tenía mayor sentido y por ende
la república era una forma contingente y perecedera; según Meinecke, en una pista cercana a la de Max Weber, el
poder era un fenómeno trágico condensado en la razón de
Estado, *ultima ratio* que permitía a ese organismo conser-
varse sano y robusto.

Acaso sean suficientes estas referencias para advertir que la legitimidad republicana no sólo estaba jaqueada por la violencia y las ideas, sino también por el silencio. Ferrero bautizó ese relato, donde se destaca el estilo de unos pocos republicanos sobre el fondo de la generalizada repulsa, activa o pasiva, de una cultura más vasta, con el nombre de "prelegitimidad": una circunstancia en la cual la sociedad se negaba todavía a aceptar las instituciones republicanas y la fórmula democrática que las justificaba. Junto con la República de Weimar, el breve itinerario de la República española ilustró según Ferrero el destino de esas legitimidades "en pañales". Fueron dos desgarros sucesivos. Cuando sucumbía la República de Weimar, la República española daba sus primeros pasos luego de la caída de la monarquía en 1931. La experiencia duró apenas un lustro y se selló, como hemos visto, con el levantamiento militar de julio de 1936 que abrió curso a una guerra civil de tres años.

En un clima diferente del que predominaba en Alemania en 1919, la corriente de las ideas favoreció en España a la república. Una generación de intelectuales (para usar un término entonces *à la page*) teñida de regeneracionismo y embebida de espíritu europeo, en la filosofía y en la ciencia, reclamaba por la voz de Miguel de Unamuno "una conciencia democrática auténticamente liberal". La república nació al calor de esos sentimientos, pero estuvo rodeada por una constelación de oposiciones que, al cabo, pudieron con ella. Las oposiciones estaban dentro y fuera de la coalición que debía prestar sustento a esa prelegitimidad. Hacia adentro estalló un violento proceso revolucionario que se insinuó en 1931 y alcanzó su apogeo en 1936; desde afuera, un conjunto heterogéneo de fuerzas convergió en el levantamiento sedicioso de 1936 en nombre de la contrarrevolución. Dos épicas de la fuerza: en el punto de partida de la república estaba la esperanza de encaminar a España por la senda de la deliberación y el consenso, y en el punto de llegada todos los actores padecieron el horror de la guerra. Éste fue el teatro donde se consumó la tragedia de los republicanos, entre ellos la de Manuel Azaña.

La trayectoria pública de Azaña es un compendio de las tribulaciones de los intelectuales metidos a políticos en la intemperie institucional. Confluyeron en Azaña varias vertientes liberales: fue un intérprete radical de las libertades modernas y un gobernante arropado por el republicanismo clásico con sus invocaciones jacobinas al civismo, a la moral pública y a la religión civil de la Ilustración. Ocupó durante ocho años los cargos más importantes: ministerios, el escaño de constituyente, la jefatura de gobierno y la presidencia de la república. Tengo delante de mí, en la mesa de trabajo, una vieja foto de Azaña, cuando presidía el Consejo de Ministros, a punto de pronunciar una conferencia en Madrid, en el teatro Pardiñas; su cara redonda y ligeramente mofletuda, sus ojos que miraban hacia abajo tras un par de lentes como dos pequeñas circunferencias, la mano vertical apoyada sobre el pupitre, papeles, copa y botellón de agua, amigos políticos en el escenario, traje oscuro y camisa blanca: un puro atuendo civil para ocupar la tribuna en los años en que la política se vestía de uniforme.

Acaso esta foto revele algún aspecto de su tragedia. Azaña fue un entrañable hombre civil que vivió a destiempo (cabe subrayar aquí el paradójico significado de la palabra civil en el vocabulario político: puede calificar la paz de la democracia que quería Azaña o la guerra en que se empeñaron sus contrarios). Con una mezcla de candor e intolerancia, de arrogante percepción de la fragilidad humana y amor posesivo a las cosas de su patria, Azaña pretendió colocarse en medio de los extremos ideológicos y ser un hombre de centro cuando aquel lugar, para él civilizado, no era más que el ojo del huracán. Desde la intimidad de una vida de escritor y publicista vuelta sobre la política, igual que aquellos que recalaron en nuestras orillas o nos visitaron —Ortega, Sánchez Albornoz, Ossorio y

Gallardo, Jiménez de Asúa, Madariaga—, Azaña enfrentó a esa conjunción de fuerzas opuestas y fracasó. Los movimientos de Azaña no fueron un dechado de estrategia ni tampoco se halla a menudo en ellos la virtud del táctico que se desplaza con agilidad en la turbulencia. Era lento de acciones y rápido de palabra justo en el momento en que la velocidad de las acciones dejaba las palabras a medio camino. Seguro de ese final irremediable, Azaña escribió en sus notas de 1937: "Cuando el azar, el destino o lo que fuere, me llevó a la política activa, he procurado razonar y convencer. Ningún político español de estos tiempos ha razonado y demostrado tanto como yo, parezcan bien mis tesis o parezcan mal. Querer dirigir el país, en la parte que me tocase, con estos dos instrumentos: razones y votos. Se me han opuesto insultos y fusiles. En paz sea dicho".

La tristeza piadosa que envuelve este memorial admirablemente escrito (son sus *Memorias políticas y de guerra*, publicadas en dos volúmenes en 1978) contrasta con el estilo de quienes lo encasillaron en estereotipos. Azaña fue condenado por ser burgués, utópico e idealista o por ser rojo, masón y liberal, y si lo respetaron algunos sectores de su propio bando era porque lo consideraban parte de una operación mayor (para el partido comunista, de creciente importancia en el territorio republicano a partir de 1937, él era un resorte burgués de la estrategia antifascista). Distante y replegado tras la ironía, de la cual muy pocos quedaban eximidos, Azaña tuvo que sufrir ese destino. Por lo menos, en sus discursos se negó a aceptarlo. Como dijo en el Ayuntamiento de Barcelona, el 18 de julio de 1938: "Al cabo de dos años, en que todos mis pensamientos políticos, como los vuestros; en que todos mis sentimientos de republicano, como los vuestros y en que mis ilusiones de patriota, también como las vuestras, se han visto pisoteados y destrozados por una obra atroz, no voy a convertirme en lo que nunca he sido: en un banderizo obtuso, fanático y cerril". Meses después, a principios de 1939, en medio del derrumbe final de Cataluña, por las carreteras atiborradas de proscritos y refugiados, Azaña marchó hacia el destierro en Francia donde falleció al año siguiente.

La muerte lo sorprendió cuando se desplomaba la cultura política que él más admiraba. Desde sus años mozos hasta el período en que abrazó el republicanismo, la acción política de Azaña se inspiró en las líneas maestras del régimen francés de la Tercera República. Para quienes admiraban el decurso de esa historia iniciada en 1789, Francia representaba al fin el modelo de una república estabilizada, afincadas sus instituciones sobre un conflictivo proceso de secularización que primero había tocado al Estado y luego se derramaba sobre la sociedad civil. Este doble registro era novedoso ya que ratificaba en los hechos una idea de la laicidad de carácter político y cultural.

Hacia los años treinta, la Tercera República había franqueado con éxito desafíos de fuste. Un intelectual de tradición laicista podía darse pues por satisfecho. De hecho, no había república en el mundo que hubiese concedido a los "intelectuales" un lugar más destacado. La palabra misma, que aún en nuestros días no merece el honor de figurar en la *Encyclopædia Britannica*, tenía un sabor eminentemente francés. La había inventado Clemenceau a fines del XIX como una suerte de divisa (*les intellectuels*) bajo la cual se alineaban los hombres de letras capitaneados por Émile Zola, que firmaron un manifiesto en defensa de Dreyfus, el oficial del ejército francés injustamente condenado por traidor a la prisión de la Isla del Diablo. Esta tradición atravesó un período en donde abundaron escándalos de corrupción y hasta celebró un efímero triunfo durante unos meses, grávidos de movilizaciones obreras y conflictos sociales, cuando en 1936 una coalición de centroizquierda —el Frente Popular liderado por el socialista Léon Blum— ganó las elecciones y la mayoría parlamentaria.

El gobierno del Frente Popular no apoyó a la República

española como se esperaba en la península. Cayó antes de que Francia entrara en la guerra y, por cierto, algunos de sus dirigentes votaron en el Parlamento (una Asamblea Nacional incompleta) la ley que depositó la responsabilidad de conducir los destinos del país en manos de Philippe Pétain. Éste fue el origen cuasi legal del Estado católico autoritario de Vichy, que representó en Francia un papel análogo al del régimen de Franco en España. En el plano de la historia de las ideas, los intelectuales de corte liberal, laico y socialista se toparon con otra tradición que, pese a los largos años de legitimidad republicana, se negaba a desaparecer. Más bien, esas corrientes apoyadas en el brutal reordenamiento europeo que imponía el nazismo, buscaban un espacio propio desde el cual transmitir su visión del mundo. En 1938, Élie Halévy había publicado un ensayo clarividente en el cual anunciaba el advenimiento de una nueva época: "La era de las tiranías". Lo que costaba admitir era que esos regímenes ya establecidos o en vías de hacerlo, montados sobre una explícita negación de la libertad, tenían también sus propios legitimadores: Maurras siempre había dicho que *L'Action Française* era el "partido de la inteligencia". Julien Benda apostrofó a todo este conjunto de ideólogos de extrema derecha arrebatados por la pasión política, con el título de traidores a la razón. Acaso olvidaba Benda en esos años, como lo reconoció dos décadas más tarde, que el mundo europeo (y por reflejo una parte de nuestra cultura) había cercado a la vieja razón liberal con dos pasiones igualmente hirientes: la pasión del orden y la pasión revolucionaria. Ambas disparaban sus dardos, según apuntó Furet, contra la civilización democrática y burguesa. Los demócratas eran sombras del pasado, los burgueses debían ser eliminados.

La reconstrucción de las democracias

Esa doble sentencia que se aplicaba sin atenuantes a la democracia liberal gozó de popularidad hasta el fin de la Segunda Guerra Mundial y se prolongó durante los años posteriores. Europa continental fue el escenario de esta judiciaria impugnación instruida respectivamente por el particularismo nacionalista y el universalismo comunista. El "demoliberalismo", catalogado así por la versión de la historia autoritaria y fascista, y el orden "burgués capitalista", según la óptica de los partidos comunistas de la Tercera Internacional, habían sellado su destino y eran cosa del pasado. Banderas rojas y banderas negras: tal parecía ser el condominio del mundo venidero.

Estas imágenes derivadas de regímenes guerreros introdujeron en aquella historia contemporánea la atrayente noción de crisis. La palabra crisis asomaba en todas partes, con la ventaja indudable para ella de que sobre el terremoto de la Primera Guerra Mundial se esparció diez años después por el planeta un hondo descalabro económico. Crisis sobre crisis: la cuestión del porvenir de la democracia y del tipo de sociedad en la cual aquella se asentaba atravesó el peor momento. Liquidó la vigencia de esa forma política en Europa con escasas excepciones (Gran Bretaña fue sin duda la más importante) y puso en jaque la tradición republicana que se venía formando en América del Norte. A partir de 1929, los Estados Unidos sufrieron, según muchos observadores, un reto semejante al de las repúblicas europeas. Estas predicciones no eran del todo erróneas si adoptaban como unidad de análisis el corto período de ese tremendo sacudón económico que arrojó a las calles y rutas un espectral séquito de millones de desocupados. No obstante ello, los hechos posteriores demostrarían lo contrario. La república norteamericana resistió el embate durante lo que dio en llamarse, con fundadas razones, la era de Franklin Delano Roosevelt. Las peripecias de esos años, entre 1932 y 1945, hicieron de paradigma para explicar cómo la legitimidad acumulada en el curso de casi un siglo y medio de vida republicana (la sucesión regular de presidentes había comenzado en 1789) podía resistir el efecto combinado de la crisis económica y la crisis ideológica.

La acción de Roosevelt se proyectó de este modo sobre el siglo XX como una opción posible frente a lo irremediable. A la parálisis de los republicanos europeos, Roosevelt respondió con un estilo político que arraigaba en la herencia conservadora de aquel viejo pacto republicano y, al mismo tiempo, abrazaba con audacia un nuevo concepto de la democracia. Roosevelt no fue un teórico de la política ni tampoco un puro oportunista. Transitó una vía media que le permitió adoptar medidas intervencionistas en el campo económico (poco exitosas en los primeros años) y transmitir un mensaje de confianza en la legitimidad que decía representar. Basta contemplar la abundantísima iconografía de aquel hombre —fotografías, noticieros cinematográficos, grabaciones de sus charlas radiales— para percatarse del abismo que separaba el retrato de esos republicanos europeos, saturados de tragedia, con la expresión optimista, entre bonachona e inocente, de Roosevelt.

El gesto, repetido con astucia electoral, de un fumador con su boquilla en alto tanto como sus brazos, la debilidad disimulada de un cuerpo inmovilizado por la parálisis; las críticas contra su espíritu aventurero, sus arrestos de improvisador genial o la traición a la clase social en que había nacido, y hasta el terco derrumbe final de un hombre cercado por toda clase de enfermedades, crearon en torno a Roosevelt una imaginería que no describe del todo el pasaje entre dos épocas que le tocó recorrer. Los cambios en la política doméstica fueron tan importantes como los que impactaron la política exterior. Roosevelt quebró antes de entrar en guerra la regla del reeleccionismo norteamericano impuesta por Washington, cuando el padre fundador de aquella república se retiró a su casa y declinó bregar por un tercer mandato (conducta que la Constitución no impedía y que, con seguridad, le habría permitido conservar el cargo de presidente). Elegido en 1932 y reelegido en 1936, Roosevelt conservó en sus manos las riendas del poder presidencial en los comicios de 1940 y todavía se dio el lujo de conquistar una tercera reelección en 1944. La coalición del Partido Demócrata, que gobernaba una sociedad escindida por la depresión económica y sacudida por la violencia criminal, estaba integrada por las fuerzas progresistas animadoras del programa del *New Deal* y por un damero de agrupaciones racistas pertenecientes a los estados del sur, tan atentas a retener su hegemonía electoral como a imponer una legislación de *apartheid* a los descendientes de los antiguos esclavos.

La época de Roosevelt debutó así con un país vuelto sobre sí mismo, y concluyó cuando los Estados Unidos asumieron de lleno la condición de república imperial, según la llamó Raymond Aron. Esta definición, en cierta medida anacrónica, tuvo de entrada el acento militar que otorga plena significación al concepto de imperio. Sin desconocer la participación norteamericana en la Primera Guerra Mundial, lo cierto fue que, recién en la segunda, los Estados Unidos abandonaron las prevenciones aislacionistas de uno de los grandes mentores de Roosevelt, Thomas Jefferson, y se embarcaron en un rol de carácter planetario (aquellas prevenciones, sin duda vigorosas, vetaron las políticas internacionalistas del presidente Wilson a partir de 1918). Entre diciembre de 1941 y el momento de la rendición del Japón en 1945, quedó a descubierto el error de perspectiva de las ideologías de inspiración totalitaria: la república, que para esa representación del mundo descansaba sobre organismos anémicos y decadentes, había generado un poder de fuego con una capacidad de destrucción inimaginable. Los bombardeos masivos en las ciudades alemanas, el hongo atómico sobre Hiroshima y Nagasaki, todo ese inmenso despliegue que, por lo demás, abastecía a la Unión Soviética y reforzaba el esfuerzo bélico de Gran Bretaña, sepultó al nacionalsocialismo, al fascismo y al militarismo nipón. La palabra sepultura es, sin duda, más descriptiva que metafórica si el lector recuerda el suicidio de Hitler en un subsuelo fortificado bajo las ruinas de Berlín, la patética estampida del ejército italiano o la voz del emperador Hirohito que el pueblo japonés escuchaba por primera vez y se propalaba por radio anunciando la rendición en una sociedad devastada.

Los efectos de la guerra y de la política de Roosevelt en la sociedad norteamericana redujeron para muchos observadores el margen de las libertades económicas pero, paradójicamente, ensancharon el consenso de la sociedad entera hacia la libertad política y la legitimidad republicana. Los años de la guerra acogieron en los Estados Unidos un liderazgo análogo al que Winston Churchill representó en Gran Bretaña: una *auctoritas* excepcional que, en lugar de fracturar, renovaba las instituciones democráticas establecidas (luego los sociólogos de aquellos países hablarían de autoridad carismática, especulando con que tal vez eran esos los fenómenos a que Weber aludía con su tan trillado concepto). En todo caso, fueron aquellas unas circunstancias en que la oratoria exaltaba al modo de Tucídides las grandes decisiones del destino humano —Churchill tuvo al respecto una maestría incomparable— y proponía, por la voz de Roosevelt, la liberación de los pueblos del hambre, de la enfermedad, de la ignorancia y, sobre todo, de la guerra.

Cada una de las guerras mundiales sirvió pues de prólogo para establecer un orden internacional que garantizara la paz. Si entre 1918 y 1939 las intenciones pacifistas que instalaron la Sociedad de las Naciones en Ginebra fueron barridas sin piedad por la catástrofe, los sucesos posteriores a 1945 demostrarían que el mundo no estaba dispuesto a repetir la insensatez de aquellos años. Destruidos los soportes del nazismo y del fascismo, el condominio totalitario no volvió a repetirse, pero la extraordinaria expansión del fenómeno comunista, unida a su decidida vocación universal, transformó el tablero mundial en un escenario bipolar. Durante casi medio siglo, el juego de la Guerra Fría puso de manifiesto un acuerdo tácito entre los Estados Unidos y la Unión Soviética gracias al cual un umbral imposible de franquear contenía las relaciones belicosas: el umbral de la confrontación con armas nucleares. Cuando comenzó en Japón, ese relato del horror provocó otra terrible perplejidad: "¿Piensa usted —preguntaba Churchill a George Bernard Shaw en una carta escrita en 1946— que la bomba atómica significa que el arquitecto del universo se ha cansado de escribir su guión ininterrumpido?"

La combinación de perspectivas teóricas para explicar esas interacciones, tan diferentes de las que habían predominado entre 1914 y 1945, remitía a viejas concepciones acerca de los límites de la decisión humana. Pese al arreglo aristocrático que otorgaba poder de veto a un pequeño grupo de miembros permanentes en el Consejo de Seguridad de las Naciones Unidas, el mundo de Hobbes permanecía vigente como antaño. No había en él leyes ni autoridad común para dirimir conflictos entre las superpotencias: sólo cautela, recelo mutuo, hostilidad ideológica y el miedo recíproco anclado en instintos de conservación, pues una vez desatada la guerra nuclear los actores no podrían ejercer control sobre los efectos de sus decisiones. Este benéfico retorno a la prudencia de la Ilustración escocesa, cuya línea argumental aducía que la inteligencia del gobierno libre reposaba en aceptar la incapacidad del sujeto para prever *todas* las consecuencias de sus acciones, representó un gesto de humildad envuelto por el designio de construir sociedades a la medida de planes, proyectos y programas.

No era nueva la idea de ajustar las conductas individuales y diseñar el perfil de una sociedad de acuerdo con un plan fijado de antemano. Ya advertimos cómo, desde comienzos del siglo XX, venía avanzando el propósito de introducir en el progreso espontáneo de las sociedades la cuña del poder del Estado para suplir deficiencias y corregir desigualdades. La guerra, los totalitarismos y la crisis de 1929-1930 aceleraron ese proceso. El emblema más significativo de esta empresa colectiva lo levantó la Unión Soviética merced a un modelo de planificación imperativa de la economía. Como se dijo años más tarde, los buenos gobernantes debían inspirarse en el concepto de que una racionalidad capaz de planificar podía (y debía) vencer el azar de lo accidental e imprevisible. A primera vista exitosa para provocar una rápida industrialización en manos del Estado soviético, la planificación de todos los recursos físicos, humanos y productivos anunciaba una era prometeica: este método no sólo reforzaba las convicciones de los creyentes en el porvenir socialista, sino también servía de acicate para probar nuevas técnicas reformistas en las sociedades liberales.

En 1935, en *The State in Theory and in Practice*, Harold Laski aconsejaba impulsar grandes reformas económicas por medio de los poderes públicos. En el mismo año comenzó a publicarse *The General Theory of Employment, Interest and Money* de John Maynard Keynes, cuyo influjo para guiar las políticas de crecimiento y absorber la mano de obra desocupada fue comparado con el que en su tiempo ejercieron las obras de Adam Smith y Thomas Malthus. Aun autores de tradición liberal, como el joven Bertrand de Jouvenel, daban a conocer entre 1928 y 1933 ideas favorables a la *économie dirigée* (nacional y mundial) y elogiaban el coraje de Roosevelt para movilizar recursos públicos y sortear así la "crisis del capitalismo americano". Había pues una crisis que debía resolverse: acaso uno de los pensadores sociales que mejor interpretó estas corrientes de opinión una década más tarde fue el húngaro exiliado en Gran Bretaña Karl Mannheim cuando, en su obra póstuma *Freedom, Power and Democratic Planning* (1950), procuró reconciliar en un esquema satisfactorio la libertad con la planificación.

Las ideas habían germinado en las tres primeras décadas del siglo, pero hubo que aguardar hasta la victoria aliada en la Segunda Guerra Mundial y el comienzo de la Guerra Fría para entrar de lleno en un franco período de reconstrucción. El centro de este experimento abarcó de nuevo los dos márgenes del Atlántico norte. Los Estados Unidos y la parte de Europa que había quedado fuera de la órbita soviética formaron una alianza militar apoyada en un plan de ayuda económica tan generoso como estratégico. Éste fue el contexto histórico —de confrontación hacia fuera e integración política hacia dentro— que dio lugar al desarrollo de una legitimidad democrática basada en la convergencia de cuatro políticas: soberanía popular y régimen representativo, libertades públicas, crecimiento económico y pleno empleo, e igualdad social. Estas políticas marcaron el tono de una época que se caracterizó por el estilo de compromiso entre diversas tradiciones.

Se suele dar por sabido que este convite para poner en obra los valores de la igualdad junto a las instituciones clásicas de la libertad fue formulado en 1942 por lord Beveridge en un informe sobre seguridad social dirigido al Parlamento británico. En plena guerra, el Reino Unido estaba gobernado por un gabinete de coalición presidido por Churchill e integrado por el laborista Clement Attlee. Cuando cesaron las batallas en Europa, Churchill no imaginó que sería derrotado en las elecciones de julio de 1945. Con esa victoria, el Partido Laborista impuso un programa de gobierno en el cual se destacaba el control de la economía mediante la nacionalización de sectores estratégicos, la fuerte presencia en los niveles de decisión de los sindicatos a través de un partido que los reconocía como parte integrante de su organización y el montaje del *welfare state*. Las dudas frente a tamaño objetivo reformista se divulgaban por doquier y despertaban serios resquemores en los partidos tradicionales, entre ellos los del mismo Churchill. ¿Era posible, al ritmo de esa ambiciosa transformación del orden económico y social, preservar el papel del mercado y, sobre todo, el imperio pacífico de las libertades públicas? ¿Podía, en efecto, la práctica del *rule of law* (la misma que habían elogiado Bryce y Dicey) delinear nuevos rumbos legislativos sin que sufrieran mella el Parlamento, los jueces y el pluralismo de opiniones?

Los interrogantes eran acuciantes porque —salvo breves intervalos como el del Frente Popular en Francia y las experiencias escandinavas— los partidos socialistas habían desempeñado su papel desde los rangos de la oposición. El triunfo laborista en Gran Bretaña cambiaba por completo los datos del problema porque estaba respaldado por una mayoría parlamentaria suficiente para gobernar. Al cabo de seis años, ninguno de esos augurios pesimistas se cumplió. Las libertades prevalecieron y el principio de la alternancia se conservó lozano, hasta el punto de que Churchill tuvo su revancha y regresó al poder en 1951; pero el tipo de sociedad que forjaron los laboristas fue el molde donde los partidos vaciaron un nuevo consenso político: en sus líneas maestras, los *tories* y laboristas que sucedieron a Churchill y Attlee respetaron las instituciones de la economía mixta y del *welfare state*.

En la aurora del pensamiento político se consagró la idea de una fórmula mixta para vencer el riesgo de la corrupción y la inestabilidad. Vigente, según apuntábamos en capítulos anteriores, durante el XVIII y el XIX, esta atractiva imagen reapareció cuando promediaba el siglo XX tras la esperanza de doblegar los flagelos de la ignorancia, de la desocupación, de la enfermedad y de la inseguridad en la niñez y en la vejez. Esta puesta al día del gran asunto histórico de la igualdad tenía mucho que ver con las obsesiones de Tocqueville, pero las ubicaba en el registro complementario de Stuart Mill; no era tan sólo la historia el motor de la igualdad, sino la acción de un gobierno que generaba al mismo tiempo las condiciones del orden social y de la ciudadanía. El circuito del gobierno representativo se movía entonces desde el ciudadano hasta el representante y volvía hacia aquél en forma de unos bienes públicos garantes del bienestar. Como adujo en 1950 T.H. Marshall, un sociólogo cuyos conceptos todavía se citan, la ciudadanía se iba constituyendo por etapas, a remolque de los derechos civiles, de los derechos políticos y de los derechos sociales. Estos ciclos formaban un itinerario ascendente que incorporaba a la vida histórica distintas clases sociales y acumulaba experiencia institucional. La ciudadanía era pues un valor universal que tenía la virtud de ir ampliando las esferas de la justicia y de la libertad.

La ventaja que ofrecía la experiencia británica para alcanzar la cima de este trayecto era su tenaz continuidad institucional, probada en las horas más sombrías de la batalla de Inglaterra. Mientras las bombas caían sobre Londres, el Parlamento seguía de pie y en funciones. Muy distinto era el cuadro en el continente europeo. Dividida esa masa territorial, a poco de concluida la guerra, entre las zonas de influencia norteamericana y soviética, la reconstrucción de la política europea tuvo tres actores principales: el liberalismo, el catolicismo y el socialismo en sus dos versiones, comunista y socialdemócrata. Estas grandes orientaciones, a las cuales en países de tradición protestante habría que agregar sus respectivas religiones e iglesias, acertaron en dos blancos importantes: pactaron en tanto fuerzas culturales e históricas una constitución democrática que acuñó, en Italia, Francia y la República Federal Alemana, el renacimiento de la forma republicana de gobierno, y pusieron en marcha un largo proceso de integración entre las viejas naciones (aún no ha concluido) que procuraba realizar, en pequeña escala, el ideal de Kant de la paz perpetua. Si Europa había sido durante siglos la partera y nodriza de la guerra, ahora se presentaba ante el mundo como una región capaz de acordar compromisos comunitarios en el plano de la economía y de la cultura.

Posiblemente hayan sido estas decisiones (cuyos primeros pasos pude presenciar *in situ* en mis lejanos días de estudiante en Bélgica, a principios de los años sesenta) las que modificaron con más energía el enfoque de la soberanía absoluta de los estados. La integración europea fue una respuesta práctica que, en su raíz última, no eliminaba la exigencia de contar con una protección soberana frente al enemigo (papel que desempeñaban los Estados Unidos "conteniendo", como entonces afirmaba George Kennan, la expansión de la Unión Soviética), pero las normas que fijaron la Comunidad Europea del Carbón y del Acero y luego, en 1957, la Comunidad Europea —el Mercado Común de los seis formado por Alemania, Bélgica, Francia, Holanda, Italia y Luxemburgo— inyectaron en una cultura desde antaño belicosa los principios de la negociación y el compromiso. La idea subyacente de soberanía compartida que impregnaba este estilo de hacer política abrevó en varias tradiciones, las mismas que habían pactado después de la guerra nuevas reglas constitucionales.

Desde luego había en algunos países antecedentes favorables que la guerra no había suprimido (por ejemplo, en los tres países del Benelux: Bélgica, Holanda y Luxemburgo); en otros, en cambio, hubo que rehacer un tejido público deshecho y sanguinolento. La experiencia de los regímenes de corte autoritario fascista había provocado en el seno de las tradiciones católica y conservadora un traumático conflicto entre las facciones colaboracionistas y la Resistencia, como de hecho ocurrió en Francia y en Italia. El tendal de muertos que dejó esta disputa y la memoria herida por el recuerdo de la tortura y la exterminación física recíproca, se saldó al principio con el olvido y más tarde por una lenta introspección historiográfica. La conmoción que suscitaron estas desventuras produjo en muchos testigos un estado de virtual parálisis. En octubre de 1944, meses antes de morir en 1945, en un texto inédito que había llamado *Devant l'avenir* (Frente al porvenir), Paul Valéry observaba el mundo moderno como una entidad que, al hacerse a sí misma cada vez más incomprensible, excluía cualquier posibilidad útil de previsión. El gran poeta francés, autor en 1925 de una obra de fama (*Miradas sobre el mundo actual*), evocaba sin querer el caos que doblega la cosmovisión de un orden racional, dejando planear sobre ese desasosiego su memoria más reciente.

En el terreno propio de la cultura católica, los traumas fueron tanto o más profundos. No sólo porque los estados autoritarios en la península ibérica soportaron a pie firme los ramalazos de la liberación, sino por el hecho de que una gran parte de la dirigencia civil y eclesiástica estaba acusada de complicidad con el orden fascista por su adhesión a regímenes que, como el de Vichy, decían ser católicos. ¿En qué medida el catolicismo podía reconciliarse con la democracia y la filosofía de los derechos humanos? La respuesta la dio Pío XII en la Navidad de 1944, en un mensaje que echaba luz, en términos de la doctrina católica, sobre aquella palabra cargada de historia. Que Pío XII haya hablado con esperanza y convicción sobre la democracia revela la hondura de los cambios al promediar la década del cuarenta. Pío XII ya había adelantado algunos de estos criterios en mensajes anteriores, propalados durante la guerra. De esta manera, aquel pontífice, polémico debido a su actitud frente al Holocausto (para unos silenciosa y, para otros, prudente y eficaz), ubicó a las corrientes democráticas de inspiración cristiana en la senda de la ortodoxia. Ya no se trataba más de distinguir entre la hipótesis del pluralismo y la tesis del orden católico verdadero, sino de reconocer plenamente la legitimidad de una forma de gobierno en sí misma valiosa.

Por otra parte, algunos dirigentes de los partidos demócrata cristianos habían participado en la Resistencia o sufrido persecución durante los años del nazismo y del fascismo. Fueron ellos —Alcide De Gasperi en Italia, Robert Schuman en Francia, Konrad Adenauer en Alemania— quienes plantearon el sentido supranacional de la democracia e hicieron de núcleo fundador de los proyectos integracionistas. Tan fuerte fue esta acción a partir de 1946 que el regreso de Charles de Gaulle al poder en 1958, superado el período de la Cuarta República en Francia, no modificó aquella orientación básica. La idea de grandeza nacional que inspiraba el liderazgo de De Gaulle, la simbiosis de republicanismo y nacionalismo que él proclamaba, se tradujo en una política de defensa más independiente que influyó para que aquella Europa en escorzo pudiera desarrollar algún espacio de autonomía entre los Estados Unidos y la Unión Soviética.

El nacionalismo no había perdido pues su atractivo, pero esta vez servía de soporte para instaurar una legitimidad convergente con los antiguos enemigos. Además, el universalismo parecía cobrar nuevos bríos inmediatamente después de la guerra. En 1947, respondiendo a una consulta que hizo la UNESCO a intelectuales y hombres de Estado para analizar el significado de la Declaración Universal de Derechos Humanos que la Asamblea de las Naciones Unidas proclamaría en 1948, Mahatma Gandhi escribió desde Nueva Delhi que "sólo somos acreedores del derecho a la vida cuando cumplimos el deber de ciudadanos del mundo".

Las doctrinas de raíz espiritualista en torno al problema de la paz llegaron al apogeo en el campo del catolicismo cuando Juan XXIII sucedió a Pío XII en 1958. Comenzó entonces una etapa trascendente que habría de culminar en Roma con el Concilio Vaticano Segundo. Juan XXIII echó una mirada de buena voluntad hacia todo el género humano y renovó una cultura erosionada por la intolerancia. En la encíclica *Pacem in terris*, que dio a conocer en 1963, un par de meses antes de su muerte, Juan XXIII hizo de los derechos humanos pilares de la doctrina de la Iglesia. Relacionó en ese texto los derechos con los deberes pero, sin dejar duda alguna al respecto, hizo depender estos últimos de aquel repertorio de atributos de la persona "universales, inviolables [e] inalienables". Fue uno de los documentos centrales de un pontificado muy breve. A su muerte, el mundo entero le rindió homenaje (acaso una de las anécdotas que mejor retratan ese estado de ánimo es la que recordaba Hannah Arendt en *Men in Dark Times*, cuando una doméstica romana le comentó, justo en los días en que Juan XXIII agonizaba, que "este Papa era un verdadero cristiano.")

Esta reconciliación con las ideas de libertad y derechos humanos rehabilitó definitivamente la democracia en la cultura católica (no ha tenido, hasta el momento, la misma fortuna el adjetivo liberal y menos la palabra liberalismo). Sin embargo, y pese a estos auspicios poco gratificantes provenientes del lado católico, la palanca para levantar la democracia de posguerra encontró su punto de apoyo más sólido en la sabiduría acumulada por la tradición liberal en materia de constitucionalismo. Aquí también la perspectiva jurídica abarcó nuevas dimensiones. Denominado por el derecho público constitucionalismo social, el ensanche de la esfera de los derechos que este nuevo enfoque proponía era visible en las constituciones republicanas que se dictaron en Italia, Francia y Alemania. Paradójicamente, mientras las constituciones incorporaban los derechos sociales, las proscripciones de partidos extremos, como la del comunismo en la República Federal Alemana, tenían estrecho parentesco con la persecución ideológica que se desató en Estados Unidos durante las presidencias de Truman y Eisenhower, los años en que la Guerra Fría mostraba desde la Unión Soviética sus peores signos (tal el período asfixiante del "maccartismo" en la cultura norteamericana). Estas limitaciones no cuajaron en los otros países europeos, acaso por la relevancia electoral de los partidos comunistas en Francia y en Italia, ratificando así las ideas que en 1945 defendió el liberal Luigi Einaudi, quien sería primer presidente constitucional de la república italiana: "Los que creen en la idea de libertad afirman que un partido tiene derecho de participar plenamente en la vida política aun cuando sea explícitamente enemigo de la libertad. Los hombres libres, con el objeto de sobrevivir, no deberán renunciar a sus razones de vida ni a la misma libertad de la cual se profesan partidarios".

El tercer soporte de la democracia de posguerra descansó sobre la tradición socialista. En su versión socialdemócrata, el socialismo gobernó (sólo en coalición con otros partidos) en casi todas las naciones europeas. En 1957, en el congreso del partido socialista alemán en Bad Godesberg, una reformulación programática arrojó por la borda los restos de la teoría marxista aún sobrevivientes en aquella organización (movimientos análogos se habían manifestado antes de esa fecha en otros partidos). Por este camino, la socialdemocracia se entregaba de lleno a construir una sociedad basada en la justicia distributiva en el marco del estado de derecho. La tarea tuvo ejecutores que expresaban orientaciones diversas, como las de los sucesores de Attlee en Inglaterra —Hugh Gaitskell, Harold Wilson y James Callaghan—, las que inspiraron el talante europeísta de Paul-Henri Spaak en Bélgica o la visión pacifista de Olof Palme en Suecia; pero si hubiese que elegir una figura para ilustrar las transformaciones de la socialdemocracia en aquellos años, es posible que la elección recayese en Willy Brandt, el alcalde de Berlín durante la Guerra Fría que luego fue el primer canciller socialista de la República Federal Alemana entre 1969 y 1974.

La trayectoria de Brandt —el ascenso de un porfiado anticomunista, la política de apertura al Este en ejercicio del gobierno y su infortunada renuncia debida a un escándalo de espionaje en su entorno inmediato— respondió siempre, mediante la confrontación o la distensión, al desafío del régimen soviético. Estas respuestas eran tan urgentes como las que provocaban los partidos comunistas occidentales. Con la perspectiva histórica de casi medio siglo, este punto merece una especial atención. Una vez que dejaron el poder en Francia e Italia, luego de participar en los primeros gabinetes de coalición de posguerra, los partidos comunistas siguieron formando parte del sistema político. Palmiro Togliatti, el líder del comunismo italiano, sentó una línea estratégica que más allá de los cambios circunstanciales (y de los durísimos enfrentamientos de la década del cincuenta) no sería abandonada. Se nos podrá expulsar del gobierno, afirmó Togliatti en 1947, pero jamás se nos podrá expulsar del Estado. Este doble comportamiento —de oposición y de activa presencia electoral y social— obedecía naturalmente al hecho de permanecer en minoría, lo que permitía a una coalición mayoritaria levantar una suerte de umbral de admisión, una valla de acceso al gobierno que los comunistas no podían trasponer. Las organizaciones y la cultura que giraban en torno a la tradición comunista quedaron fuera del gobierno y dentro de la sociedad. Esta regla no se quebró hasta la victoria de François Mitterrand en la década del ochenta, pero el aprendizaje de esta coexistencia recreó en el pluralismo europeo una variedad de contrastes que rara vez se advertía en el continente americano (con la excepción de los conflictos en torno a los derechos civiles que se desataron en los Estados Unidos durante la presidencia de John F. Kennedy). Ésta fue la materia con la cual los países europeos forjaron un pacto histórico entre culturas opuestas.

Si pudiésemos recrear con breve trazo esa experiencia que alcanzó su pináculo en la década del sesenta, no habría mayores dificultades en señalar el espesor de las tradiciones en trance de acordar compromisos y consensos. Estas actitudes frente a lo político, poco originales en Gran Bretaña, donde el *rule of law* configuraba desde hacía un par de siglos el arbotante más sólido para sostener los cambios sociales y económicos, trasladaron las culturas del continente europeo de la práctica de la guerra hacia el ejercicio de la paz. El asunto es relevante porque los sujetos de esta novedosa versión de la paz perpetua, circunscripta a un reducido espacio regional, no eran precisamente herederos de un patrimonio de valores tolerantes. El comunismo conservaba con fidelidad los lazos que lo unían al régimen ideocrático de partido único y la Iglesia católica daba sus primeros pasos con Juan XXIII, su sucesor Pablo VI y los documentos del Concilio para entablar con más generosidad el diálogo con el mundo moderno. El pluralismo representó entonces un principio mucho más hondo que el mero reconocimiento de una pluralidad de opiniones: significó, sobre todo, el desarme histórico de las ideologías y la puesta en marcha de un sistema político de plena representación. Se trató, en suma, de una democracia incorporativa.

Resulta difícil, si no imposible, reconstruir el genio de esa convivencia omitiendo el impacto excepcional que tuvo el crecimiento económico. Las economías se expandían en los Estados Unidos y en Europa a una velocidad que dejaba atrás los lúgubres recuerdos de las viejas generaciones. Jean Fourastié, un economista francés, llamó a esa rápida difusión del bienestar que se extendió hasta promediar la década del setenta *les trente glorieuses*: los años gloriosos en los que la población no sufría aún la esclerosis del envejecimiento, el crecimiento económico reforzaba el sistema fiscal y éste, a su vez, alimentaba las arcas de la seguridad social. La democracia no sólo era sinónimo de libertad y de igualdad; también esa forma de gobierno vigilaba con benevolencia el trayecto de la vida cotidiana como un paternal garante de la seguridad. A medida que cesaban las guerras coloniales, particularmente desgarrantes para Francia, el viejo Estado guerrero se convertía en Estado protector, en un árbitro que mediaba entre organizaciones sociales poderosas —sindicatos y entidades patronales— y vigilaba la calidad de una sociedad integrada. Las diferencias culturales separaban parcialmente a los actores, pero las diferencias de clase (análisis que compartían los socialdemócratas, los socialcristianos y las nuevas corrientes del liberalismo) debían ser superadas gracias a la legislación social.

El concepto de integración cubría así un amplio registro:

en la base una sociedad integrada; en el vértice una comunidad integrada de naciones. El francés Jean Monnet, que primero estuvo a cargo de la planificación económica de carácter indicativo en su país, luego presidió la Comunidad Europea del Carbón y del Acero, y después fue un denodado impulsor de la Unión Europea, fue quien mejor encarnó aquel estilo acuerdista cuya trama se iba tejiendo por pasos sucesivos: "Las mentalidades cambian y las oposiciones se diluyen —solía decir Monnet— cuando los hombres se reúnen en torno a una misma mesa para hablar del mismo problema y buscar juntos una solución".

Al abrigo de esta constelación de valores, un nuevo vocabulario se sumó al lenguaje de los derechos y las libertades. Sin duda, esas nociones venían de lejos, pero parecía que al fin podrían plasmarse en normas y políticas eficientes. La Ley Fundamental de la República Federal Alemana del 23 de mayo de 1949 declaraba en su artículo primero que "la dignidad del hombre es intangible"; las encíclicas *Mater et magistra*, la ya citada *Pacem in terris* de Juan XXIII y *Populorum progressio* de Pablo VI, se referían constantemente a "la dignidad de la persona humana". Sobre este punto de encuentro de la tradición kantiana con la tradición tomista (visible en las corrientes filosóficas que confluyeron en las constituciones alemana e italiana) se erigió una arquitectura del bien común que difería de la que venía pregonando el republicanismo clásico. Si para esta vertiente del pensamiento político la virtud del bien general era una condición subjetiva del ciudadano, para los nuevos demócratas del siglo XX, el bien común debía surgir, él mismo, de una política deliberada capaz de instaurar las condiciones objetivas (empleo, educación, salud, seguridad social) de la vida ciudadana. El bien común aparecía así como un resultado a cuya producción concurrían los ciudadanos, la tecnocracia del Estado y un conjunto de organizaciones sociales.

En su faz teórica, el bien común era obra de todos, pero en su faz práctica (cosa que la ciencia política de aquel tiempo se ocupó en revelar) esas acciones provocaban un conflicto moderado entre elites que defendían sus intereses en la arena pública y presionaban al Estado. La continuidad de los problemas que habían evocado Schumpeter, Weber y Pareto (pese a las diferencias teóricas los tres coincidían acerca del papel creciente, en el mundo moderno, de las elites y de la racionalidad burocrática) daba cuenta de una sociedad industrial forjada por el crecimiento económico. Mediante estas relaciones de poder, acaso no previstas por los legisladores, las democracias del bien común se estructuraban al modo de un régimen policrático, donde junto con los partidos sobresalían la burocracia estatal y las organizaciones sociales y económicas.

En este tipo de sociedad de más en más heterogénea y secularizada, donde la movilidad ascendente pulverizaba las relaciones tradicionales, las ideologías perdieron muy pronto la densidad de antaño. Algunos observadores adelantaron este análisis y otros, como es habitual, se entregaron al ejercicio de hacer pronósticos. En realidad, la definición de la política como un combate morigerado por la levedad ideológica comenzó mucho antes de la década del ochenta. En 1955, en un ensayo de combate titulado *L'Opium des intellectuels* que desnudaba los mitos de la izquierda y criticaba, entre otros, los argumentos complacientes de Merleau-Ponty y Sartre para hacer respetable el terror del régimen soviético, Raymond Aron se interrogaba acerca del fin de las ideologías y saludaba "la llegada de los escépticos si ellos pudiesen extinguir el fanatismo". Cinco años más tarde Seymour Martin Lipset argüía en las conclusiones de *Political Man*, su libro más famoso, que las sociedades industriales habrían de dirimir en el futuro los conflictos de clase "sin banderas rojas, sin ideologías y sin manifestaciones del primero de mayo". Un punto de vista análogo, publicado también en 1960, defendió Daniel Bell en *The End of Ideology*.

La hipótesis del ocaso de las ideologías no dejaba de ser atractiva, pero la cuestión no derivaba tanto del hecho considerado en sí mismo, sino de la conexión que este fenómeno tenía con el porvenir del socialismo. ¿Podían acaso cambiar las cosas? ¿Tenía el régimen soviético, una vez denunciados por Kruschev los asesinatos en masa del stalinismo, la virtud suficiente para liberalizarse al mismo ritmo con que la legislación social y la economía mixta socializaban el capitalismo occidental? Pese a las críticas antitotalitarias, la Unión Soviética había logrado después de la Segunda Guerra el status de superpotencia, y además hacía gala para muchos estudiosos de una calidad económica digna de ser imitada. En 1963, Zbigniew Brzezinski y Samuel P. Huntington, dos politólogos norteamericanos, ubicaron en un mismo nivel de legitimidad los sistemas políticos norteamericano y soviético (*Political Power: USA-USSR*). Un año después, en su *Introduction à la politique*, Maurice Duverger llegó a la conclusión de que el mundo marchaba hacia el socialismo y sentó doctrina: "La U.R.S.S. y las democracias populares nunca llegarán a ser capitalistas; los Estados Unidos y Europa occidental nunca llegarán a ser comunistas. Pero unos y otros parecen marchar hacia el socialismo, por un doble movimiento: de liberalización en el Este, de socialización en el Oeste".

Más allá de los obstáculos, la convergencia entre legitimidades opuestas estaba al alcance de la historia. Las cosas que luego sucedieron no dibujaron un trazo tan claro ni, por cierto, ratificaron esa orientación firme e inevitable. Pero no nos adelantemos sin antes explorar otra cara de la disputa en torno a la legitimidad.

La experiencia argentina de la ilegitimidad

La teoría de la convergencia entre legitimidades opuestas partía de un supuesto poco discutido en los años sesenta: había sociedades desarrolladas, en su versión capitalista y socialista, que coexistían con sociedades subdesarrolladas (o en vías de desarrollo según un calificativo más benigno) que marchaban hacia esa meta. En ese mundo formado por las viejas naciones de América Latina y por los países de África y Asia que seguían el rumbo de la independencia abierto por la India en 1946, los gobiernos solían tomar como modelo de referencia las técnicas de planificación provenientes de la esfera soviética.

Se había inventado un concepto: el *Tiers Monde, Third World* o Tercer Mundo, en el cual parecía resonar, como una suerte de lenguaje remoto y acaso ignorado, el juego de preguntas y respuestas con que Sieyès, en el mes de enero de 1789, imaginaba el papel del *Tiers État* en Francia. "¿Qué es el Tercer Estado? — Todo. ¿Qué representa actualmente en el orden político? — Nada. ¿Qué pide? — Llegar a ser algo". En ese famoso panfleto —titulado precisamente *¿Qué es el Tercer Estado?*— Sieyès sembró una promesa de emancipación política para eliminar la hegemonía en el Antiguo Régimen del Primer Estado (la nobleza) y del Segundo Estado (la Iglesia). Análogamente, el Tercer Mundo se definía por boca de sus líderes e ideólogos como una fuerza que tenía en potencia los atributos para ser todo, aunque, en la etapa inicial, pretendiese simplemente ser algo. En todo caso, ese tercer conglomerado de naciones, situado entre el bloque occidental y el soviético, tenía el doble atractivo de su juventud e inocencia: recién debutaba en el antiguo concierto internacional, aún no estaba contaminado por la historia y, por tanto, no tenía por qué alinearse tras las banderas políticas del Primer y del Segundo Mundo.

Las retóricas del progreso (capitalista o socialista) y del tercermundismo giraban en torno a una palabra que circulaba con profusión por todo el planeta: el desarrollo. Fue tan intensa su moda que no bastaba con pronunciarla como una voz solitaria. De inmediato se la volcó al debate público por medio de una cascada de adjetivos: se ofrecían desarrollos nacionales, desarrollos económicos y desarrollos políticos; se constataban desarrollos desiguales y se soñaba con desarrollos de rostro humano. Hasta había décadas imbuidas de un sentido especial: aquellas en las cuales, según los organismos internacionales, el desarrollo debía despegar. Igual que muchas similares en el XIX, la teoría del desarrollo, salvo excepciones de nota, no solía prestar mayor atención al tema de la decadencia. ¿Para qué hacerlo cuando el punto de partida de esos países nuevos estaba situado en el nivel más bajo de la estratificación internacional? ¿Valía realmente la pena interrogar a la historia acerca de la pérdida de status en el mundo? Por otra parte, los datos del desarrollo en los treinta años gloriosos mostraban buenos resultados y los ejemplos de países decadentes no abundaban o se ceñían a la conducta de algún actor incomprensible. La imagen de la Argentina desde los años cincuenta se adecuó con decorosa solvencia a ese estereotipo.

En realidad, no se trataba de una imagen sino de una sucesión de imágenes. El ascenso y culminación del progreso argentino (tomo prestado a Roberto Cortés Conde el título de uno de sus libros) ya había merecido el juicio, como hemos visto, de Bryce y Siegfried. Desde luego, estos enfoques no eran los únicos en destacar ese satisfactorio decurso. Faltaba, empero, la consagración final que llegó en 1940 de la mano de un economista australiano, Colin Clark, estadístico del gobierno de su país y antiguo *lecturer* en Cambridge. En la primera edición de *The Conditions of Economic Progress*, un libro pionero que introdujo y popularizó el estudio comparado del ingreso y posición relativa de las naciones, Clark ubicó a la Argentina en lugar predominante al lado de los países más ricos. De acuerdo con un ingreso real *per capita* que se fijaba por unidades de medida, la Argentina ocupaba el sexto lugar en el mundo después de los Estados Unidos, Canadá, Nueva Zelanda, Gran Bretaña y Suiza, y delante de Australia, Holanda, Francia y el resto de Europa. En relación a la productividad *per capita* en la agricultura, el ascenso era más vertiginoso pues la Argentina ocupaba el tercer lugar detrás de Australia y Nueva Zelanda, superando a los Estados Unidos y Canadá. Va de suyo que alguna precaución Colin Clark había adoptado al ubicar a la Argentina en un grupo de países cuyas estadísticas, menos confiables, ofrecían "órdenes aproximados de magnitud" (lo formaban Egipto, Brasil, India —aún bajo férula británica—, China, España y Portugal).

Los datos que respaldaban estos análisis cubrían un período situado entre 1925 y 1934. Diecisiete años más tarde, cuando en 1957 Colin Clark dio a conocer la tercera edición revisada y aumentada de *The Conditions of Economic Progress*, el rango que ocupaba la Argentina se había evaporado y con esta caída en picada en la escala del prestigio y la riqueza comenzaron las explicaciones junto con las *boutades* de economistas y sociólogos que decían no entender el porqué de tanto desperdicio. Cuando promediaba la década del sesenta, en un ensayo que escribió para la *Encyclopaedia Britannica* (publicado en 1969 con el título *Les désillusions du progrès. Essai sur la dialectique de la modernité*), Raymond Aron se inclinaba en favor de una explicación política: "Un país como la Argentina, que había alcanzado un nivel elevado de ingreso *per capita* hace treinta años, ofrece uno de los raros ejemplos, en nuestro siglo, de desarrollo detenido. La causa parece ser esencialmente política. La Argentina tiene una población de origen europeo, ignora las dificultades de integración que tienen la mayoría de los otros estados de América Latina, no le falta espacio, recursos naturales, cuadros dirigentes. Fueron necesarias las locuras de Perón, provocadas por la ceguera de las minorías que controlaban el poder antes de él, y luego la situación semirrevolucionaria creada por la herencia del peronismo, para desperdiciar todas las oportunidades y prolongar el estancamiento".

El texto aplicaba sin medias tintas a la circunstancia argentina un argumento canónico expuesto por el pensamiento francés durante el XIX: la ceguera de las elites, su falta de previsión y torpeza concomitante, engendran una situación populista que rompe con las reglas establecidas. Una vez instalada esta nueva orientación en las costumbres y expectativas populares, es imposible volver atrás el reloj de la historia. Tocqueville vio estas cosas con ojo melancólico porque no pudo impedir la llegada del bonapartismo luego de la revolución de 1848 y Ferrero intentó comprender estos sucesos con la ayuda de un concepto histórico tan fascinante como impreciso: la cuasi legitimidad.

¿Qué quería decir Ferrero con estas palabras a simple vista abstrusas? Muy sencillo: la cuasi legitimidad era el engaño, o mejor, la cuasi legitimidad resultaba de la manipulación de las instituciones por medio del fraude o de la subordinación de los parlamentos a los dictados del príncipe. Así definido el tablero, el juego de la cuasi legitimidad pretendía satisfacer al mismo tiempo a dos principios contradictorios. Por un lado, los gobiernos establecidos actuaban sin renunciar ostensiblemente, en el plano normativo, al principio de la soberanía del pueblo y, por otro, esos mismos gobernantes levantaban cuanta valla fuera necesaria para que aquel presupuesto de la vida democrática no se cumpliese cabalmente. A la postre, en un régimen cuasi legítimo, la constitución hace las veces de una mampara detrás de la cual se confabulan los que mandan para retener el poder. En un rapto de simplificación, Ferrero abarcó con la noción de regímenes cuasi legítimos una porción importante de la geografía histórica europea, en Francia durante la Monarquía de Julio entre 1830 y 1848, en Italia entre 1878 y 1922, en España entre 1870 y 1931, en los países balcánicos después de 1918. Por cierto, esta elasticidad conceptual no llegó hasta el extremo de englobar a la Argentina, pero acaso los hechos posteriores a 1930 sirvan para elaborar algunas consideraciones análogas. ¿Vale la pena formular la pregunta de la cuasi legitimidad en relación a aquel período?

La respuesta podría rondar alrededor de la imagen que Aron proyectaba sin bucear en antecedentes más remotos. En una larga secuencia histórica, que había comenzado con la sucesión regular de presidentes luego de 1862, la Argentina había superado el último obstáculo para consolidar el Estado con la federalización de la ciudad de Buenos Aires en 1880, y se había embarcado, desde principios del siglo XX, en un proceso de reformas electorales para garantizar la plena vigencia del sufragio universal. País europeo —se decía entonces y se repetía medio siglo más tarde— la Argentina seguía el curso de aquella cultura trasplantada en busca de una práctica sincera de la libertad política pese a los alzamientos cívico-militares de 1890, 1893 y 1905. De regla, cuya aplicación era imperfecta, la Constitución se transformaba así en una ley suprema, al fin acatada por los viejos y nuevos partidos. Éste fue, en sus grandes líneas, el argumento más usado para explicar los cambios que introdujo la ley Sáenz Peña, de sufragio masculino, secreto y obligatorio, dictada en 1912. De resultas de ella, Hipólito Yrigoyen ascendió a la presidencia en 1916.

No quiero fatigar al lector con un detallado *racconto* de estas peripecias que no haría otra cosa que repetir lo que escribí hace veinte años. Me parece más sugestivo apuntar una hipótesis acerca de los ritmos diversos con que los hechos e ideas circulan por el planeta. Si, como advirtió Alain Rouquié, es dable observar a América Latina como si fuera el extremo de Occidente, también puede ser sugerente contemplar a la Argentina como un apéndice europeo que lentamente va adquiriendo un rostro latinoamericano y, a destiempo, se incorpora a la crisis cuando ésta ya había concluido en Europa. El tiempo y el destiempo de la crisis son pues tan significativos como el espacio latinoamericano donde habrá de sobrevenir, hacia fines de los años cincuenta, uno de los últimos coletazos en Occidente del proceso revolucionario abierto en octubre de 1917.

Se suele repetir (ahora es un latiguillo algo desgastado)

que la Argentina de 1930 no pudo soportar el impacto de la crisis económica. Un golpe de Estado, convertido después en frontera divisoria entre dos épocas, expulsó del poder a Hipólito Yrigoyen, clausuró el Congreso y fue reconocido por la Corte Suprema de Justicia de la Nación mediante una acordada que recogía una doctrina justificadora de los "gobiernos *de facto*". El golpe clausuró casi siete décadas de frágil continuidad institucional y apagó definitivamente un típico estilo de hacer política que sobrevivía desde el XIX. Antes que nada —aun en su inquebrantable reivindicación del sufragio universal— Hipólito Yrigoyen era un regeneracionista del ochocientos; un hombre, como él gustaba decir, entregado a una tarea de "reparación ética", seguro del valor de la voluntad popular, poco respetuoso de los mecanismos parlamentarios, a quien jamás se le hubiese ocurrido utilizar la tribuna delante de escenografías multitudinarias, la radio (Yrigoyen no hablaba en público) o la cinematografía. Éstos eran los instrumentos con que los liderazgos de entre guerras articulaban una política de masas. Los resultados de las elecciones de 1928, cuando Yrigoyen derrotó holgadamente a una importante coalición opositora, nacida en parte de las propias filas del radicalismo, ofrecieron un cuadro muy diferente de lo que advendría en el mundo de los años treinta. Esas cifras representaron más bien una primera movilización de la ciudadanía nativa que se recortaba sobre una numerosa población de inmigrantes con poca participación en el juego electoral.

El golpe de 1930 no vino a detener una marea incontenible de votantes sino una incorporación menos agitada a la vida política de nuevos estratos sociales, pero rehabilitó, gracias al éxito repentino del general Uriburu, una tradición sediciosa firmemente anclada en el pasado. Los conspiradores de 1930 —en un amplio arco que iba de los conservadores hasta los disidentes radicales y socialistas independientes— no vieron sin embargo las cosas de este modo. Creyeron, por el contrario, que la política de masas se había instalado en el país y que convenía contenerla. El artífice de este arreglo fue el general Agustín P. Justo, un militar ilustrado elegido presidente con el sustento de la concordancia de los partidos que habían apoyado el golpe y con el reaseguro de la proscripción de los candidatos radicales. Justo tenía una experiencia política probada (había sido ministro de Guerra y Marina del presidente Alvear) y se propuso desarrollar un programa moderado que nada tenía que ver con la furia revolucionaria ya en plena combustión en Europa.

Entre 1932 y 1938, el gobierno enfrentó con éxito la crisis económica e impulsó una reforma del Estado munido de las palancas que entonces comenzaban a aplicarse en los países más avanzados: regulación de la economía y del comercio exterior, banca central, inversión pública, impuestos directos a la renta, organización de una burocracia basada en el mérito. Pero esa moderación tan pregonada, ese *juste milieu* pronto a cosechar una rápida mejora en comparación con países aún estancados en la crisis como los Estados Unidos, pagó el precio del engaño. En la jerga corriente, tal enmascaramiento fue condenado con dos palabras impactantes: el fraude electoral. Con estas operaciones, el régimen de los años treinta erosionó desde adentro la legitimidad de la democracia republicana e hirió gravemente su nervio más sensible, formado por las reglas de sucesión.

De 1916 a 1930 se había practicado la sucesión política en un régimen abierto sin disfrutar de los beneficios de una alternancia pacífica entre el gobierno y la oposición (el radicalismo retuvo la presidencia en 1922 y 1928); a partir de 1930 esa evolución sufrió un retroceso que la condujo al escenario de los gobiernos electores: la oposición podía actuar y tener representación en el Congreso, pero le estaba vedado el acceso a la presidencia. La inversión de papeles parecería ser, entonces, una de las características de la cuasi legitimidad: la oposición no controla, ya que es controlada; el gobierno, en lugar de ser elegido, designa a quienes habrán de sucederle. Esta tramoya, montada sobre un eficaz rendimiento gubernamental, rigió en las elecciones presidenciales de 1937, que impidieron la victoria de Marcelo T. de Alvear sobre su ex correligionario Roberto M. Ortiz, y se conservó intacta hasta 1943.

Paradójicamente, esa continuidad con la política anterior a la ley Sáenz Peña se aferró a las mismas costumbres que los reformadores del Centenario querían extirpar; pero además hubo un agravante, porque las restricciones al ejercicio de la libertad política se aplicaron sobre una franja de la población, formada por argentinos nativos y pocos extranjeros naturalizados, que había experimentado, durante breve lapso y mediante la participación popular, los efectos de la reforma electoral del Centenario. Lo que antes de 1912 se vivía como un doloroso costo del progreso que producía mala conciencia en amplios sectores de la elite gobernante, ahora era considerado una regresión. De este modo, el sector movilizado de la opinión rechazaba ese orden como algo ajeno a sus decisiones y la franja más grande de habitantes, a la cual se había sumado el formidable contingente inmigratorio de los años veinte, percibía en las acciones de trastienda una forma de gobierno que la apartaba de la esfera pública o, en el peor de los casos, la excluía.

El país remedaba una *polis* escindida, briosa en la sociedad civil —sobre todo en las grandes ciudades donde confluían las viejas inmigraciones externas con los recién llegados de las regiones rurales—, opaca y estéril en la sociedad política. Esta amalgama configuraba el escenario urbano que inspiró las observaciones de Ortega en 1939 durante sus caminatas por los barrios porteños: una ciudad habitada por "la fuerza gigante" de "esa fauna atroz de factoría". Ortega, que había llegado a la Argentina por tercera vez en la primavera de 1939 y permanecería en Buenos Aires hasta comienzos de 1942, tuvo la sensación de asistir a los funerales de un país que abandonaba la geografía y el paisaje —"el vivir *ex abundantia*"— y entraba en la historia contemporánea "con todo el vigor de la palabra". Esta metáfora de buen cuño hegeliano (América, por su geografía, era la prehistoria de la verdadera historia que transcurría en Europa) constataba sin duda la demora de un país aún quieto y satisfecho en medio de la naturaleza ubérrima, y resaltaba el problema que confronta una sociedad sin puentes confiables entre lo público y lo privado.

¿Era tan evidente para el resto de los argentinos esa escisión en el tejido político? ¿O es que aquella corrupta manera de hacer política gozaba de la ventaja de algún acomodamiento social y hasta de un consenso resignado? Lo cierto es que ese régimen, mitad anacrónico y mitad modernizante, no sólo descansaba en la escasa aptitud de la sociedad civil para salir de la cuasi legitimidad y vencer el fraude, sino en el poder creciente del ejército, aparentemente subordinado a la autoridad civil y no obstante dispuesto a volver al ruedo político en circunstancias propicias. Lejos de ser una explicación *a posteriori*, esto fue lo que vio el escritor suizo Denis de Rougemont debajo de aquella calma sospechosa, en el curso de una estadía en Buenos Aires entre 1941 y 1942.

Esta mirada tiene alguna significación por lo que Rougemont entonces representaba en el trance ideológico europeo. Desde 1932, junto con Emmanuel Mounier (fundador de la revista *Esprit*), Arnaud Dandieu y Alexandre Marc (inspiradores de otra hoja muy pronto tentada por la extrema derecha: *L'Ordre Nouveau*), Rougemont se había incorporado a la corriente de ideas que pregonaba una "revolución personalista". Se entendía por tal una transformación espiritualista de la vida de raíz cristiana, que sería antitotalitaria y crítica, por el lado de Mounier, de los autoritarismos católicos, y tan alejada del capitalismo individualista como del régimen comunista. La revolución personalista atacaba por igual ambos modelos y se "comprometía" (ellos pusieron en circulación la palabra *engagement*, que luego Sartre utilizaría en sus textos filosóficos y políticos) a cambiar la economía y la política según un proyecto comunitario y federalista: la comunidad de trabajadores en la empresa debía coexistir con la comunidad de ciudadanos en los municipios y regiones.

Alejado de Suiza por consejo del gobierno, debido a que su prédica antinazi podía comprometer la neutralidad helvética, Denis de Rougemont llegó a la Argentina para dictar conferencias, invitado por Victoria Ocampo; no era un desconocido para los lectores de la revista y editorial Sur, donde ya había publicado cinco artículos y un libro. Rougemont dijo lo que pensaba sobre la situación del mundo ante diversos auditorios, observó lo que pasaba y columbró que el país no sufría una crisis comparable a la europea sino que vegetaba en la situación propia de una sociedad semifeudal cuyos sectores bajos aguardaban inconscientemente al "primer demagogo [que] los va a revolucionar". Los principios del buen gobierno eran letra muerta y los *trust* europeos se repartían el comercio y la industria; la Constitución nacional, "perfecta en el papel", no funcionaba, pues "el fraude y el clero reaccionario [eran] las fuerzas decisivas"; la elite social estaba dividida entre aliadófilos y germanófilos y, mientras los liberales mostraban "todos los signos, con su optimismo escéptico de viejos políticos rutinarios, de que perderían la partida como en España, Italia, Alemania y Francia", la gente que Rougemont frecuentaba anunciaba otro golpe encabezado por el general Justo, "última esperanza de los demócratas antifascistas" (la muerte del ex presidente cortaría estos rumores pocos meses después). Todo esto pintaba un panorama harto pesimista para la democracia: "Estimo —concluía— que el único golpe de estado previsible vendrá por parte de los coroneles [y] sería vano calificarlo de antemano en términos europeos de derecha e izquierda".

Una anticipación para que H.G. Wells sintiera envidia: en 1943, cuando Rougemont ya había partido hacia Nueva

York, el golpe de los coroneles, estratégicamente montado sobre algunos generales de ocasión, derribó un régimen que, en el fondo, sólo ellos apoyaban. No obstante, hubo una legitimación ideológica entre 1943 y 1946, abonada por la prédica del nacionalismo, por las actitudes neutralistas del gobierno de Castillo que no se abandonaron y por tendencias xenófobas y antisemitas. De cara a esa cuasi legitimidad que no ofrecía razones públicas para su defensa, el nacionalismo cuestionó la inserción económica de la Argentina en el mundo, en la medida en que tales vínculos ocultaban intereses en pugna con la verdadera identidad de la Nación. Se decía que la Argentina debía derrotar una confabulación de poderes externos, pues la marginación popular, el fraude y la coacción política eran fruto de una trayectoria histórica que había acatado modelos externos, en lugar de concentrarse en la tarea de constituir una Nación cuyo núcleo tradicional, de raíz hispánica, latina y católica, estaba distorsionado por el liberalismo laicista (el golpe del 43 modificó la ley 1420 de enseñanza laica, gratuita y obligatoria, *bête noire* de esta ideología, para introducir la obligación de impartir lecciones de religión católica en horas de clase).

Estos rasgos, más cercanos a los estados católicos autoritarios que al fascismo, formaron parte, en su origen, de la experiencia movilizadora del peronismo; una experiencia que sin duda desbordó las categorías europeas de izquierda y derecha y que, desde luego, ha merecido numerosos análisis socioeconómicos y escasas interpretaciones institucionales. Portador de un sentimiento de igualdad que se engarzaba con la vieja apetencia de ascenso social de la sociedad de inmigrantes, el peronismo heredó el vacío institucional de los años treinta con respecto a las reglas de sucesión y procuró edificar una legitimidad alternativa; pero, a diferencia de lo que ocurría en la Europa de posguerra, lo hizo sobre la base de la hegemonía y no del consenso. En 1949, en contra de la opinión de los partidos opositores, se reformó la Constitución de 1853-60 para asegurar la reelección indefinida de Juan D. Perón (la ley fundamental no había sido modificada desde 1898 pese a las iniciativas que desde entonces se habían presentado, entre las cuales sobresalía la de José Nicolás Matienzo en 1923).

Ese momento marcó el punto culminante de una división que no sólo separaba, según los enfoques más difundidos, a las clases medias y altas de las clases populares emergentes. También esa decisión de refrendar con una nueva constitución el carácter hegemónico y personalista del régimen mostraba que el sector mayoritario, identificado con Perón, descartaba por inútiles los valores típicos de la racionalidad institucional, que no se habían respetado previamente, y en su lugar celebraba la racionalidad sustantiva de una política promotora de los derechos sociales y del pleno empleo. En un rapto de sinceridad y elocuencia teológica, el erudito miembro informante de la mayoría en la Convención Constituyente, Arturo E. Sampay, afirmó que esa reforma "podrá ser exhibida por el general Perón como su gran obra. De allí que la voz del pueblo, que es *vox Dei*, la llame Constitución de Perón." He aquí la envoltura jurídica de una "fuerza hegemónica", como la llamó Felix Luna, en plena expansión.

Para muchos observadores esta escisión entre libertades individuales y derechos sociales no tenía mayor trascendencia: al fin de cuentas, quienes participaban y votaban por el peronismo —un electorado de mujeres y hombres que llegó a trepar por encima del 60% de los sufragios— hacían valer al mismo tiempo su condición de trabajadores y de ciudadanos. Para otros, en cambio, el peronismo calzaba dentro de una lectura fascista de la historia contemporánea, lectura en la que hasta llegó a participar, con las debidas precisiones y matices, el fundador de la sociología moderna en la Argentina, Gino Germani. Las dos versiones tenían su parte de verdad. El peronismo tuvo sin duda una vocación hegemónica que lo emparenta con la política de los años treinta y con tradiciones anteriores de duración más larga; pero no es soslayable la diferencia entre una hegemonía montada gracias a una combinación de sectores minoritarios y otra construida sobre un hecho mayoritario. Tocqueville escribió páginas esclarecedoras al respecto, con una mezcla de fascinación y temor acerca del poderoso impulso igualitario que anima estas experiencias: una corriente ascendente de sentimientos de pertenencia que puede escindir a la sociedad entre un sector mayoritario que adquiere conciencia de sus derechos y otro segmento que se siente excluido. En la hegemonía populista, los derechos no son más un patrimonio común: unos los viven como una repentina adquisición; otros como una herencia que ha sido confiscada.

La lectura fascista del peronismo fue fabricada por las corrientes de opinión que percibían sus derechos anulados y en las cuales, obviamente, no sólo predominaban los estratos altos. No faltaron argumentos para defender este punto de vista. Como su nombre lo indicaba, el peronismo era el "ismo" de un conductor que movilizaba las masas, protegía a criminales nazis, sometía a los jueces, burócratas y empleados públicos, santificaba los feriados y esparcía su nombre por doquier; que reemplazaba la mediación de los partidos con un movimiento abarcador, imponía la agremiación obligatoria en sindicatos únicos, coartaba la libertad de prensa y ponía al servicio del gobierno un cuasi monopolio de medios de comunicación, inventaba la propaganda oficial y daba muestras constantes de su voluntad para administrar (y, llegado el caso, disciplinar) las pasiones igualitarias en plena efervescencia. El peronismo era un conglomerado polifacético de legados y transformaciones que recogía del pasado de las luchas sociales, mostraba un paternalismo transgresor, entre iracundo y místico como el de Eva Perón, y esgrimía un lenguaje guerrero y combatiente.

Aquella lectura de la Argentina de los años cuarenta y cincuenta trasuntaba pues una sensación de temor frente a las masas movilizadas que aparentemente no lograba calmar el designio de Perón de construir en la Argentina del futuro una "comunidad organizada". Estas palabras describían un orden más corporativo que pluralista cuyas expresiones máximas eran el sistema sindical, la industrialización sustitutiva de importaciones mediante altas protecciones arancelarias y los monopolios estatales para brindar servicios públicos. Era, en suma, la concepción orgánica de un orden social sin conflictos ni competencia abierta entre partidos, donde la representación política y la de los intereses sociales y económicos quedaba irrevocablemente ligada al Estado. El parentesco del peronismo con ciertos aspectos del fascismo era pues tan evidente para esta perspectiva como las raíces que lo vinculaban con la tradición del catolicismo autoritario.

Empero, la lectura fascista no resolvía el problema de interpretar las idas y vueltas de un país que, si bien soportó como la mayoría de las naciones del mundo el desaire de la fortuna en los años treinta, había permanecido ajeno al derrumbe del mundo europeo entre 1914 y 1918. El fascismo fue primero hijo y después víctima de la guerra: una guerra lo engendró y otra lo eliminó del concierto europeo gracias a la victoria aliada. No se entiende el fascismo y el nazismo sin esa pulverización previa de la vida y las relaciones sociales. El peronismo, en cambio, no fue fruto de esa desolación histórica sino de una curiosa superposición entre las imágenes europeas del pasado reciente, trágicas y desesperadas, y las realidades mucho más benignas que se fueron construyendo en la Argentina. Surgió como producto del poder militar, que logró de esta manera salir por segunda vez de un golpe de Estado con la victoria de un candidato nacido de sus filas, y tensó hasta el máximo de las posibilidades económicas las ilusiones de la vieja nación de inmigrantes. La época de Perón tuvo así el doble significado de un proceso distributivo que se enancaba sobre tradiciones que en lugar de concebir al Estado como un garante institucional de los derechos, del pluralismo y de la alternancia en el ejercicio del gobierno, veía en él a un protector que dispensaba ayuda, seguridad y empleo.

Los atributos del Estado garante y del Estado protector, como hemos dicho más arriba, marcharon de consuno en la reconstrucción democrática de posguerra. En la Argentina, en cambio, avanzaron a contramano y por vía separada. Las razones que pueden explicar esta disociación, origen de casi cuarenta años con menos glorias y más catástrofes, merecen inscribirse, por cierto, en el relato de una historia global. El lector debe tener en claro, sin embargo, que, si se lo observa desde un punto de vista institucional, el populismo resuelve muy poco: heredero de la cuasi legitimidad del régimen que lo precede, en lugar de echar las bases de una legitimidad de reemplazo, radicaliza el conflicto en torno a este problema. La trayectoria del populismo dejó una ciudadanía escindida, aunque más compleja y participante; depositó sentimientos de igualdad en las representaciones colectivas, pero no logró conjugarlos con las libertades individuales, y desató un impulso totalizador en la esfera política que desechaba cualquier mediación alternativa. La dinámica movimientista eliminaba la oposición como actor legítimo sin impedir, por cierto, que la sociedad se polarizara. Y pese a computar en su haber la voluntad mayoritaria, el populismo dilapidaba la reserva de estabilidad que genera el consenso sobre las instituciones. Al cabo de nueve años de gobierno, la paradoja del populismo terminó decantando un régimen de mayorías sin consenso.

En un contexto semejante, la oposición percibió muy pronto que, más allá de los apoyos populares, la supervivencia de ese régimen dependía del acatamiento de las Fuerzas Armadas a la conducción política de un general-presidente. Desde entonces, más que como el árbitro de un juego viciado por la ilegitimidad, las Fuerzas Armadas actuaron como un factor que atendía demandas conspirativas y, a su vez, producía la oferta de una posible intervención. Este doble mecanismo, que se volcaba sobre un mercado político sin reglas ni restricciones, donde el bien a transar era la violencia, dependía sin duda de varias circunstancias favorables. El conflicto con la Iglesia católica, que arreció después de 1954, fue quizá la prueba más importante para medir la fortaleza del gobierno porque sustrajo de la coalición peronista uno de los pilares que le dieron la victoria en 1946. Esta súbita reversión de las alianzas reanimó la inestabilidad interna que aquejaba a esa espectacular experiencia, al paso que reforzaba la polarización cultural y política. Igual que su ascenso, la caída del peronismo fue justificada por el poder religioso y ejecutada por el poder militar.

¿Tenía, sin embargo, la clausura del ciclo populista en la Argentina un significado análogo al de la derrota que sufrió el fascismo en Europa? La lectura fascista de lo acontecido entre 1946 y 1955 decía que una vez derrotado el totalitarismo en la Argentina había que poner manos a la obra para reconstruir la democracia sin el concurso de los partidos antisistema. Olvidaba acaso este discurso los efectos del fascismo en la Europa de 1946 —los millones de muertos, desaparecidos y prisioneros— en contraste con el legado del peronismo en la Argentina de 1955, económicamente estancada pero aún pletórica de distribucionismo y de expectativas de ascenso. El choque entre este imaginario ideológico y la realidad no se hizo esperar. Mientras Europa dejaba atrás las condiciones belicosas de los años treinta, la política argentina se militarizaba cada vez más. Se militarizaba la acción por la tutela que ejercían los militares sobre el sistema político y se militarizaba el pensamiento acerca de cómo retener y conquistar el poder. Estos disensos alejaban de la mirada propia y ajena el viejo retrato que hacía de la Argentina un país europeo.

Los conflictos de toda índole realimentaron la decadencia económica e hicieron manifiesta la turbia relación que se entablaba entre una sociedad con inclinaciones igualitarias y el régimen político que no lograba encauzarlas. En aquellos años estaba de moda ilustrar la profecía de Tocqueville acerca del destino de la igualdad con el ejemplo de los dos bloques que disputaban la supremacía mundial: la igualdad con libertad estaba representada por la alianza occidental; la igualdad sin libertad por la Unión Soviética. La Argentina quedaba en el medio de este contrapunto: vacía de legitimidad política, la igualdad y la libertad eran dos genios enemigos que no sabían como entenderse (al final de este "cuesta abajo" no permanecerían en pie ninguno de los dos).

De hecho, en una larga secuencia, ocurrieron procesos de participación política seguidos de fuertes retrocesos. A medida que dicha participación se expandía, aumentaba correlativamente el costo del retroceso siguiente en términos de coacción y violencia física. En los años treinta los gobiernos reprodujeron el juego anterior al ascenso del radicalismo; de 1946 a 1955 la matriz hegemónica de la política incluyó un electorado comparable al de las democracias avanzadas; entre 1955 y 1966, los militares impusieron la regla de que el peronismo no podía acceder a la presidencia. Del fraude se pasó a la hegemonía populista y luego a la proscripción; del engaño a la represión de las oposiciones consideradas peligrosas; de la cuasi legitimidad a la percepción de que lo que era legítimo para unos era ilegítimo para otros y, por fin, a la vivencia compartida de una englobante crisis.

En los años sesenta la Argentina era un territorio donde la lucha política estaba mediada por la violencia institucionalizada del poder militar. Cualquier atisbo de compromiso con las fuerzas excluidas —como los que sucesivamente intentaron los presidentes Arturo Frondizi y Arturo Illia— era reprimido. Cuesta trabajo imaginar un esfuerzo comparable para profundizar la ilegitimidad de las instituciones ¿En nombre de qué se reclamaba obediencia? Por otra parte, las imágenes del mundo recuperaban en América Latina el *élan* revolucionario que se había perdido en el mundo desarrollado. La revolución cubana tomó a su cargo esa misión redentora que, salvo los destellos de algunos episodios a principios de siglo, en la Argentina estaba apagada. Los acontecimientos del Caribe despertaron nuevamente ese entusiasmo y sobre todo impulsaron con el testimonio de la inmolación y el martirio (Ernesto Che Guevara fue, al respecto, el héroe arquetípico) la resurrección de las pasiones revolucionarias.

No se entiende la última vuelta de tuerca de la ilegitimidad en la Argentina sin esa explosión de esperanzas e ilusiones que, naturalmente, en buena ética revolucionaria subordinaba los medios a los fines últimos de la transformación humana. ¿Pero de qué medios se trataba cuando la historia política del último cuarto de siglo en aquel país incomprensible para tantos observadores extranjeros mostraba una sistemática degradación de las formas institucionales de la república? Una república representativa sin resortes institucionales es un régimen despojado del principio que lo pone en movimiento y perfecciona; una democracia con una conciencia adquirida de participación que reprime y excluye, degrada las creencias sobre las cuales debería apoyarse e invita a una suerte de conflicto perpetuo. Cuando en 1966, un golpe militar ambicioso, sin plazos ni proyectos inmediatos de abandonar el gobierno, cerró la tumultuosa década posperonista, el país había perdido las últimas reservas de republicanismo: con la plena asunción del poder político por las Fuerzas Armadas, el régimen de fachada basado en la tutela militar cedió el paso a un orden autoritario que pretendía ajustarse a las ideas del crecimiento y la modernización económica, eliminando de raíz la libertad en la esfera política y controlando mediante palos y censura la esfera cultural.

Acaso haya quedado sellada entonces una historia de indiferencia y desprecio hacia la democracia constitucional que no hará más que acentuarse en los años subsiguientes. La fosa se cavó desde todos lados y por absurdo que parezca convergieron en esa tarea los ideales más puros del hombre nuevo, combinados con la intención de conquistar el poder a cualquier precio, y los signos de un orden autoritario que pactaba con los sectores corporativos, reprimía a los disidentes y daba motivos a las nuevas generaciones para justificar las opciones favorables a la violencia. Tras estas actitudes, se encolumnaban las sombras de los gobernantes civiles (de Yrigoyen a Illia, pasando por Frondizi) que eran expulsados del poder como marionetas. La levedad de la tragedia, en contraste con los republicanos europeos de los años treinta y cuarenta, no es excusa para señalar algunos aspectos comunes. Como entonces, la política se vistió de uniforme: los custodios del orden eran los militares y los "confidentes del porvenir" los guerrilleros; en el medio de tanto furor yacía el desgastado artificio del pacto democrático.

Fue un vendaval ideológico que cobró fuerzas gracias a las pasiones que desató y a la tradición dualista del siglo XX, particularmente robusta en la Argentina. En el peronismo, excluido desde 1955, este nuevo clima introdujo variantes sorprendentes. Sus seguidores hicieron una lectura igualitaria y corporativa del populismo (en especial los sindicatos); algunos ideólogos de derecha, que vieron en ese movimiento la resurrección del "ser nacional", le ofrendaron una lectura reaccionaria; la oposición liberal le endilgó una lectura fascista. Faltaba la última operación: los jóvenes de los años sesenta y setenta brindaron con fervor al peronismo una lectura revolucionaria. La lecturas se superpusieron en una suerte de galería de representaciones ideológicas que transformaron a Perón en una pantalla donde proyectar frustraciones y, como escribió Juan José Sebreli, "deseos imaginarios". Era un mundo quebrado donde la violencia asechaba y el miedo recíproco invadía una sociedad que todavía ignoraba los padecimientos del terror generalizado.

V

EL ÚLTIMO TRAMO DEL SIGLO XX

Cuando concluía la década del sesenta en la Argentina, las naciones occidentales estaban conmovidas por una ola de disconformidad que crecía gracias a los acontecimientos de 1968 en Francia y al rechazo popular de la guerra de Vietnam en los Estados Unidos. El asesinato del presidente Kennedy en 1963, la lucha por los derechos civiles que había costado la vida del premio Nobel de la Paz Martin Luther King, proyectaban sobre la política norteamericana la sombra de un dilema no resuelto. La república imperial estaba en crisis hacia fuera y hacia dentro. Las voces rebeldes se alzaron también en los países satélites de Europa del Este, pero allí el poder soviético segó con violencia cualquier atisbo de liberar a los ciudadanos de la servidumbre del partido único (la primavera de Praga sucumbió en 1968 aplastada por los tanques rusos). Movilización por un lado; represión en el bando opuesto: el régimen chino satisfacía mientras tanto ambos extremos mediante la iracundia que volcaban a la palestra pública los guardias rojos de la revolución cultural, ejecutores del último gesto político del presidente Mao.

Muchos espectadores de la escena internacional sostenían entonces que el régimen soviético comenzaba a congelarse, presa, tal vez, de una esclerosis de duración infinita. Nada impedía, sin embargo, que el planeta se estremeciera a merced de un impetuoso ánimo de transformaciones profundas. Estos hechos desmentían las intenciones de quienes exploraban la convergencia paulatina de legitimidades opuestas y con ello dejaban atrás predicciones exageradamente optimistas. Lo que era aún más grave: el fracaso de los ejércitos norteame-

ricanos en Indochina, cuya retirada negoció Henry
Kissinger mientras el escándalo Watergate hundía al
presidente Nixon, abría de nuevo las compuertas de la
locura totalitaria. En Camboya, un país arrasado por
salvajes bombardeos masivos ordenados por Nixon, se
desencadenó la aventura de Pol Pot, cabeza del Khmer
Rojo. Entre 1975 y 1979 se masacraron en esa tierra
martirizada dos millones de camboyanos y, en el año
pico, la compulsión criminal de esos dirigentes, combinada con un exaltado anhelo purificador, engulló al
20% de la población.

El caso de Camboya ocupa uno de los últimos lugares en
la secuencia del furor revolucionario durante el siglo XX.
Algo más de veinte años separan esa experiencia de la
muerte de Pol Pot en 1998. El ascenso y caída de estos
revolucionarios asiáticos, educados en universidades de
Occidente, representa una parábola acerca de las utopías
guerreras: millones de mujeres y hombres, pequeños y an-
cianos, fueron trasladados de la ciudad al campo para lavar
el pecado de origen de pertenecer a lo que el Khmer Rojo
llamaba burguesía o clase enemiga. Los montículos de ca-
dáveres, cráneos y esqueletos son comparables a las ho-
rrendas visiones que transmitieron los noticieros de cine
cuando las tropas aliadas entraron en Buchenwald y en
Auschwitz. Y todo ello se hacía en Camboya con el objeto de
fabricar la vida del "hombre nuevo" sobre la muerte en
masa del hombre viejo. Las palabras que Constant dedicó a
los jacobinos recobraron en esa circunstancia plena actualidad: "Se inmolan los seres reales en honor del ente abstracto; se ofrece al pueblo en masa el holocausto de los
seres individuales."

Dos viejos testigos en los años setenta

Según lo que gustaban creer quienes gobernaban sociedades opulentas, el vendaval asesino del Khmer Rojo de-

mostraba que las matanzas masivas eran patrimonio exclusivo de las áreas subdesarrolladas: a mayor atraso y violencia acumulada, peores reacciones. La teoría del desarrollo era, pues, un astuto velo para excusar la responsabilidad de las dos superpotencias (a las cuales se sumaba China) en la creación de condiciones propicias para el surgimiento de epidemias ideológicas. Con todo, el equilibrio del mundo parecía asegurado en los años setenta por dos hechos complementarios: en la Unión Soviética, una vez consolidado su sistema de sucesión, no parecía posible cambiar la naturaleza profunda del orden totalitario, y la muerte de Salazar en Portugal y de Franco en España ponía en marcha, en los regímenes autoritarios de larga duración, un proceso hacia la democracia negociado y pacífico (sin duda esos atributos fueron de entrada más fuertes en España que en Portugal).

No obstante, la buena noticia de la terminación de los últimos vestigios del autoritarismo católico (vacío ya de la legitimación que en su momento había proporcionado la Iglesia) dejaba en pie una incógnita mayor: ¿qué posibilidades reales tenía el mundo occidental de sortear la trampa de la decadencia? Porque, en efecto, en los años setenta el tema spengleriano de la decadencia se ponía nuevamente de moda frente al formidable despliegue militar de los soviéticos. ¿Tenía esta visión algún asidero en la realidad? En diciembre de 1977, el teórico de las relaciones internacionales Hans J. Morgenthau escribió en la revista *Criterio* un artículo que tituló "El ocaso de Occidente". Cámbiese el término ocaso por la palabra decadencia y está todo dicho; pero, a diferencia de lo que se afirmaba después de 1918, donde el eje de la decadencia atravesaba la masa europea continental, ahora el ocaso de Occidente se debía "a la obvia declinación del poderío norteamericano".

Morgenthau publicó este breve ensayo a los setenta y tres años, poco tiempo antes de su muerte en 1980. Había nacido en 1905 en un pueblo de Baviera, vástago de una familia judía. Sufrió pues el choque con el nazismo en las peores condiciones cuando había concluido sus estudios universitarios de filosofía y derecho. No le quedó más alternativa que peregrinar al principio por Europa. Llegó a la Universidad de Ginebra y al Instituto de Estudios Internacionales justo en la misma época en que Ferrero enseñaba y comenzaba a escribir sus libros acerca del poder y la legitimidad. Luego, en 1935, casi como un signo precursor de la guerra que se avecinaba, se instaló en la España republicana para ejercer la docencia. La experiencia duró muy poco y en 1937 Morgenthau viajó a los Estados Unidos donde en 1947 publicó una obra de influencia decisiva sobre varias generaciones, *Politics among Nations: the Struggle for Power and Peace.*

Este texto, dado a conocer en plena Guerra Fría, fue a la vez el testimonio y la teoría de un espectador desgarrado por los efectos del poder en la arena internacional (una noche, de visita en Buenos Aires hacia fines de los años sesenta, Morgenthau me dijo mientras acariciaba las páginas de una Biblia impresa en Amsterdam en el siglo XVII, que su vida había seguido *"the wake of tragedy"*: la estela de la tragedia en el mundo). Tal vez no exista en pleno siglo XX una prolongación más fiel de los presupuestos teóricos de Maquiavelo y Hobbes que la que se desprende de esta extensa reflexión en torno al carácter inmutable de la naturaleza humana en los asuntos vinculados con la guerra y la paz. Morgenthau puso de nuevo a la orden del día los principios del realismo político: el interés nacional definido en términos de poder, su carácter profundo y cambiante según las circunstancias de tiempo y lugar, la tensión entre política y moral, la sabiduría implícita en la acción diplomática bien entendida. Conocía al dedillo el pasaje del siglo XIX al XX y creía como Ferrero, a quien citaba en apoyo de sus conclusiones, que la reaparición de la "violencia organizada" dentro de un orden político democrático era una posibilidad latente jamás eliminada por completo. Había entonces una carga especial de violencia en la lucha por el poder cuando las revoluciones domésticas engendran guerras internacionales y éstas, a su vez, se vuelven en contra de quienes las provocaron.

El libro de Morgenthau produjo efectos ambivalentes. En cierto sentido, era un relato semejante a la obra de esos grandes teóricos que alimentan, a un tiempo, pasiones imperialistas extremas y conductas mucho más prudentes y limitadas. Al final de su vida, Morgenthau se ubicó en este último repertorio de actitudes, hondamente preocupado por el desproporcionado compromiso bélico de los Estados Unidos en la guerra de Vietnam, origen al cabo de una derrota "ignominiosa". En el artículo de 1977, Morgenthau estaba convencido de que los Estados Unidos habían tomado la posta de Europa en la historia de la decadencia porque la contradicción entre los valores morales, que esa superpotencia decía defender (la libertad, la justicia, la lucha contra la opresión), y los regímenes autoritarios anticomunistas, que crecían bajo su protección, no podía sostenerse más. El incremento del poder militar, concluía con pesimismo, no conducía necesariamente a un aumento del poderío político. El gobierno norteamericano era una especie de Gulliver, incapaz de hacer uso del arsenal nuclear (un temible *boomerang* que se volvería contra ellos para aniquilarlos), asfixiado por numerosos estrangulamientos entre los cuales se destacaba el shock petrolero provocado por las naciones productoras en 1973.

Los diagnósticos de Morgenthau repicaban a duelo por el súbito freno que habían sufrido los "treinta gloriosos años" de crecimiento en el mundo occidental. Ese estancamiento sorpresivo, el desafío de los países productores de materias primas estratégicas, las presiones inflacionarias y el envejecimiento de la población contrastaban, en un cuadro plagado de sombras, con el temple militar del poder soviético. Nada parecía perturbar —se creía— a la Rusia de Breznev y a los planos superpuestos de un sistema económico que combinaba la ineficiencia con los recursos de una gran potencia: en la cumbre había un aparato tecnológico militar que se expandía sin cesar y desequilibraba la balanza del poder mundial; en el medio se observaba el escalón de la economía oficial de consumo masivo, rígida e improductiva; y, más abajo, florecía un abundante mercado negro que amortiguaba los fracasos repetidos de la planificación imperativa. Se reproducía de este modo una nueva estratificación social o, como dijo Michael Voslensky en un libro de fama episódica en 1980, sobre una inmensa población sometida reinaba, en el paisaje de la Unión Soviética, un estamento de privilegiados llamado *Nomenklatura*.

Este escenario no desconcertaba a los protagonistas y espectadores hasta el extremo de dudar acerca de la capacidad de la economía soviética para acrecentar ese poder bélico que, sin mayores dificultades, cruzaba las fronteras del espacio extraterrestre. Con respecto a ello las dudas eran escasas: la sociedad comunista, cuyo adviento llegaría según Kruschev en los años setenta, se había convertido para ese entonces en una inexpugnable sociedad militar. ¿Victoria definitiva del Estado nacional revestido con un mensaje revolucionario en el que muy pocos creían? ¿O acaso tras esa aparente consolidación de los poderes del mundo bipolar se agitaban otras tendencias? El análisis de Morgenthau había tomado nota de la decadencia al paso que destacaba una conjunción de hechos sorprendente y amenazadora. "En lugar de un plan para un nuevo orden creado y apoyado por un nuevo centro de poder —predecía el viejo testigo del siglo XX— se vislumbra sobre el horizonte del mundo civilizado el espectro de la anarquía con procedimientos, instituciones y disposiciones legales que contrastan totalmente con las condiciones tecnológicas reales de la época actual."

La cuestión de la decadencia política se vinculaba, pues, con una revolución menos estridente que las que ocurrieron en épocas anteriores, producto de un asombroso cambio de escala en la tecnología de las comunicaciones. La China de Mao impidió durante quince años que sus habitantes conocieran la noticia del descenso de los astronautas norteamericanos sobre la superficie lunar en 1969. Empero, al cabo de esos tres lustros, las barreras protectoras de aquel orden despótico ya no podían resistir, con la misma eficacia opresiva, la avalancha de comunicaciones que se filtraban por innumerables intersticios. Wells imaginó que el recurso principal de la civilización venidera descansaba en el control del aire, en el dominio de ese espacio sin fronteras visibles que circunda la tierra. No se había equivocado excepto en un punto central. Wells deseaba que el desarrollo tecnológico fomentara una dictadura, para él bienhechora; más cauto e indemne a cualquier tentación fabuladora, Morgenthau comprobó que la tecnología desbordaba las instituciones internacionales establecidas y generaba anarquía.

¿Qué decir, en cambio, de la decadencia? En el mismo año, 1977, Raymond Aron publicó un alegato en favor de la decadencia europea (*Plaidoyer pour l'Europe décadente*), donde volvía sobre los grandes temas que venían desafiando su inteligencia desde 1945. Mientras denunciaba, como era habitual en él, la mistificación del leninismo, parafraseando la prosa apocalíptica de Solzhenitsin, que ponía de relieve una cadena espantosa de humillaciones, Aron se interrogaba también acerca del destino de Europa occidental en pugna con el imperio militar de la Unión Soviética. Con un acervo de experiencia semejante al de Morgenthau, Aron era otro viejo testigo del siglo XX que, en esa ocasión, escribía una versión contemporánea del relato de su admirado Tucídides. En ella, Europa representaba el papel de Atenas y la U.R.S.S. el de Esparta. ¿Podía esa cultura cosmopolita y satisfecha, que dejaba atrás el culto idolátrico del Estado-Nación, vencer la maquinaria de una sociedad militarizada? ¿Qué lugar le quedaba reservado —inquiría Aron con melancolía— al mínimo de virtud necesario para

conservar el temple de las democracias? Las respuestas
inmediatas a estas preguntas no fueron muy tranquiliza-
doras. En 1979 una revolución islámica, apoyada por la
Unión Soviética y conducida por el ayatollah Khomeini,
derrocó en Irán a un régimen autoritario pro occidental
e inició la era de los fundamentalismos.

Esta refundación del clericalismo de Estado ponía patas arriba la lenta y azarosa diferenciación entre el poder
político y el poder eclesiástico que se había operado en
Occidente. Pero las convulsiones iraníes producían una
fusión entre los ámbitos religioso y secular muy diferente
de las formas de legitimación de los estados autoritarios
de inspiración católica. Aun en los períodos más represivos (como, por ejemplo, el Portugal de Salazar en 1939),
había una relación horizontal entre la Iglesia católica y el
Estado, regulada por un concordato. La Iglesia legitimaba
el régimen autoritario pero no se confundía con él. En las
interpretaciones fundamentalistas de la cultura islámica
la función de los clérigos es de carácter político y religioso.
Emergió así un régimen semejante al orden totalitario de
carácter ideocrático, con la diferencia básica, establecida
sin miramientos por los ayatollah, de una recreación contemporánea del más puro tradicionalismo religioso. Los
fundamentalistas islámicos no proclaman una religión
secular. Al contrario: convierten en política una religión
trascendente, y ésta en justificadora de cualquier medio
para consumar su finalidad "redentora". La religión es
terrorista porque el Estado es terrorista y viceversa: he
aquí la plenitud del Estado inquisidor.

No faltaron intelectuales occidentales que se prestaron
a enaltecer esas epopeyas fundamentalistas. Aron, por su
parte, no advirtió en estos acontecimientos un potencial
capaz de modificar el contexto de la Guerra Fría, opinión
que mantuvo inalterable hasta su muerte en 1983. Durante esos pocos años, el autor del monumental *Paix et guerre
entre les nations* prosiguió explorando la actualidad histórica para reformular algunas conclusiones contenidas en

aquel libro de 1962 y se abocó a redactar una obra que no pudo concluir. En 1983, había en su gabinete de trabajo varios capítulos manuscritos de un ensayo titulado, en vena spengleriana, *Los últimos años del siglo*. Aron nos legó una suerte de memorial del último tramo de este siglo, que debe leerse en paralelo con sus *Mémoires* de 1983, donde sobresalían dos tipos de predicciones: en el corto plazo, el análisis no contemplaba mayores sobresaltos en el régimen soviético conducido por Breznev y su sucesor Yuri Andropov (Breznev había muerto en 1982). La hipótesis de que la Unión Soviética estuviese "amenazada de hundimiento" resultaba ser para Aron una "idea aberrante", que no guardaba ninguna correspondencia con la realidad del régimen ideocrático y con la absorción de la sociedad civil por el Estado (el autor del *Prefacio* a este libro póstumo, Pierre Hassner, respaldaba, hacia 1980, el mismo diagnóstico: "...nadie imagina tampoco que [la Unión Soviética] pueda desaparecer o cambiar fundamentalmente de carácter en el futuro previsible, ya sea por conversión a la democracia o por desintegración").

En el largo plazo, la segunda predicción de Aron tenía un carácter descriptivo más amplio, pues adoptaba como marco de referencia el orden planetario. Aron contemplaba el mundo como un conjunto estructurado en torno a tres grandes sistemas: el sistema interestatal, donde los estados nacionales son protagonistas principales, el sistema transnacional de la economía global y de la tecnología aplicada a todos los campos de la acción humana, y el sistema supranacional donde se destacan los organismos de las Naciones Unidas, el Fondo Monetario Internacional, el Banco Mundial y los tratados de soberanía compartida que gobiernan procesos de integración económica como la Unión Europea. Entre estos tres sistemas superpuestos Aron siempre otorgó un rango prioritario a las relaciones interestatales que emergían, como habían advertido Hobbes y Rousseau, en esa zona gris y radicalmente insegura del mundo donde no hay autoridad común ni sujeción a las leyes. Para analizar ese sistema, Aron había registrado el protagonismo de dos superpotencias con poder equivalente, acompañado por un heterogéneo conjunto de estados menos poderosos que se interponían entre aquellas como aliados, rivales o enemigos. Los efectos de esta trama de relaciones se condensaron en un apotegma no desmentido por los hechos durante las cuatro décadas que transcurrieron entre 1945 y el ascenso de Gorbachev al gobierno de la Unión Soviética en 1985: "Paz imposible, guerra improbable". ¿Podían acaso estos rasgos permanecer inalterables en los años ochenta? Aron no dudó en responder afirmativamente: "no veo —dijo— ninguna razón válida para prestar a los años venideros una significación particular".

Estas conjeturas fueron formuladas cuando Ronald Reagan promediaba su primer mandato (había asumido el cargo de presidente de los Estados Unidos en enero de 1981) y unos meses antes de que en la Unión Soviética Konstantin Chernenko sustituyera a Andropov en 1984. Faltaba apenas un año para que la mala salud de Chernenko —tan frágil como la de Andropov— acortara sin remedio los plazos de esas presidencias vitalicias mediante las cuales el régimen de partido único creía haber resuelto el problema de la sucesión. En marzo de 1985, al día siguiente de la muerte de Chernenko, Mijail Gorbachev pasó a ocupar el cargo de secretario general del Partido Comunista. Ése fue el momento en que el mundo entró en "los años decisivos" de la década del ochenta. ¡Y vaya si fueron decisivos! El 31 de diciembre de 1991, cuando Gorbachev anunció por televisión que la Unión Soviética se disolvía para dar lugar a una confederación laxa de repúblicas independientes, un cambio arrollador había dejado atrás el principio del Estado totalitario fundado en la misión redentora del poder, clausurando así una época signada por el combate entre principios de legitimidad antagónicos. Ninguna predicción pudo sortear la prueba de aquella insolente revancha de lo imprevisible en la historia. La hipótesis de la decadencia de Occidente era un eco lejano frente al desenvolvimiento de una tecnología nunca vista, articulada desde el corazón de la cultura que mayormente la producía —los Estados Unidos— por un liderazgo político tan esquemático como decidido.

Las motivaciones de Reagan y Gorbachev, emblemas respectivos de los Estados Unidos y la Unión Soviética, tuvieron muy pocas cosas en común. El primero fue un conservador aguerrido que concentró su acción en escasos objetivos. Acertó, sin embargo, en identificar una estrategia que, luego de consumada, a muchos puede parecer banal: volcar en el plano militar la fuerza de esa mutación tecnológica que no podía encajar en el rígido sistema soviético de la planificación imperativa. Lanzada esta estrategia ofensiva contra lo que Reagan denominó, sin mayor atención por los matices, "el imperio del mal", la aparición de un liderazgo reformista en la Unión Soviética terminó por abrir las compuertas que bloqueaban las reivindicaciones nacionales. Muy pocos imaginaron que las tradiciones reconcentradas en el particularismo de lenguas, creencias y religiones pudiesen reclamar de nuevo, hacia finales del siglo XX, su plena y desafiante vigencia. Autores como Brzezinski y Hélène Carrère d'Encausse percibieron las primeras señales de alarma en el imperio soviético. Englobaron esos signos con el mote de "cuestión nacional", dos palabras típicas del siglo XIX que anunciaban el progresivo desgarramiento de regiones situadas en la periferia del poder instalado en el Kremlin. Latente esta crisis durante muchos años tras la costra de la ideología oficial y de una economía obsoleta, bastaron los impulsos reformistas de la *glasnost* y la *perestroika* para alentar la repentina instauración dentro del imperio soviético de un mosaico de naciones.

Gorbachev se asemeja, en este sentido, a la figura de Luis XVI. Los dos conforman una pareja arquetípica de reformistas convencidos que, sin quererlo, abrieron cauce a la revolución (no sé cual de los dos destinos es más patético, si el de Luis XVI, decapitado en París en 1793, o el de Gorbachev protagonizando una publicidad de la cadena norteamericana Pizza Hut en el Moscú de 1997, para allegar fondos a su alicaída fundación). De un conjunto de reformas dentro de un régimen que reclamaba modificaciones urgentes, se pasó en la Unión Soviética a una impugnación de la legitimidad comunista inspirada en las ideas de libertad y particularismo nacional. Donde estallaron con más fuerza esos reclamos reprimidos durante largo tiempo fue en Europa del Este. A estos fenómenos no fueron ajenos (parece redundante recordarlo) los medios de comunicación, cuyas imágenes hicieron participar al planeta entero en aquellas jornadas entre el 89 y el 91. Lejos, muy lejos de esos instantes en que una parte de la humanidad recuperaba casi por encanto la libertad, se hallaban las predicciones sombrías que, en 1949, George Orwell formuló en su libro 1984: el panorama opresivo y sin salida, delineado en un impactante ensayo de anticipación del futuro por el antiguo defensor de la República española en Cataluña. En el año 1984 el presente estaba en camino de vencer a ese pasado inmediato del siglo XX y a su porvenir presentido.

El revés que sufrió el imperio soviético no derivó solamente de los valores liberales y laicos, que venían avanzando en la cultura occidental desde la época de la Ilustración, sino también de la invocación religiosa, aplicada sin más vueltas al terreno político, que, a partir de 1978, impulsó Karol Wojtyla, el papa Juan Pablo II. El estilo rotundo de este pontífice extraño a las rutinas eclesiásticas establecidas en Roma, que había sufrido en su tierra, Polonia, el flagelo del totalitarismo por partida doble, padeciendo primero el nazismo y luego el régimen comunista desde las filas de una Iglesia militante y tradicionalista, representa otra viviente paradoja. Juan Pablo II instaló en el debate contemporáneo un liderazgo moral, mitad conservador y mitad avanzado, distante en muchos sentidos de la manera tolerante con que su antecesor Pablo VI gobernó a la Iglesia del Concilio Vaticano II y de los años turbulentos que siguieron a este acontecimiento central en la cultura católica (entre ambos, Juan Pablo I reinó durante un intervalo de pocos días en 1978). Aplicó así un nuevo concepto de la intervención de la Iglesia en los asuntos temporales, no vaciló en apoyar expresamente proyectos políticos (como el movimiento Solidaridad fundado por Lech Walesa en Polonia en 1979), en intervenir como mediador cuando estallaban conflictos internacionales (como en nuestro país, a punto de enterrarse en una aventura bélica contra Chile en 1978), o en levantar su voz en cuanta ocasión juzgase necesario y oportuno hacerlo.

Ahora que el pontificado de Juan Pablo II se acerca a un inevitable final, se pueden abarcar con un golpe de vista los veinte años de intensa actividad que produjeron movilizaciones masivas en muchos rincones del mundo, de Varsovia a La Habana, con fuerte repercusión mediática. Karol Wojtyla prosiguió la tarea de Juan XXIII y Pablo VI, defendió los derechos humanos, la libertad política y una idea de la justicia social congruente con la libertad económica; promovió la paz y posiblemente haya sido el papa que más hizo —besando la tierra de los hornos crematorios de Auschwitz— para redimir al catolicismo de los males del racismo y el antisemitismo; pero fue un pontífice —lo es todavía— conservador y riguroso que, con ánimo restaurador, aplicó enérgicamente la disciplina eclesiástica y usó, en el plano de la moral familiar y sexual, un lenguaje normativo estricto, que distingue tajantemente entre lo que es lícito e ilícito, sin los matices observables en los temas atinentes a la moral social.

¿Resurgió acaso, en estas dos décadas de la vida de la Iglesia católica, una nueva forma de clericalismo y un estilo de inserción en la vida política del cual Juan XXIII y Pablo VI buscaron distanciarse? Es posible que la pregunta merezca una respuesta afirmativa en algunos aspectos y negativa en otros; pero no puede dudarse del condimento religioso —institucional y personal— que han vuelto a tener los últimos años del siglo XX. Un hecho caleidoscópico, donde los cristales se quiebran para dar forma al furor fundamentalista, a nuevos y repetidos gestos de intolerancia y a las actitudes que con espíritu pluralista escrutan lo que Juan XXIII llamó "los signos de los tiempos".

La fuerza de estos liderazgos radica en el sentido universal con que abarcan el planeta o en la pasión particularista con que se proyectan sobre regiones densamente pobladas. En un caso la religión es parte de una trama pluralista y convive —le guste o no— con diversos procesos de secularización; en otro, la religión no se despoja de su envoltura teocrática y, de acuerdo con metas de salvación por ella establecidas, prosigue justificando una gama de medios que van desde la inmolación individual hasta el crimen colectivo (ambos métodos suelen combinarse en una misma acción). El primero de estos comportamientos corresponde mejor en la actualidad a la situación de las iglesias de raíz cristiana y el segundo a realidades incrustadas, según vimos más arriba, en las culturas de Medio Oriente.

Las posibilidades de pasar de uno a otro de estos escenarios son tan amplias para las religiones como han sido, por ejemplo, los diversos modos de relación de la Iglesia católica con el poder político a lo largo del siglo XX. En 1942, Ferrero estaba convencido —y no le faltaba razón histórica— de que, una vez derrotado el nazifascismo, persistirían dos cuestionamientos globales a la legitimidad democrática encarnados, respectivamente, en la Iglesia católica y en los partidos de obediencia comunista. Estos últimos, y las religiones seculares que inyectaban en la sociedad los regímenes ideocráticos, abandonaron respectivamente la escena en 1945 y 1991 (por citar las fechas clave de la rendición de las fuerzas del Eje y de la disolución de la Unión Soviética). La Iglesia, por su parte, ya no justifica, en general, regímenes autoritarios de inspiración católica, y si lo hace —veremos esto de inmediato— es porque una parte de la jerarquía adopta posiciones condescendientes con el poder militar, o un grupo de sacerdotes explora las metas temporales de la redención revolucionaria.

¿Qué ha quedado entonces en pie de aquellas predicciones de los años setenta que nos han servido de guía para destacar los acontecimientos de la década del ochenta? A primera vista, muy poco. La cultura de Occidente: el asombroso maridaje del conocimiento con la libertad, de la ciencia con sus aplicaciones prácticas, de los recursos asignados por el Estado a universidades, centros de investigación y laboratorios con empresas y poderes públicos, produjo una reversión de las expectativas pesimistas, como si un eficaz triángulo de relaciones entre el sistema científico-tecnológico, el sistema político y el sistema económico hubiese desbaratado esos pronósticos agoreros.

Sin embargo, en un nivel de reflexión más profundo, las apuestas de Morgenthau y de Aron han revelado tener, hasta el momento, mucha más consistencia, y sus preguntas siguen hoy tan abiertas como hace varios lustros. Porque, en el mundo posterior a la caída del Muro de Berlín, la superposición anárquica entre los estados, la economía transnacional globalizada y los organismos internacionales persiste y, en muchas circunstancias, se agudiza. Ferrero hubiese respondido a estas incógnitas afirmando, con el auxilio de su viejo argumento, que el derrumbe de una ilegitimidad revolucionaria no provoca, como efecto inmediato, la instalación de una legitimidad democrática. El horizonte de los ideales siempre contrasta con la realidad de los regímenes existentes, y esta cuestión interpela tanto a la vida interna de los estados como a la vertiginosa transformación ahora en curso en el sistema internacional.

Del terror recíproco a la democracia

Los pronósticos de Morgenthau y Aron no desentonaban en América Latina. Sobraban ejemplos, en ese continente atribulado, para hilvanar el relato de tantos procesos repetidos de declinación. En el Cono Sur, las sociedades se internaban en un período tenebroso, sembrado de millares de víctimas y azuzado por pasiones criminales. El semblante de esa desdicha en la Argentina de los años setenta estaba marcado por los antecedentes del pasado más reciente y por la prolongada erosión que, desde los años treinta, había padecido el principio de legitimidad democrático.

Ya hemos visto en el capítulo anterior los prolegómenos de esa época furiosa, partera de una violencia fratricida jamás vista en el siglo XX. Contemplados desde este ángulo, los años setenta enmarcaron un sangriento choque entre grupos que reivindicaban proyectos políticos antagónicos y excluyentes. Las concepciones en torno al Estado-Nación, las creencias acerca de la misión redentora del poder político, el convencimiento de que la sociedad tenía un destino prefijado por las leyes de la historia: todo este conjunto de tradiciones y memorias ancladas en el pasado e imbuidas, no obstante, de fervorosa impaciencia por llegar cuanto antes a un porvenir soñado, se reunió en un lugar inhóspito y embriagado de discordia.

Los signos de este descalabro no provenían solamente de la Argentina. En diversos puntos del planeta, los años setenta venían envueltos por esa urgente compulsión de conquistar el poder a cualquier precio. En Italia, la democracia de posguerra soportaba los efectos de las conspiraciónes de la mafia y sufría impugnaciones terroristas provenientes de la extrema izquierda y la extrema derecha. En 1978, una célula de las Brigadas Rojas, organización de extrema izquierda, secuestró y asesinó a una de las figuras más destacadas del arco parlamentario italiano, el demócrata cristiano Aldo Moro (sucesos semejantes tenían lugar en la República Federal Alemana con la llamada banda Baader Meinhof). La violencia no sólo repicaba a muerte en Camboya y en Teherán, o en el Líbano, donde la guerra civil destruyó a partir de 1975 un complejo sistema de convivencia pluralista entre musulmanes y cristianos: también volvía por sus fueros en la Europa democrática.

Soplaban, pues, vientos de fronda que, en algunos países, eran contenidos por el aparato legal de las instituciones republicanas. En Italia los jueces y los oficiales de las fuerzas armadas del Estado, sujetos a la autoridad civil, perdían sus vidas con solitaria dignidad. En la Argentina, en cambio, no había instituciones que defender. Tan sólo existían poderes que chocaban o, en el mejor de los casos, fachadas democráticas; cuasi legitimidades que no podían sobrevivir a la tutela militar. Este contexto alentó a los violentos tanto como las ideologías que justificaban sus acciones. El pasado inmediato de las generaciones que entonces accedían a la mayoría de edad, les había enseñado cómo los presidentes civiles eran despojados del poder a punta de fusiles y metralletas; las esperanzas, sueños e ilusiones que se desplazaban a lo largo de América Latina imaginaban nuevas metas para superar, mediante el uso sistemático de la violencia, un estado generalizado de injusticia, irrevocablemente ligado con las dictaduras y los gobiernos civiles. La legitimidad democrática era pues un imposible porque otra historia la había superado. El determinismo histórico y los ideales de una "vida auténtica" se aunaban nuevamente en esa celebración del adviento revolucionario.

Con la mira puesta en la transformación del orden imperialista dependiente de Estados Unidos, que llevaba a cabo el régimen de Castro en Cuba, y en el combate de Ernesto Che Guevara en el corazón de América del Sur, habían reaparecido estilos y lenguajes ampliamente difundidos en la Europa de entre guerras. Dado que en política importaban más los fines que los medios, el prisma ideológico distinguía siempre entre la violencia injusta y la violencia redentora, entre la dictadura buena y la dictadura mala. De acuerdo con el discurso imperante en las filas revolucionarias, la dictadura y la violencia que la precedía, tal como, por ejemplo, el Che Guevara la aplicaba contra sus enemigos y los amigos díscolos que no acataban su liderazgo, eran etapas necesarias para consumar una plena liberación (la violencia de arriba —decía este discurso— que engendraba la violencia de abajo, anudaban el desenlace inevitable de la guerra de liberación); de acuerdo con las palabras en uso en los medios militares y en los estamentos dirigentes a ellos vinculados, el conflicto tenía por objetivo la defensa de una pretendida "civilización occidental y cristiana", algo así como la custodia de un espíritu o esencia que trascendía y condicionaba la interpretación que ellos mismos hacían del orden constitucional. En realidad, esos esquemas ideológicos, que siempre colocaban a la Constitución Nacional a remolque de los fines y estatutos del golpe de Estado de turno, se asemejaban mucho más al régimen franquista de los años sesenta (convenientemente modernizado en el plano económico) que a los complejos sistemas políticos —occidentales y democráticos— de Estados Unidos, Canadá, Europa y Oceanía.

El castigo que sufrieron las poblaciones latinoamericanas por este enfrentamiento fue fatal. Durante más de tres décadas arreciaron las más crudas manifestaciones del dualismo. Salvo excepciones, entre las cuales destacaba la Venezuela democrática de Rómulo Betancourt y Rafael Caldera, la dialéctica amigo-enemigo invadió el campo de la acción social y convirtió el lenguaje político en arengas guerreras y su práctica, en combates armados. La guerra pasó a ser así un genio omnipresente que traspasaba las fronteras territoriales y se ocultaba en operaciones clandestinas, de índole urbana o rural, y en los centros secretos de detención donde se torturaba y mataba. En cierto sentido —y pese al carácter selectivo que sus ejecutores le asignaban— esa pugna ponía en escena la versión tardía de una suerte de guerra totalizadora, en la cual ambos bandos se diferenciaban por medio de conceptos difusos y al mismo tiempo útiles para los objetivos bélicos perseguidos: se hablaba, en efecto, de fronteras ideológicas o de enemigos ideológicos.

La ideología sirvió entonces para atacar desde afuera "la dominación imperialista" y para modificar, dentro del Estado mismo, el concepto tradicional de la guerra: de acción propia de la violencia organizada en campo abierto con uniforme y bandera desplegada, la guerra pasó a ser una actividad irregular, apta para desenvolverse en un subsuelo clausurado al escrutinio público, sin límites formales ni derecho de gentes capaz de sosegar la intensidad destructiva aplicada al enemigo. En el Libro I de *Del espíritu de las leyes* (capítulo III), Montesquieu definió el derecho de gentes como aquel que "se funda en el principio de que las distintas naciones deben hacerse, en tiempo de paz, el mayor bien, y en tiempo de guerra el menor mal posible, sin perjuicio de sus verdaderos intereses". La interpenetración de los factores externos de la guerra clásica con los factores domésticos propios de una conflagración civil, destruyó los principios del derecho de gentes. Si un ser humano, combatiente o neutral, caía dentro del círculo de la guerra ideológica, podía ser objeto del mayor mal.

Estas vicisitudes, sus signos trágicos, las innumerables tumbas sin nombre que jalonaron su recorrido duraron más de treinta años, aún no han concluido. Cuando en 1979, el Frente Sandinista de Liberación Nacional tomó el poder en Nicaragua para iniciar una revolución que sería derrotada en las urnas once años más tarde, la dictadura de Somoza había cobrado alrededor de 30.000 víctimas. Guatemala tuvo desde comienzos de la década del sesenta su larga "guerra de los treinta años" (en 1996 se firmó un acuerdo de paz entre el gobierno y la guerrilla) con un saldo, según cálculos aproximados, de 150.000 muertos y millares de desaparecidos. Entre 1973 y 1990 murieron cerca de 60.000 salvadoreños en ese pequeño territorio asolado por la misma clase de guerra. En Perú, la violencia impuesta por el terrorismo de Sendero Luminoso dejó un saldo de 15.000 muertos y desaparecidos. En Chile, la policía secreta al servicio de la dictadura de Pinochet mató e hizo desaparecer a más de 2.000 individuos según un informe oficial dado a conocer en 1991 por el presidente constitucional Patricio Aylwin.

Aunque sin duda podría alargarse (dejamos pendiente la experiencia de Colombia que trataremos más adelante), tal vez sea suficiente esta recapitulación para destacar las herramientas con que, una a una, se fueron desmontando las piezas que conforman la legalidad del Estado. En el curso de la historia moderna, el monopolio de la fuerza en manos del Estado siempre fue presentado, en la teoría y en la praxis política, como una expresión pública de la vida humana, con sus normas, instituciones, cargos a desempeñar y símbolos de identificación que iban desde el uniforme del policía en la calle hasta los emblemas nacionales. Estos rasgos, por ejemplo, impactaron a Ortega y Gasset cuando, en su segundo viaje a la Argentina, descubrió "un Estado rígido, ceñudo, con grave empaque, separado por completo de la espontaneidad social, vuelto frente a ella, con rebosante autoridad sobre individuos y grupos sociales."

Si Ortega hubiese podido contrastar estas observaciones con lo que ocurriría en la misma sociedad medio siglo más tarde, quizá su balance histórico habría sido diferente. La pintura de aquel ámbito público de los años veinte reflejaba, aproximadamente, la versión argentina del "Estado gendarme" (un concepto —dicho sea de paso— escarnecido por los críticos antiliberales). Dibujaba ese retrato una forma estatal limitada, sin duda centralista, cuyas estructuras, firmemente articuladas, no interferían con la espontaneidad social. El Estado que advino medio siglo después tuvo poco que ver con ese modesto gendarme, pues lo guiaba el propósito de controlar con discrecionalidad en lugar de gobernar responsablemente rindiendo cuentas de sus actos.

Agredido desde la sociedad por organizaciones violentas que mataban y elogiaban a los asesinos convertidos en justicieros, el Estado, gravemente deformado por la hegemonía populista y el autoritarismo militar, respondió con la misma receta. Si por el lado revolucionario se operaba distinguiendo entre organizaciones de superficie y organizaciones de combate clandestino, por el lado estatal se comenzó a obrar según el mismo método. Así se privatizó la violencia, se la ocultó y se montó un sistema por donde circulaban, sin que necesariamente hubiese relaciones explícitas entre ellos, un gobierno de superficie y un aparato represivo ubicado en el subsuelo. Este doble registro entre lo que se mostraba y escondía reveló, con crudeza, algo que, para Elías Canetti, constituye el núcleo irreductible de las relaciones de poder: el secreto.

Cuando, hacia los años 1971 y 1973, se cerró la experiencia del primer autoritarismo ejercido en conjunto por las Fuerzas Armadas (para Guillermo O'Donnell, régimen "burocrático autoritario"), la pedagogía de la violencia había cosechado sus frutos y estaba muy cerca también de echar abajo dos democracias vecinas, por muchos motivos ejemplares: Chile y Uruguay. Empero, faltaban todavía otros episodios para ajustar con más precisión los mecanismos que hundían a todos, amigos y enemigos, en el pantano de la ilegitimidad. ¿Era previsible este final ya definitivamente envuelto en el crimen, la tortura y la muerte? Entre 1973 y 1976, de acuerdo con informes de las fuerzas de seguridad, el terrorismo que podríamos denominar "extraestatal" produjo 1.358 crímenes. Amnistía Internacional consignó en el mismo período 1.500 muertes ocasionadas por grupos terroristas "intraestatales". Este foso se cavaba mientras tenía lugar un proceso de movilizaciones populares que abrieron las compuertas que proscribían al peronismo desde 1955. En septiembre de 1973, nuestra política recuperó los niveles propios de participación electoral de las democracias avanzadas (vale decir, sufragio universal masculino y femenino sin partidos ni dirigentes excluidos) en combinación con una anomia institucional cada vez más extendida. En la política argentina se votaba y se mataba, como si sobre el telón de fondo de una democracia con explosiones participativas, se recortaran relaciones de poder teñidas de sangre.

En ese momento oscuro el miedo recíproco no perdonó prácticamente a ninguna posición social: cayeron toda clase de argentinos y exiliados en el país, sin distinción de edad, sexo, categoría profesional o religión. La crisis de legitimidad atrapó a decenas de miles de seres humanos y dividió hondamente a muchas instituciones sociales. No sólo numerosas familias padecieron ese vendaval de discordia; también en la Iglesia sobrevino una tentación de fuga hacia los extremos que trajo como resultado la presencia simultánea de grupos de sacerdotes que adherían a una u otra de las bandas violentas; algunos de ellos obraron con distancia crítica y otros con vocación justificadora de los crímenes cometidos, pero en general, salvo un grupo de obispos comprometidos con la defensa de los derechos humanos, no se alzó en la Iglesia una voz institucional vigorosa, ubicada en el centro de las discordias, capaz de mantener viva en el país la conciencia moral.

Agotado, luego de la muerte de Perón, un gobierno que descansaba exclusivamente en su liderazgo, en marzo de 1976 se puso en marcha con precisión devastadora un engranaje ya aceitado en los meses previos a esa fecha. Quedó entonces en claro que la ilegitimidad, como las alegorías sobre el infierno, contiene círculos descendentes que equivalen a grados de sufrimiento colectivo de más en más intensos. ¿A cuánto llegó el número de muertos y desaparecidos en enfrentamientos, cámaras de tortura y campos clandestinos de detención, mientras el sistema judicial, exceptuados algunos casos, bloqueaba a miles de recursos de *habeas corpus*? El Informe de la Comisión Nacional sobre la Desaparición de Personas, que presidió

Ernesto Sabato, presentado al presidente Raúl Alfonsín el 20 de septiembre de 1984, registró a 8.960 personas con paradero desconocido. La frialdad de estas cifras, que posteriormente aumentaron con nuevas comprobaciones, fue tan elocuente como los esfuerzos que un puñado de asociaciones voluntarias hicieron durante esos años para recoger información y denunciar esa atrocidad sistemática. Pero también cundió el silencio. En los regímenes autoritarios se mezclan varios tipos de conducta con la actitud de los críticos y disidentes: la violencia y la represión (faena de los que portan armas y aplican instrumentos de tortura), el asentimiento resignado o fervoroso de quienes se pliegan a ese esquema de dominación, y la mirada oblicua que se niega a reconocer la verdad de las cosas. Estos comportamientos echaron por la borda un estilo de hacer política que, durante mucho tiempo, brilló por su ausencia: el estilo de los moderados. Fue un fracaso compartido por muchos. Los líderes de los partidos que adherían al ideal democrático estaban proscritos e impedidos de competir pacíficamente por el poder; y en cada uno de los bandos en pugna, a derecha e izquierda, la lógica de los violentos se impuso sobre la lógica de quienes pretendían contemporizar o, sencillamente, apartarse de esa trama diabólica. Para los jacobinos y purificadores no hay, en rigor, término medio.

Cuando el territorio político está delimitado por los excesos del dualismo, la primera víctima, junto al tendal de sacrificados, es la sabiduría de una "ética de la cordura" (el concepto pertenece a Stanley Hoffmann en un ensayo sobre Raymond Aron, publicado en 1985). El signo más evidente de que una ética de la cordura está arraigada en los usos y costumbres de un pueblo es la moderación. Si esta concepción ética es desplazada por las pasiones más elementales de la discordia civil, la "inteligencia razonable" del hombre de Estado ya no tiene más nada que hacer. ¿Cómo reorientar entonces las pasiones hacia el curso bienhechor de la razón? Aunque pueda sonar extraño, la dictadura sucumbió por sus propios excesos. Las mismas pasiones y el deseo vehemente de las Fuerzas Armadas de expandir la guerra fuera de las fronteras del territorio argentino produjeron la derrota militar y política del régimen autoritario.

La guerra adoptó, en este sentido, ciertas características de los regímenes totalitarios, cuyos gobernantes, no contentos con imponer su dominación en el plano doméstico, la expanden hacia afuera en busca de enemigos externos. En diciembre de 1978, la mediación de Juan Pablo II, apoyada por el presidente de los Estados Unidos Jimmy Carter y por sectores dentro de las Fuerzas Armadas, impidió la guerra con Chile luego de que la Argentina rechazara el laudo arbitral que se dictó con motivo del diferendo sobre el canal de Beagle. De haber ocurrido, hubiésemos soportado una guerra sangrienta entre dos dictaduras. Como es de sobra conocido, la prueba definitiva llegó en 1982, cuando la inesperada invasión de las islas Malvinas concluyó con la rendición del pabellón argentino frente al cuerpo expedicionario que había enviado el gobierno británico.

De inmediato, se produjo un estrepitoso derrumbe que puso a descubierto, en toda la sociedad, una sensación compartida de inseguridad y desamparo. Muertos sin tumbas adentro; soldados con lápidas afuera: tales fueron los últimos efectos de haber abandonado durante tantos años la práctica y la reflexión crítica en torno a los límites del poder político. En cierto modo, ese desmoronamiento fue el punto culminante de una época en la cual los argentinos, a merced de acciones violentas siempre más intensas, fueron gobernados por poderes ilegítimos. Se invocaron numerosos principios: la integridad del Estado, la defensa de la Nación por una elite de guardianes armados, la capacidad redentora del poder, el sentido inevitable de las revoluciones; pero no se quiso aprender el arte que consiste en combinar el poder limitado por los derechos humanos, la representación política y la separación de poderes, con niveles crecientes de participación democrática.

¿Hubiésemos llegado al mismo resultado de haber prevalecido en las filas de las Fuerzas Armadas algún atisbo de cordura? Es la historia que no fue. Según los hechos que realmente ocurrieron, la democracia instaurada en 1983 fue heredera de unas tradiciones aún vivientes bajo la costra del autoritarismo e hija de los padecimientos del terror recíproco, de la derrota y, por ende, de la necesidad. Una situación muy diferente, por cierto, de la que entonces se desarrollaba en España.

Por aquellos años, la "transición" española a la democracia que, como ha dicho recientemente Manuel Jiménez de Parga, "se llevó a cabo de forma admirable, para asombro de propios y extraños", había incorporado al análisis político una nueva palabra, prontamente difundida por todo el mundo. Tan atractiva fue la moda de la transición, que el concepto —estirado por doquier según diversas circunstancias de tiempo y lugar— englobó con generosidad la multitud de fenómenos comprendidos en el pasaje de un régimen autoritario a un régimen democrático. Vino viejo en odres nuevas: procesos semejantes de cambio político habían despertado, desde hace ya algunos milenios, la curiosidad de Aristóteles.

Los españoles recobraban la concordia interior y prestaban consenso a dos valores antes encontrados: el "principio monárquico", como lo llamó Miguel Herrero de Miñón, y la democracia; y habían engarzado, con sutileza encomiable, el olvido del pasado con la confianza depositada en un porvenir sin pasiones dogmáticas ni exclusiones. Una parte significativa de la dirigencia del antiguo régimen franquista acordaba reglas de juego universales con los viejos proscritos de la República y los nuevos líderes de los partidos democráticos, merced a un complicado proceso de negociaciones. Los símbolos que sellaron esta empresa fueron la amnistía, las deliberaciones en el seno de una asamblea constituyente y la Ley Fundamental que resultó de ellas, aceptada conjuntamente por el pueblo y la monarquía.

En quienes hurgaban en estos acontecimientos inéditos, el pacto histórico de la transición española aparecía como una secuencia dividida en etapas, al modo de la obra que planea un ingeniero y va sumando piso tras piso sobre los cimientos del edificio. Este desenvolvimiento, que sin duda produjo efectos no previstos y gozó de un excepcional apoyo externo proveniente de la Comunidad Europea, no existió en la Argentina. Si aceptamos un concepto restringido de transición, derivado de la experiencia ibérica y de lo que después aconteció en Uruguay, Brasil y Chile, se podría aducir que en la Argentina de 1982-1983 no hubo, en rigor, transición (otro, por cierto, sería el relato no menos plausible y ya probado en numerosos trabajos que asigna al concepto de transición un alcance mayor). Lo que en cambio sobrevino al principio, en medio del derrumbe, fue un acto restaurador de la Constitución histórica sancionada en 1853 y reformada en varias oportunidades.

El ensayo no era novedoso, pues se lo practicó en cuatro de las cinco salidas constitucionales que abrieron los gobiernos de facto emanados de golpes de Estado. La restauración de la vieja Ley Fundamental tuvo lugar en 1931, 1946, 1958 y 1963 (en 1972, la Junta Militar en ejercicio del gobierno impuso por decreto una Enmienda provisoria que rigió en las dos elecciones nacionales de 1973). En cada una de estas restauraciones y en el proceso electoral que las inauguraba hubo un común denominador: la proscripción o el fraude contra partidos de fuerte arraigo en una franja ciudadana (exceptuados los comicios de 1946) y el determinante papel extraconstitucional de las Fuerzas Armadas, que al cabo les permitió clausurar el ciclo iniciado por ellas mismas en 1943, 1955, 1962, 1966 y 1976.

Esta suerte de argumento no escrito del juego de la ilegitimidad corrompió, como hemos visto, las reglas de la sucesión política. El fraude, las proscripciones, el control de los gobiernos sobre las oposiciones y el vallado impuesto a la libertad de expresión y a los medios de comunicación, ofrecieron un espectáculo donde todo valía y todo se confundía: los votos, las conspiraciones y las armas. Desde luego, esos cambios que trasladaban el gobierno de los militares a los civiles y de éstos otra vez a los militares, no podían ocultar el hecho evidente de que la sucesión política estaba dominada por la fuerza. Por eso, los grandes mediadores de la alternancia fueron los golpes de Estado.

La sucesión política fue acaso el referente más expresivo para comprobar cómo la ilegitimidad se prolongaba, en nuestro país, sin que ninguna estrategia política pudiese contrarrestar su acción corrosiva. Ferrero podría haber dicho que la sucesión pacífica era un genio que, desde 1930, faltaba en el juego normal de las instituciones. Tan sugestiva resultó esta ausencia que, cuando las Fuerzas Armadas, dueñas después de 1976 de la vida y muerte de los argentinos, intentaron fijar un procedimiento interno de sucesión para trasladar la presidencia de facto de un general a otro, concluyeron protagonizando una puja de enredos domésticos que infundió más incertidumbre y desconcierto. Ni aun dentro de las fronteras de un régimen cerrado, que concentraba todo el poder en un estamento superior de origen burocrático, fue posible incorporar las virtudes de aquel díscolo genio. Eso también había coadyuvado al derrumbe.

En 1983, la Argentina estaba pues de nuevo frente a un pantano institucional difícil de franquear. ¿Qué sentido tenía ese acto restaurador cuando los antiguos episodios mostraban que tarde o temprano los militares volvían otra vez a la palestra? La respuesta a esta pregunta abarca una historia de quince años. En ese lapso, los argentinos lograron convertir aquellos primeros actos restauradores de la vieja Ley Fundamental en una instauración y posterior desenvolvimiento de la legitimidad democrática como jamás habían conocido. A este resultado, con final abierto, se llegó merced a una conjunción de acciones que, en muchos casos, surgieron de decisiones trascendentes y, en otros, tuvieron efectos tan dispares como imprevisibles.

Ciertos acontecimientos del pasado más reciente representaron, en esos años, un papel crucial. El más importante fue en 1973 el regreso al poder de Perón luego de un largo destierro. La destitución de Isabel Perón en 1976 no pudo borrar ese precedente y los gestos de reconciliación de Perón con los partidos de oposición, en particular la Unión Cívica Radical presidida por Ricardo Balbín. Se echaron así ciertas bases de confianza y respeto mutuo que no se destruyeron fácilmente. La posibilidad de pactar al fin una democracia sin exclusiones comenzó a gestarse en esos pocos meses de 1973 y 1974, cuando la organización Montoneros, junto con otros grupos afines de violencia armada, fue condenada por Perón (quien antes la había alentado), y la sucesión inmediata de aquel líder enfermo adoptaba aires monárquicos, con su propia consorte a cargo de la vicepresidencia.

Con estos antecedentes, no había en 1983 espacio para ningún arreglo proscriptivo. Tampoco el poder militar contaba con los recursos de prestigio suficientes para recuperarse con premura de un fracaso evidente para todo el mundo. En este sentido, el régimen de 1983 tuvo, de partida, vientos favorables. Ésta fue la atmósfera de la victoria de Raúl Alfonsín que, invocando el valor de la tradición democrática frente a las regresiones autoritarias, quebró la hegemonía electoral del justicialismo (desde 1946, para derrotar a ese movimiento mayoritario era necesario proscribirlo) y abrió un período donde se probaría la capacidad del sistema político para ejercer lo que Carlos S. Nino ha llamado, en su texto póstumo *Juicio al mal absoluto,* "la justicia retroactiva".

Aunque existían precedentes en los países occidentales (el caso de Grecia entre 1975 y 1976 era el más conocido), la decisión del presidente Alfonsín de someter a juicio a los responsables de los crímenes cometidos tanto por las organizaciones terroristas guerrilleras como por el gobierno militar, despertó aprensiones y críticas, entre otros en los politólogos que recomendaban seguir el método de las transiciones pactadas mediante amnistías. En 1991, Samuel P. Huntington consideraba, en *The Third Wave: Democratization in the Late Twentieth Century*, que al aplicar en la Argentina una justicia retroactiva se había profundizado el caos moral y político (características típicas, por otra parte, de la imagen "pretoriana" que Huntington tenía de la Argentina desde los años sesenta, cuando publicó su popular libro *Political Order in Changing Societies*).

Con la mirada puesta en el período 1983-1990, razones no faltaban para formular esa conclusión sombría. El "juicio a las Juntas", cuyo fallo condenatorio por homicidios, torturas, privación ilegal de la libertad y robos, se dio a conocer el 9 de diciembre de 1985, fue seguido de otros juicios, sustanciados en diferentes puntos del país. El descontento en las Fuerzas Armadas impulsó una ola de rebeliones militares en 1987 y 1988, que cesaron parcialmente con la sanción por el Congreso de una amnistía conocida como Ley de Obediencia Debida. Este instrumento legal fue, sin embargo, limitado, pues los miembros de las Juntas y uno de los jefes montoneros permanecieron en prisión, mientras otros procesos seguían abiertos, hasta diciembre de 1990, cuando el presidente Menem indultó a quienes cumplían sentencia y a los procesados.

En una aproximación preliminar al tema, no es tarea sencilla refutar la hipótesis del caos. La presidencia de Alfonsín fue sin duda tormentosa, agravada por el hecho de que el país tuvo que enfrentar las dificultades derivadas de una doble crisis. La Argentina, en efecto, había dilapidado la legitimidad de las instituciones políticas, sin que sufrieran mella equivalente las instituciones económicas forjadas desde mediados de la década del cuarenta. La discordia política se detenía pues ante un curioso consenso socioeconómico, abonado por gobiernos civiles y militares, que, sin embargo, con el paso de los años, no lograba contener una evidente erosión de las estructuras productivas y del conglomerado de las empresas públicas. La crisis de esta sociedad, que en su origen había generado una drástica redistribución del ingreso en favor del sector asalariado, trajo como consecuencia la disolución del valor de la moneda.

Salvo en el intervalo de la década del sesenta, esta larga declinación de una economía estancada, que debía responder conjuntamente a demandas corporativas y a las exigencias fiscales del Estado de bienestar, fue descripta por Tulio Halperín Donghi como "la larga agonía de la Argentina peronista". El precario equilibrio entre las tradiciones igualitarias, firmemente arraigadas en las expectativas populares, y una organización socioeconómica basada en toda clase de privilegios, recreó una especie de sociedad de antiguo régimen, inmersa en una cultura animada por sentimientos igualitarios. Fue una contradicción insalvable. Las demandas igualitarias reclamaban del Estado una política de bienestar y, para responder a ellas, el Estado aplicaba a la población el impuesto inflacionario, al paso que dispensaba privilegios corporativos que no eran precisamente igualitarios.

Este círculo vicioso atenazó la economía y trazó también el contorno de una crisis de obediencia no menos significativa. Eran muy pocos los que acataban la disciplina fiscal, hasta el punto de que esas actitudes —que unían la picaresca con la rebeldía— ni siquiera pudieron ser dobladas entre 1976 y 1983: el orden autoritario reprimía con sangre, y mandaba sin contemplaciones en las esferas de la política y la cultura, mientras los actores económicos desobedecían normas fiscales y amplios sectores de la población no tenían el menor empacho en recurrir a un "mercado paralelo" de divisas para proteger sus ahorros de la inflación.

La vieja sociedad tocó fondo en la década que transcurrió a partir de 1982. La inflación se convirtió en megainflación y, muy pronto, cuando fenecía el mandato constitucional de Alfonsín, ese recorrido sobre el filo de navaja de una economía que no atinaba a reaccionar, se transformó en hiperinflación. La Argentina sufrió así, en el lapso de veinte años, dos recaídas brutales en una situación de inseguridad básica. El terror y la dictadura fueron emblema de la ilegitimidad política; el derrumbe de la moneda y la despiadada aplicación del impuesto inflacionario sobre las espaldas de los pobres y marginados desnudaron la ilegitimidad de las instituciones económicas.

Estos dos fenómenos, y las reacciones que provocaron en la opinión pública, alumbran un aspecto de los cambios políticos y económicos posteriores a 1983. El ferviente rechazo del clima belicoso de la política armada arrojó a los argentinos a la aventura democrática, y el sofocante encierro en el ambiente cercado por la hiperinflación colocó al país frente al desafío de la estabilidad monetaria y de la disciplina fiscal. Tanto una como otra exigencia sirvieron de palanca para impulsar los cambios políticos del período de Alfonsín y las modificaciones económicas —montadas sobre la convertibilidad y la privatización acelerada del sector público— impuestas por la presidencia de Menem.

Con estos datos a la vista, no sería desacertado aducir que el origen y desenvolvimiento de esta corta historia estuvo envuelto por el azar y la contingencia: la necesidad de las cosas, su terminante imperativo, rasgó el velo de unas soluciones impensables para los usos y rutinas establecidos. La trama de la democracia en la Argentina no tuvo entonces un comienzo preestablecido, al modo de un pacto explícito que concede prerrogativas al poder militar y reserva a los partidos y al pueblo una parte de la soberanía (como actualmente ocurre en Chile con la "constitución mixta" aprobada en tiempos de Pinochet, aún vigente), y tampoco produjo, necesariamente, una cadena de consecuencias esperadas.

El gobierno de Alfonsín intentó abrir el rumbo democrático con una justicia retroactiva y tuvo que consentir posteriormente una amnistía limitada, que dejó de serlo por los indultos otorgados por el presidente Menem; pero las Fuerzas Armadas no recuperaron el papel extraconstitucional de antaño. Aunque no es descartable alguna crisis ante nuevos juicios, pues las leyes de amnistía no cubren delitos por sustracción de menores, hoy en la Argentina los militares tienen menos prerrogativas políticas que en Chile, Uruguay y Brasil. Se aplicó la debida represión legal a los rebeldes "carapintadas" y la autoridad máxima del Ejército reconoció la inmoralidad intrínseca de las órdenes impartidas a partir de 1976. La injusticia de esos instrumentos legales, que permitieron que gravísimos hechos delictivos quedaran sin castigo, se compensó con la recuperación del control civil sobre el poder militar. Nada compensa, sin embargo, el profundo anhelo de justicia que se proyecta sobre aquellos años aciagos. Son memorias abiertas, teñidas por un pasado escindido, que jamás se olvidarán; porque, tras la lucha entre memorias con pretensiones dominantes, la historia tiene el deber de no olvidar y, sobre todo, de no ocultar.

La imagen del caos, sin duda sugestiva, no invalida pues la pertinencia de otra representación de las cosas: la de un orden imperfecto, formado por una relación a veces opaca entre designios explícitos y efectos imprevisibles. Tal vez este resultado provenga de la instauración abierta de la democracia y, por ende, de un diálogo tenso entre el legado del pasado y las transformaciones del presente dentro y fuera de nuestras fronteras.

La tradición hegemónica en la democracia argentina

Luego de la caída del régimen autoritario, la sociedad recibió la libertad recobrada con alborozo. No era para menos; pero sufriríamos de incurable provincialismo si creyésemos que ello se debió, exclusivamente, a un conjunto de acontecimientos domésticos. En realidad, el otro punto de apoyo que tuvo la experiencia democrática fueron los cambios que recorrieron el mundo en la década del ochenta. Al paso de notables transformaciones —ya lo hemos subrayado— las acciones individuales y colectivas representaron en esta trama un papel tan determinante como las ideas. El renacimiento de las libertades tuvo, pues, un doble referente, político y cultural.

La Argentina no disfrutó los beneficios de un ambiente histórico semejante, pletórico de confianza hacia la libertad individual, durante la primera apertura democrática que transcurrió entre 1916 y 1930. No sólo fracasaron entonces los procesos políticos; también faltaron ideas propias frente a los esquemas ideológicos que germinaron luego de la Primera Guerra Mundial. Se dio así el absurdo de un país próspero y tolerante, en comparación con los feroces dogmatismos importados desde Europa, que carecía de un repertorio de ideas capaz de defender esa democracia en pañales. Las ilusiones, que querían construir otra sociedad radicalmente distinta, se reflejaban mejor en el totalitarismo de los comunistas y fascistas.

En los años veinte, las nuevas utopías al servicio del poder total eran jóvenes; en 1983, habían sido derrotadas, o mostraban síntomas de una irremediable decrepitud. El terreno era propicio para que el renacimiento de las libertades, como todo renacimiento, corriera parejo con el entusiasmo de millones de seres humanos. Así fue cómo la confianza difusa en ese porvenir se desparramaría también por nuestras ciudades y en muchos países de América Latina. Sin embargo, cuando se trataba de pensar y asegurar con las mejores instituciones el ejercicio de la libertad humana, de acuerdo con opciones históricas concretas, chocaron en ese campo dos concepciones opuestas. ¿Qué imágenes del buen gobierno circulaban entre nosotros a principios de los años ochenta?

Muchos dirigentes, representativos de la opinión prevaleciente en los partidos mayoritarios radical y justicialista, adoptaban, como referente ineludible, el modelo de un Estado dotado de un amplio sector público, inmerso en una economía altamente protegida, que garantizaba en la población los bienes públicos de la salud, la educación y la seguridad social, combinando al mismo tiempo estas funciones con la plena realización de la democracia constitucional. El rumbo adoptado por las nuevas democracias de Portugal y España confirmaba, por cierto, esos propósitos, con la excepción, se entiende, de la práctica del proteccionismo económico y del corporativismo sindical. Los principios que guiaban a esos nuevos demócratas se inspiraban, evidentemente, en el conjunto de políticas implementadas en Europa al término de la Segunda Guerra Mundial. Eran los ideales, compartidos por la socialdemocracia, el social-cristianismo y el liberalismo social, de fraguar una sociedad integrada, donde las diferencias de clase estuviesen amortiguadas por la política social y la administración eficiente de los recursos fiscales.

Empero, esos valores ya no reinaban en el mundo occidental con la fortaleza con que lo habían hecho desde los años cincuenta en adelante. Nuevos vientos liberales comenzaron a soplar en Gran Bretaña y los Estados Unidos. El decidido liderazgo de Margaret Thatcher abrevó en esa confluencia entre, por un lado, la reaparición vigorosa de las ideas del liberalismo clásico (y de su gran exponente durante muchos años de ostracismo intelectual, el Premio Nobel Friedrich A. Hayek) y, por otro, la declinación que se advertía en Gran Bretaña del consenso laborista-conservador de posguerra. Margaret Thatcher practicó un reformismo derogatorio de organizaciones sociales y económicas que mostraban inquietantes signos de fatiga, y contribuyó a recrear un ambiente propicio para repensar, en otras latitudes, los vínculos entre libertad política y libertad económica (o entre el sistema representativo y los mercados). La libertad se levantó de nuevo en el horizonte de las ideas como una solución integral que abarcaba todos los aspectos de la vida humana.

Esta versión del conservadurismo británico rompió bruscamente con el estilo *tory* de pactar compromisos y un *modus vivendi* con las herencias recibidas (por paradojal que sonase, esas herencias no provenían de privilegios aristocráticos sino de políticas socialistas). Con ello, a medida que se soltaban amarras con el orden laborista, se proyectaba la visión liberal sobre el cuadrante de la economía. Fue por aquellos años cuando comenzó a hablarse del neoliberalismo de las sociedades posmodernas.

Donde más prendió ese llamado, para recuperar en la sociedad civil el ejercicio espontáneo de la libertad, fue en Europa del Este. La lucha contra el imperio soviético evocaba en esas sociedades el ferviente anhelo de recuperar la condición ciudadana y la posibilidad cierta de abrir mercados a la libertad económica. En esa apertura del espíritu cobró fuerzas el combate de disidentes del estilo de Václav Havel, que encendieron la idea de libertad en los oscuros años setenta y denunciaron el flagrante engaño de los regímenes totalitarios (en palabras de Havel, gobiernos en los cuales "el centro del poder se identifica con el centro de la verdad"). Esos liderazgos buscaban recuperar la condición política del ciudadano y la condición socioeconómica de quien disfruta plenamente los derechos de propiedad. La filosofía política del siglo XVIII recobró pues, en los años ochenta, inusitada popularidad. En unas reflexiones sobre "la revolución de Europa de 1989", escritas a la manera de Edmund Burke para un hipotético caballero de Varsovia, Ralf Dahrendorf escribió que "Alexander Hamilton puede darnos más consejos útiles sobre el imperio de la ley y James Madison sobre la sociedad civil (y sobre muchos otros temas) que, si no todos, la mayoría de los autores contemporáneos".

Los acontecimientos no siempre se ajustaron estrictamente a los carriles fijados por las ideas en boga. Norteamericanos e ingleses pusieron en marcha un proceso reformista que, como tal, debió convivir con la resistencia derivada de las instituciones establecidas. Si bien se privatizaron en Europa muchas empresas públicas, el *Welfare State* y la política fiscal que lo sostenía no sufrieron, hasta el presente, mayores modificaciones. Por consiguiente, sigue en pie la pregunta de saber hasta qué punto el número decreciente de los trabajadores activos, con respecto a una población total de más en más envejecida, podrá apuntalar con recursos genuinos ese enorme esfuerzo de solidaridad pública. ¿Quién pagará ese futuro?, preguntaba recientemente Paul Samuelson.

Este panorama tuvo poco que ver con el descalabro argentino; porque en un brevísimo lapso, la voracidad de la crisis económica literalmente fagocitó el obsoleto aparato del Estado productor y asistencialista de los últimos cuarenta años. Como consecuencia de ello, durante estas dos últimas décadas, las reformas de la economía extirparon del cuerpo social numerosos privilegios otorgados a las empresas públicas y ligados al proteccionismo industrial; pero también sufrieron mella los viejos pilares igualitarios del Estado: la educación, la salud, la protección de la niñez y la ancianidad.

¿Queremos decir con esto, que la fuerza de las cosas ha inclinado la trama que se va formando entre los hechos del presente y las tradiciones del pasado en favor del primer término? En absoluto. Cualquier proceso de transformación, aun el más ambicioso, contiene una parte significativa del pasado que se pretende superar. En el Prólogo a *El Antiguo Régimen y la Revolución*, Tocqueville escribió que, conforme exploraba los antecedentes de aquellos hechos revolucionarios de finales del XVIII, encontraba por todas partes las raíces de la sociedad actual implantadas en el solar del pasado. En lugar de suprimir la centralización (rasgo sobresaliente —creía Tocqueville— de la vieja monarquía francesa), los sucesivos gobiernos revolucionarios robustecieron esa tendencia indestructible. La continuidad del pasado era pues tan imprevisible como los hechos del futuro. Nadie esperaba, en efecto, la centralización del antiguo régimen resurrecta con mayor intensidad en el Consulado y el Imperio de Napoleón.

El problema que se planteó en la Argentina, y perdura hasta nuestros días, no tuvo tanto que ver con el desmantelamiento del Estado sino con una cuestión previa, mucho más importante que la venta acelerada de las empresas públicas al sector privado. Cuando llegó la democracia, grávida de expectativas, la herencia de ese antiguo régimen argentino de corta duración, formado durante el medio siglo de ilegitimidad de las instituciones políticas, no tardó en mostrar su resistencia y continuidad. Como hemos visto, la ilegitimidad en nuestro país se desarrolló sumando crisis tras crisis hasta llegar a un nivel de saturación: el punto del colapso. Empero, ese derrumbe, por más espectacular que pareciese a ojos propios y ajenos, no arrasó con todo. Cayeron las expresiones visibles de un orden autoritario y corporativo francamente agotado; permanecieron indemnes, en cambio, ciertos rasgos propios de la práctica política antes dominante. Esta presencia es mucho más difícil de calibrar que las transferencias de propiedad o la mejora de la productividad que, a partir de 1991, tuvo la economía.

Se trabó de este modo un conflicto que atravesó en son de advertencia tres lustros de vida democrática: la pugna entre el principio de legitimidad del gobierno limitado y los residuos persistentes que conciben el poder como una relación totalizadora sin freno ni control. La experiencia histórica muestra cómo la democracia contemporánea fue incorporando al núcleo fundamental de los derechos, la separación de poderes y la representación política, nuevas dimensiones acerca de la libertad y la justicia. Entendida de este modo, en tanto ejercicio limitado de la soberanía del pueblo, la democracia es una rareza, o mejor, una obra poco frecuente en el mundo, inspirada en el arte de la combinación (me remito a lo expuesto en el último párrafo del capítulo II).

Aunque suene a Perogrullo, para combinar es preciso

saber qué se combina. En una democracia se puede votar periódicamente sin restricciones, gozar de la libertad de opinión, comunicar lo que acontece por medio de palabras e imágenes. Todos estos hallazgos de la inventiva humana se radicaron entre nosotros y se multiplicaron al paso de los años. Lo que no se afirmó con fortaleza comparable fueron los cimientos que debían sostener esa expansión de las libertades, vale decir, las instituciones derivadas de la legitimidad del poder limitado. Esto significa que el objeto hacia el cual deben proyectarse nuestros acuerdos acerca de lo bien fundado de la democracia son, ante todo, instituciones. Instituciones capaces de convertir las libertades en derechos; instituciones capaces de fijar límites precisos entre el poder político y la sociedad civil; instituciones, en fin, capaces de operar el tránsito necesario e ineludible entre participación y representación. Las instituciones, en suma, conforman en el régimen democrático la condición necesaria de la libertad y la justicia.

Desde luego, los grandes cambios de los años ochenta fueron una rueda de auxilio inapreciable para poner a la orden del día el valor del diseño institucional de la democracia y el dinamismo creador de una sociedad civil y pluralista. El tema predominante, en esos años, no fue el Estado sino el individuo y la sociedad. Sin embargo, el horizonte de las ideas fue lo suficientemente amplio como para enseñar que una democracia no se agota en el funcionamiento de las instituciones del poder limitado. Más que eso, la realidad histórica de las democracias en este siglo configura un espacio plural de relaciones políticas, sociales, económicas y culturales, no siempre complementarias o cooperativas. La democracia es, en efecto, la única forma de gobierno que, al reconocer la expresión pública del conflicto entre diversas visiones del bien general, rechaza la hegemonía de una parte —minoritaria u ocasionalmente mayoritaria— sobre el todo. Las instituciones clásicas del poder limitado son las mediadoras principales de ese conflicto; sin ellas, esas relaciones de oposición pueden convertirse en conductas hostiles no reguladas y, al cabo, en comportamientos belicosos y excluyentes.

¿Contó la democracia argentina con la ayuda de esta mediación indispensable? No parece que la estructura institucional haya tenido en estos años un vigor comparable al que, por ejemplo, mostraron nuestros partidos y las organizaciones religiosas, económicas y sindicales en los momentos de prueba de las sublevaciones militares. En las circunstancias críticas, la sociedad civil respondió; en la rutina diaria de la forja institucional, el sistema representativo tuvo y tiene todavía mucho que decir. Estas carencias se explican porque el legado que arrastra nuestra democracia consiste en que, salvo contadas excepciones, la política fue ejercida a la manera de un dominio hegemónico sobre la sociedad. Escasa importancia tenían, en este contexto, las ideas de límites al poder, restricciones a la ambición de los gobernantes y deliberación pacífica de la ciudadanía. En general, la política solía significar un mando respaldado por la fuerza militar y unos mandatos emitidos desde un centro único de poder. Sin duda, algunos grupos organizados y las movilizaciones sociales podían vetar esas pretensiones de mandar hegemónicamente; pero eran vetos u oposiciones fácticas que nacían del seno de la sociedad. Esos controles jamás provenían del juego normal de las instituciones, del equilibrio entre las diferentes agencias del gobierno y, en definitiva, del *rule of law*.

Según este enfoque, queda entonces en claro que, cuando un partido o movimiento (ni qué decir de una fuerza armada en funciones de gobierno) adopta una orientación hegemónica, es para valerse de las instituciones, no como factor limitativo de las pasiones, intereses y ambiciones de los gobernantes, sino como instrumento para acrecentar la dominación política. Si ello ocurre durante un plazo prolongado es probable que el Poder Ejecutivo intente subordinar los poderes Legislativo y Judicial a sus designios, acentuando el maridaje entre gobierno, Estado e instituciones. No creo que haya que abundar en más detalles para percatarse de que la cultura hegemónica centra sus expectativas y valoraciones en el Poder Ejecutivo. Es allí, en esa suerte de principado republicano, donde suele estallar la ambición de poseer el gobierno en forma vitalicia. Por eso, la voluntad hegemónica considera que el principio de alternancia pacífica entre el gobierno y la oposición, estipulado por el propio orden constitucional, es un obstáculo incómodo y, lo que es aún más grave, incomprensible.

Esta aproximación al fenómeno político y cultural de la hegemonía difiere, en parte, de la conceptualización habitualmente utilizada en los estudios de ciencia política. En 1976, en su libro *Partidos y sistemas de partidos*, Giovanni Sartori estableció una distinción entre regímenes de partido predominante y regímenes de partido hegemónico. Los primeros, un subtipo de los regímenes pluralistas y competitivos, se refieren a situaciones donde, pese a estar plenamente garantizada, la rotación entre los partidos de gobierno y de oposición no acontece en la práctica. Sobran ejemplos en esta materia, desde los veinte años de predominio del Partido Demócrata en los Estados Unidos durante la era de Roosevelt y su sucesor, Harry Truman, hasta los diecinueve años de predominio conservador en Gran Bretaña entre 1978 y 1997. El análisis empírico ha destacado el desenvolvimiento de estos gobiernos de larga duración, a los cuales podemos sumar, sin ser exhaustivos, las experiencias del Partido Conservador-Liberal japonés de posguerra y las coaliciones encabezadas por la democracia cristiana en la Alemania de Konrad Adenauer y de Helmut Kohl.

Los regímenes de partido hegemónico, en cambio, cuyo ejemplo más notorio es el dominio excluyente del Partido Revolucionario Institucional (PRI) sobre la política mexicana durante más de siete décadas, tienen la característica de que la alternancia entre los partidos de gobierno y de oposición simplemente no puede ocurrir. En el régimen de partido hegemónico, apenas existen oposiciones toleradas y sometidas a férreo control. Esta duradera experiencia atraviesa hoy una seria crisis. El PRI domesticó con éxito la violencia del México insurgente de las primeras décadas del siglo, concentrando la sucesión presidencial dentro de su propia organización. Con el paso de los años, esa solución práctica para asegurar la paz interior consolidó una oligarquía partidaria, atemperada por la regla, celosamente respetada, que prohíbe la reelección del presidente. En la actualidad, este modelo cruje por todos lados, y el interrogante que se abre consiste en discernir si los cambios capaces de orientar el régimen hacia la meta de la democracia pluralista se harán mediante acuerdos pacíficos entre amigos y adversarios o, de lo contrario, en el marco de una guerra sorda de facciones y de rebeliones sociales (la insurrección campesina en el estado de Chiapas, que ya ha costado más de 500 víctimas, viene naturalmente al caso).

Hasta aquí esta breve digresión. Si el lector recuerda el repaso que hemos hecho de nuestros avatares en el siglo XX, quizá podrá observar en ese relato un cementerio de hegemonías frustradas. Tal parece ser el sino de muchas experiencias: forzar la duración para luego fracasar en el intento. La hegemonía representa así una relación entre intenciones y efectos. En la circunstancia presente, las intenciones de los gobernantes pretenden, mediante reelecciones sucesivas, rebasar algunos resguardos constitucionales para controlar el poder presidencial. A su vez, los efectos de estas acciones enfrentan el asentimiento o el rechazo de una ciudadanía que ha recobrado las libertades electorales, de prensa y de comunicación. Estaríamos entonces ante una cultura política en cuyo seno pugnan corrientes opuestas: la que explora el campo del pluralismo y la alternancia, y la que cultiva el suelo del pasado hegemónico.

Este contraste nos puede servir de preámbulo para enfocar varios temas concomitantes. En primer lugar, el significado que adquieren las reformas constitucionales impulsadas por intenciones hegemónicas. En 1994, la reforma de la Constitución Nacional habilitó en la Argentina un segundo mandato para el presidente en ejercicio, lo cual posibilitó la reelección de Carlos Menem en 1995 por una sola vez. Tres años después, la historia parece repetirse, ignorando aún su desenlace. En 1998, sectores del gobierno y del partido oficialista han vuelto a la carga para eliminar la disposición constitucional transitoria que impide al presidente bregar por un tercer mandato consecutivo.

Tendencias semejantes se advierten en varios países de América Latina (el caso extremo posiblemente esté representado por el presidente Fujimori en Perú). ¿Cuál es el límite de esta tendencia? ¿Qué frenos pueden morigerarla? En última instancia —responderán algunos, con una mirada atenta al ejercicio de la soberanía del pueblo— la restricción sólo dependerá de las preferencias del electorado y de su voto mayoritario en favor de un candidato opositor. Esta dinámica muestra que el componente hegemónico de estas democracias deja en manos del electorado el fiel de la balanza (lo cual es un indicador cierto de que, por ahora, no se ha afectado la libertad del sufragio); pero ello no asegura, en absoluto, la acción moderadora de los controles horizontales, propios de la legitimidad del poder limitado. La razón es muy simple y ya la hemos apuntado más arriba: todo este juego, que busca emancipar el poder de las restricciones constitucionales, realimenta el decisionismo presidencial en detrimento de la autoridad que, en términos normativos, debería ser compartida por el Poder Legislativo y el Poder Judicial.

En nuestro país, esa supremacía está reforzada por el recurso a los decretos de necesidad y urgencia, por la práctica recurrente del veto parcial a las leyes votadas por el Congreso y por la influencia que el Poder Ejecutivo ejerce sobre la Corte Suprema de Justicia. Una mayoría adicta en la Corte Suprema, que interprete la Constitución con discrecionalidad en favor del Ejecutivo, es un elemento indispensable para dar cobertura legal a los proyectos reeleccionistas.

Por otra parte, la ostensible debilidad de la Justicia y del Congreso, en tanto poderes autónomos, se agrava por un hecho inquietante. Desde que recuperamos las libertades públicas (fenómeno poco novedoso a escala planetaria), la opinión pública está encapsulada por la radio y la televisión y por una pequeña minoría de individuos —se los llama "muestras de población"— que son convocados por los expertos para emitir su parecer a través de diversos tipos de encuestas. Es una actividad garantizada por la ley, típica de una sociedad libre. Cuando el desarrollo de las comunicaciones, alimentado minuto a minuto por la televisión, se instala sobre el suelo firme de las instituciones, las denuncias de corrupción y sobornos, las informaciones sobre crímenes y atentados, dan lugar a procesos ante la Justicia que aplica —si cabe— las correspondientes sanciones. Cuando, en cambio, hay asincronía entre el crecimiento explosivo de la comunicación y el pobre rendimiento del Poder Judicial, la corrupción desempeña el papel de un perverso instrumento político. La denuncia transforma el debate público en un combate de sospechosos que recurren preferentemente al tribunal de la opinión pública y no al de la Justicia. Naturalmente, se trata de un movimiento incompleto, porque la opinión pública no tiene capacidad legal para condenar.

El frágil desempeño del Poder Judicial es un dato importante para medir esos desequilibrios, porque, a diferencia de lo que pensaba Hamilton en *El Federalista*, N° 78, los tribunales de justicia no deben ser considerados únicamente "como los baluartes de una constitución limitada contra las usurpaciones legislativas". En realidad, los signos de peligro en este tipo de democracias no provienen tanto de la arbitrariedad legislativa sino de los arrestos hegemónicos de quien controla el Poder Ejecutivo. Éste es el marco más favorable para que se extienda por la sociedad una corrupción difusa, cuyo efecto corrosivo es la pérdida de confianza en la clase política y en las instituciones mediadoras entre el individuo y el Estado.

Estos hechos, repetidos sin cesar por los medios de comunicación, muestran que no hay respuesta institucional suficiente frente a las carencias éticas que la opinión pública conoce y discute, por lo que el régimen democrático, en lugar de sufrir por exceso de coacción, puede debilitarse por déficit de sanción legítima. Y ya sabemos qué ocurre cuando los derechos y los tribunales se transforman, como decía Madison, en meras "barreras de papel": tarde o temprano aguardan en la sombra para hacer su faena los justicieros de diversa laya. Adviértase con esto que la corrupción no es un atributo exclusivo de las democracias que no han logrado plasmar aún las instituciones del poder limitado. La corrupción es un fenómeno más vasto porque está inscripta en la naturaleza del poder y en sus mecanismos ocultos. Pero cuando declinan los resguardos institucionales, los gobernantes manipulan las instituciones para impedir la alternancia, y el poder es percibido como un objeto de posesión perpetua, entonces la probabilidad de corrupción aumenta.

A principios de esta década, los escándalos que conmovieron la política italiana ofrecieron una lección invalorable para entender mejor las relaciones entre el monopolio de la alternancia, la corrupción asociada a ese control duradero del poder por varios partidos y el Poder Judicial. Los italianos inventaron la palabra "tangentópolis" para calificar un sistema generalizado de corrupción política, donde las coimas, sobornos y demás especies de protecciones circulaban por abajo, tangencialmente, para financiar los partidos y, de paso, montar las fortunas *non sanctas* de muchos dirigentes. Tangentópolis: ciudad de la tangente. Estas relaciones ocultas tuvieron la peculiaridad de abarcar todos los partidos que integraron, durante más de treinta años, sucesivos gobiernos de coalición. A medida que se desenvolvía un régimen parlamentario multipartidista, reforzado mediante la representación proporcional, los gobiernos cambiaban aceleradamente, y los dirigentes de los partidos eran siempre los mismos: democristianos, socialistas, liberales y republicanos. Esta experiencia se fue formando en Italia sobre la negación de la alternancia. Todos los partidos, menos los comunistas y los neofascistas, fueron habilitados por el régimen parlamentario para incorporarse a sucesivas coaliciones gubernamentales, sin que, a la postre, ningún partido pudiese cambiar su papel de gobernante por el de opositor. En Italia, el gobierno y la oposición eran pues situaciones permanentes.

El derrumbe de ese estilo oligopólico de hacer política, que fraccionaba el Estado en parcelas de influencia partidista formadas por corporaciones públicas y empresas privadas, fue provocado por uno de los poderes propios del ordenamiento republicano. Fueron los jueces —templados por la lucha contra la mafia y las organizaciones terroristas— quienes investigaron, procesaron y sancionaron, cuando correspondía, a la dirigencia política comprometida en esa tramoya. Las cosas cambiaron en el marco de la constitución republicana que se había dictado al término de la Segunda Guerra Mundial; pero cabría preguntarse si estos procesos de reforma hubiesen sido posibles de no mediar —junto con los acontecimientos mundiales de 1989-1991— una efectiva separación de poderes entre el Legislativo y el Judicial. He aquí una lejana lección de Montesquieu que reapareció en la última década de este siglo: ningún poder está libre de corromperse si no está acotado por los límites que le imponen las instituciones.

Las tradiciones hegemónicas incorporadas al juego democrático, no sólo revelan la debilidad de los controles externos frente al Poder Ejecutivo; también ponen de manifiesto otra cuestión no menos acuciante, porque esas prácticas políticas tienden a eliminar la autonomía funcional de la burocracia del Estado. Una de las grandes incógnitas que debe despejar la democracia contemporánea —bien subrayada por Carlos Strasser— es la de mantener bajo estricto control civil a su componente "no democrático". La burocracia del Estado tiene —o debería tener— un origen meritocrático antes que electivo: depende indirectamente del voto de los ciudadanos y directamente de los representantes electos, quienes fijan procedimientos para reclutar a esos funcionarios del Estado y determinan las reglas para encauzar su acción. Las burocracias son el nervio más sensible en la cadena del mando y la obediencia, pues disponen del poder de prevenir y coaccionar, y están obligadas por el deber de servir. Por lo tanto, tendrían que guiarse por la idea de que el Estado, concebido como un cuerpo autónomo de funcionarios limitado por las leyes, representa un valor universal frente al interés particular de diversos grupos y asociaciones.

Lamentablemente, este cuadro, tal vez idílico, está muy lejos de la realidad. El análisis empírico ha mostrado que las burocracias tienden a emanciparse de los controles y a cultivar un interés corporativo y particularista. Estas desviaciones ocurren en las democracias avanzadas y se exacerban en las democracias más débiles. Con su capacidad disminuida (entendiendo por capacidad "la aptitud de emprender y promover acciones colectivas eficientemente", Banco Mundial *dixit*), la burocracia sufre una suerte de colonización interna, opaca y poco permeable al escrutinio de la soberanía del pueblo radicada en el Poder Legislativo, que abre el camino por donde se introduce la corrupción en el aparato del Estado. Posiblemente sean éstas las palancas ocultas de que se valen los grupos económicos de comportamiento mafioso para acrecentar su poder, para violentar las normas y, llegado el caso, para matar (en la Argentina —obvio parece recordarlo— estas conductas se reproducen en los niveles del Estado nacional, provincial y municipal).

Ésta es otra pesada herencia del pasado: el poder que todavía circula por dos carriles. Uno de estos carriles se desliza sobre la superficie de lo público; el otro, haciendo eco a los desmanes del viejo Estado autoritario, se entierra en el subsuelo clandestino de la ilegalidad, donde se refugian grupos criminales impunes. Son regiones ignoradas del comportamiento social donde se incuban nuevas estrategias violentas: la delincuencia que se origina fuera y dentro de las fuerzas del orden, el crecimiento vertiginoso de la microviolencia urbana, masacres infligidas a la comunidad de compatriotas judíos, que no logran esclarecerse, y los asesinatos de periodistas independientes.

Rasgos semejantes se repiten incesantemente en los países que recién comienzan a practicar el arte de la democracia. La literatura política de los últimos años abunda en adjetivos para calificar esa obra a medio hacer. Se habla de "democracias imperfectas", de "democracias inmaduras", de "democracias delegativas" y de "democracias iliberales" (la lista sigue creciendo). La preocupación mayor que religa estos enfoques diversos tiene que ver, sin duda, con los efectos de la economía, de la distribución del ingreso y de la anomia fiscal, sobre sociedades acosadas por la marginalidad y la exclusión (en América Latina el número de marginales que viven en condiciones de extrema pobreza aumentó de 190 millones en 1990 a 220 en 1997), pero también alude a un gigante con pies de barro: aparatos estatales cuyo gasto todavía gravita fuertemente sobre el ingreso total de un país, en los cuales la insuficiencia institucional inmoviliza o despilfarra recursos. Como han escrito recientemente Pablo Gerchunoff y Juan Carlos Torre en relación con los países latinoamericanos: "Tras la fachada de una administración omnipresente, en muchos países operaba un Estado débil, atravesado por intereses sectoriales especiales y recargado por las demandas sociales, que guiaba cada vez menos e interfería cada vez más". Aunque muchas cosas se han modificado, en lo esencial, este diagnóstico persiste. Aligerado, tal vez, de intereses sectoriales y exigencias sociales, el Estado es todavía débil. La tan mentada retirada del Estado puso al desnudo lo que el Estado nunca tuvo y, por cierto, los gobernantes tampoco pudieron instaurar: el centro vital de sus instituciones. Estas situaciones internas de nuestros países se presentan cuando todas las naciones descubren, como si repentinamente surgiese un actor exterior, al último gran protagonista del siglo: el mundo globalizado.

La "paz perpetua" en el mundo globalizado

La imagen de un mundo globalizado (la "globalización", como se dice habitualmente) se ha instalado en el debate contemporáneo con una rapidez comparable a la de los flujos en los mercados financieros. Según la terminología de Isaiah Berlin, es otro *larger whole*, un esquema ávido por capturar grandes conjuntos, que sugiere mucho y explica poco. Si se analiza el fenómeno de la globalización en estrecho vínculo con la historia más reciente de la economía internacional, quizá sea posible destacar, con la debida cautela, algunos antecedentes fuertes que ya asomaban en el planeta mucho antes de la caída del Muro de Berlín. En 1975, el futurólogo Herman Kahn escribió: "Parece ahora que el fin del siglo XX tendrá un vuelco histórico clave [...] parece probable que surgirán economías 'superindustriales' en gran parte del mundo [...], que serán seguidas más tarde por sociedades superindustriales y postindustriales y, eventualmente, por culturas".

Estas conjeturas un tanto vagas, sobre lo que advendría después de la sociedad industrial, acertaron, no obstante, en identificar el gran escenario donde estas cosas ocurrirían. Del Estado-Nación, o de un contorno delimitado por los sistemas de poder entonces en pugna, la humanidad pasaría al estadio superior de una sociedad planetaria en la cual aplicar las innovaciones tecnológicas, comprando, vendiendo e invirtiendo. Mercados y capitales que rompían fronteras: éstos fueron, para los futurólogos de ese momento, los datos del mundo globalizado.

Esos pronósticos, confirmados en parte por algunos hechos, no pudieron eludir otros desafíos de fuste. Cuando despuntaban los años noventa, varios procesos contradictorios ocuparon la primera plana de la agenda internacional: el principio valioso, en tanto legitimidad apetecible, conformado por la democracia, las libertades y los derechos; los nuevos hallazgos de la revolución tecnológica y la economía; un conjunto de regresiones ancladas en la violencia y en la acción brutal de fanáticos e irracionalistas; y, por fin, el legado persistente del autoritarismo. Como veremos de inmediato, en esta encrucijada convergen los tres sistemas planetarios que revisamos en el primer párrafo de este capítulo: el interestatal, el transnacional y el supranacional.

Quienquiera se asome sin pasión al teatro de esos acontecimientos, próximo a cumplir apenas una década de existencia, comprobará que "la cuestión nacional" sirvió de ariete para descalabrar el imperio soviético, al paso que impulsaba una reaparición caótica del particularismo propio del Estado-Nación. Se disparó de este modo un proceso análogo al que se produjo en Europa al término de la Primera Guerra Mundial. La caída de los imperios multinacionales (en aquel momento los más importantes eran el Austro-Húngaro y el Otomano) provocó que en ese espacio brotaran estados frágiles, cuyas fronteras aspiraban a circundar la singularidad étnica forjada por la historia (esta aspiración —recordará el lector— produjo graves desastres). La analogía con el presente puede cautivar al espectador del pasado, pero no es exacta. Por un lado, es evidente que la búsqueda afanosa del particularismo étnico y religioso ha engendrado guerras civiles en muchas regiones de la ex Unión Soviética, combates teñidos por el peor salvajismo en Bosnia, y salidas pacíficas de carácter confederativo, como la que racionalmente decidieron los checos y eslovacos. Pese a que, salvo excepciones, estas manifestaciones permanecen sujetas a influencias derivadas de un pasado malsano, no es menos cierto que los principios de legitimidad que guían las naciones han variado sustancialmente.

En la última década del siglo XX, el principio de legitimidad democrático se ha desplegado por el horizonte histórico como nunca lo había hecho antes, por lo menos desde 1918.

Luego de echar un rápido vistazo sobre las fases históricas que llevan a la consolidación democrática, Dankwart A. Rustow afirmó, en 1990, que no hay más en el mundo "equivalentes actuales de Napoleón, Hitler o Stalin para desafiar al movimiento democrático en nombre de cualquier principio alternativo". Estas cosas parecen ciertas a primera vista, siempre y cuando se advierta la distancia existente —en muchas circunstancias abismal— entre la retórica que invoca un principio de legitimidad y la tarea que supone plasmar esos valores en instituciones duraderas. Si esta tarea fracasa, si las instituciones democráticas sucumben o muestran signos de fatiga, no hay que esperar mayores auxilios provenientes del sistema supranacional, a no ser que se ponga en juego el interés de una superpotencia, como ocurrió con los Estados Unidos en la guerra del Golfo.

Esta combinación, acaso poco novedosa en la historia, de nobles ideales políticos con el egoísmo basado en la razón de Estado, replantea en el mundo actual el significado de las relaciones interestatales. Actualmente, se ha puesto de moda afirmar que el Estado ha perdido muchos de sus atributos clásicos, sobre todo el de su soberanía absoluta. Sin duda esto es cierto en materia económica; pero el Estado conserva todavía un poder enorme para facilitar, en las sociedades humanas, el desarrollo del despotismo y la injusticia. Estas características no han cambiado. Hoy como ayer el Estado configura un contorno que, en los extremos de un continuo azaroso, puede albergar la clave de la civilización humana o los estigmas del poder ejercido sin limitación alguna. El Estado puede ser, entonces, el marco de la vida en democracia o el espejo de una realidad fijada en autoritarismos y guerras feudales; con el agravante de que ninguna acción colectiva ha sido capaz, hasta el momento, de impedir las recaídas en furores étnicos y fundamentalistas. El caso de Bosnia y la pavorosa matanza que cunde en Argelia (al menos 60.000 personas han sido masacradas desde que el ejército anuló en 1992 la victoria electoral de una coalición fundamentalista islámica) nos eximen de mayores comentarios.

Más allá de tanto espectáculo transformista, estamos aquí en presencia de un fenómeno de continuidad. El totalitarismo fue una creación del siglo XX que no pudo vencer al ideal democrático. Es cierto. Lo que no parece tan claro es que esos ideales hayan logrado doblegar los males que la legitimidad del poder limitado ha pretendido contrarrestar desde hace ya varios siglos: la arbitrariedad, el fanatismo y la diversa gama de experiencias con que, en el mundo, se expresa la propensión a mandar con talante autoritario. En los días que corren, como escribieron hace once años José Nun y Juan Carlos Portantiero, la democracia es todavía "un instrumento cuyo uso permite deslindar la vida de la muerte". Según estudios confiables, la ampliación del número de estados democráticos contrasta con la supervivencia de diversas clases de autoritarismos. La implosión del régimen totalitario en la Unión Soviética trajo como resultado una democracia a medio hacer, indecisa, sin tradiciones acerca del *rule of law*, con un precario sistema de derechos y garantías, jaqueada por viejas tentaciones populistas y hegemónicas, entrampada en la telaraña que tejen las mafias.

En la vereda opuesta de lo que aconteció en los estados desmembrados del imperio soviético, los dirigentes comunistas chinos —partido y ejército— convirtieron la antigua dominación totalitaria en la cabeza absolutista de un régimen autoritario. El nuevo perfil político en el país más poblado del planeta, que otorga diferentes márgenes de autonomía a la producción de empresas privadas, nacionales y extranjeras, se talló con armas mortíferas el 3 de junio de 1989 en la plaza Tiananmen, cuando los tanques del ejército masacraron a 5.000 ciudadanos que reclamaban derechos políticos, hirieron a otros 10.000 y arrojaron en prisión a varios miles.

Las elites modernizantes que gobiernan esta especie de regímenes abundan en el sudeste asiático y están guiadas por el propósito de monopolizar el poder político y controlar el sistema cultural, garantizando, al mismo tiempo, el desarrollo de un sector privado de la economía, más o menos dependiente de la influencia de la burocracia estatal. Estas formas de gobierno tienen la particularidad, poco exaltante para un demócrata, de adaptarse con flexibilidad a la expansión transnacional de la economía. De aquí se deduce una nueva contradicción: el mundo político es, en efecto, singular y fragmentado; el mundo económico tiende, en cambio, a alcanzar niveles cada vez más altos de universalidad y homogeneidad.

Al influjo de estas tendencias, el mapa económico del mundo se rediseña, sin duda, a increíble velocidad, aunque no hay todavía datos ciertos que permitan pronosticar, en el corto plazo, un desplazamiento de la sede de la riqueza y la innovación. ¿Cuáles son entonces las ondas del progreso? ¿En dónde hallar la clave de una historia que también se está produciendo a un ritmo cada vez más acelerado? A finales de este siglo nunca ha sido tan vibrante la relación entre los hechos y las informaciones que pretenden dar cuenta de ellos. En todo momento, para una audiencia de alrededor de sesenta millones de espectadores, los grandes *networks* de televisión seleccionan y reflejan lo que pasa. Este público es una minoría, si se lo compara con toda la población mundial (5.700 millones), que, sin embargo, no ha cesado de crecer.

Sabemos —o creemos saber— muchas cosas. No hay más confrontación ideológica en el planeta, pero tampoco ha desaparecido la dispersión nuclear. La revolución científica ha liberado a millones de individuos de la servidumbre del trabajo físico, pero no ha extirpado los flagelos de la desocupación, la marginalidad y el hambre. El crecimiento económico ha producido más riqueza, pero ha contaminado el ambiente y diezmado especies animales hasta llegar a su extinción. Mujeres y hombres se han congregado en las ciudades, pero no han podido exorcizar, en esos espacios hoy convertidos en megalópolis, la inseguridad física ni la soledad espiritual. El género humano proclama la paz universal, pero la rechaza en los hechos, y en muchas circunstancias, como actualmente ocurre en Medio Oriente (un lugar lacerado por el cincuentenario conflicto entre el Estado de Israel y los países árabes), las inclinaciones extremistas de un bando invitan al bando enemigo a reproducirlas. Por donde se la encuentre, y a medida que se desdobla en un enfrentamiento entre terrorismo y contraterrorismo, la guerra sigue siendo un feroz agente corruptor.

¿Dónde encontrar, en este mundo atosigado de acontecimientos, algún hilo teórico que haga las cosas menos confusas y más inteligibles? Hace medio siglo, tres artículos de Karl Popper, luego reunidos por primera vez en 1955 en el libro *Misère de l'historicisme*, alertaban acerca de una teoría, el "historicismo", que englobaba prácticamente todas las ciencias sociales, y tenía como fundamento la "predicción histórica". El objetivo principal de este enfoque —según Popper, típico de Platón, Hegel y Marx— consistía en descubrir los "ritmos", "leyes" y "tendencias generales" determinantes de los desarrollos históricos. Despierta curiosidad la apropiación de una palabra que, según el uso consagrado en las ciencias históricas, expresaba un concepto opuesto. Para Popper, el "historicismo" afirmaba la existencia de un proceso de carácter determinista y universal; por el contrario, para una corriente de la historiografía europea —que Meinecke retrató hacia 1936 en un estudio monumental— "historicismo" era sinónimo de una interpretación del pasado, romántica y conservadora, cuyos orígenes más destacados podían encontrarse en la obra de Vico y Herder. Señala Daniel Brauer que, para esta línea de pensamiento, "la historia no debe ser interpretada como un producto de la acción más o menos consciente de los individuos por sus ideas de libertad y justicia, sino como resultado de fuerzas vitales materializadas en el carácter originario de las naciones, su entorno geográfico-climático, sus costumbres, lenguaje y religión".

Alguien podría imaginar en estos años, justo cuando los animadores de la televisión celebran, con una mezcla de cálculo e inocencia, el feliz advenimiento de "lo nuevo", que estas ideas merecerían guardarse en un desván de cosas inservibles. En realidad, no hay tal cosa. Con respecto a las interpretaciones en boga, que se reproducen en cuanto simposio se organiza por el mundo (y son legión), el historicismo, en sus dos versiones, sigue gozando de buena salud. La primera posta, en una carrera por explicar cuanto antes lo que acontece, fue tomada a principios de 1990 por un fiel discípulo de Hegel, Francis Fukuyama. En dos artículos que dieron que hablar, publicados en la revista *National Interest*, Fukuyama vio la derrota del comunismo en el terreno de las ideas como el punto omega del desarrollo ideológico de la humanidad: un acontecimiento que cancelaba la dialéctica entre dos términos antagónicos y que, al superarla, abría en el planeta la era del reinado indiscutible de la democracia liberal y capitalista de Occidente. La democracia ya no vendría a ser —según Fukuyama— un régimen político entre varios posibles, sino "la forma final del gobierno humano" que vendría a cerrar definitivamente la vieja historia fundada en la dialéctica. Si, para esta perspectiva, la historia es un combate entre alternativas fundamentales, la contradicción básica de este siglo habría cesado con el derrumbe del totalitarismo.

La cabalgata histórica que propone Fukuyama parece eludir algunas preguntas cruciales: ¿acaso ese pretendido fin de la historia puede liberar la naturaleza humana de la tentación del poder absoluto que la conciencia liberal siempre ha combatido? La respuesta urge si vemos la historia no tanto desde la cima de las democracias capitalistas, sino desde la hondura de nuestro extremo sur del continente americano, al cual Fukuyama, tras el rumbo abierto por Hegel, relega por ahora fuera del límite de la nueva civilización. La "enorme mayoría del Tercer Mundo —nos dice— permanece atrapada en la historia y será área de conflicto por muchos años más". Es una condena que cuesta levantar. Innumerables páginas se han escrito para explicar por qué hay pueblos que progresan y otros que vegetan. Ninguna de las versiones deterministas ha logrado sortear, sin embargo, el carácter imprevisible de nuestras acciones. Los hechos ocurren y después la ambición del intérprete los convierte en leyes inexorables, que escapan a la voluntad humana. Dado el derrumbe del imperio soviético, Fukuyama cree percibir, al término de doscientos años de historia ideológica, el horizonte de un consenso inevitable, formado en torno al progreso material y sujeto al cálculo económico y a la presión de los consumidores. Ausente lo imprevisible en este proceso, la apuesta hacia el futuro, que dicho desenvolvimiento encierra, es el revés de la trama de aquel destino ineluctable soñado por los viejos revolucionarios: ahora, el final prometido a la humanidad no será, para Fukuyama, la sociedad comunista, sino la expansión universal de un homogéneo modelo de producción y consumo. Democracia más capitalismo: he aquí la ecuación que cierra la historia de dos siglos.

Esta versión del historicismo (precisamente, Fukuyama representa un típico ejemplo de lo que Popper llamó "historicismo") siempre entró en colisión con las ideas que conciben la humanidad como un conglomerado de culturas, replegadas sobre sus propias tradiciones, mitos y misterios: una humanidad fragmentada, que habla lenguas diferentes, que no se comunica con facilidad, y cuyos valores, pretendidamente universales, dependen siempre de una civilización particular. Según esta perspectiva, la civilización no es el atributo universal del *bonum vivere* de las personas congregadas en sociedades, sino un producto de la diversidad humana, pronto a chocar con otra constelación de valores opuesta. Este legado de un discurso que no dejó de alzar su voz durante los últimos tres siglos, es la contracara del historicismo determinista; su manera de entender el mundo conforma, más bien, un historicismo implantado en lo singular, debido a la incapacidad de los valores universales para vencer la resistencia de otras configuraciones históricas y religiosas que coexisten en el planeta.

Para este historicismo, el ideal de una civilización universal es reemplazado por la realidad belicosa de varias civilizaciones en conflicto. Cada civilización, en efecto, engloba un conjunto de países que reproducen, a finales del siglo XX, una guerra, sorda o abierta, de religiones y tradiciones. Quien mejor ha representado en el último quinquenio este *revival* del historicismo en su expresión más particularista es Samuel P. Huntington en *El choque de civilizaciones y la reconfiguración del orden mundial*. Huntington sostiene que "las civilizaciones son las últimas tribus humanas y el choque de civilizaciones es un conflicto tribal a escala planetaria". De acuerdo con este esquema, habría en el planeta nueve tribus gigantes: occidental, latinoamericana, africana, islámica, sínica, hindú, ortodoxa, budista y japonesa. En contraste con la celebración determinista de Fukuyama, el panorama es desalentador, más aún si en ese compacto análisis planean dos predicciones inquietantes. Primero: al declinar la civilización occidental (punto que a Spengler y a Morgenthau no desagradaría en absoluto), "la capacidad de Occidente para imponer en otras civilizaciones los conceptos de derechos humanos, liberalismo y democracia declina también". Segundo: la civilización musulmana, dotada en comparación con los países occidentales de un notable vigor demográfico, representará hacia el año 2025 "el 30% de la población mundial, superando en cinco puntos al número de cristianos". Conclusión: una vez más, Occidente estaría a la defensiva.

La terapéutica de Huntington es precisa, en línea con viejas fórmulas conservadoras. En lugar de hacer el juego del avestruz, ignorando ese choque que en los años noventa ha producido decenas de conflictos, recomienda aceptarlo y convivir con él. Con tal propósito cada civilización debería tener un lugar de preeminencia en una nueva organización internacional. Se trataría, en suma, de contener las nuevas guerras del siglo XXI. ¿Será esto así? ¿Estará condenado el mundo a dar la razón a Joseph de Maistre, quien no veía en la historia el rostro del ser humano sino la particularidad de lenguas, religiones y maneras de ser? ¿Son las culturas fortalezas, tras las cuales se parapeta la hostilidad? Vienen a cuento algunas profecías que circulaban cuando, en Sudáfrica, se desmoronaba el *apartheid*, esa perversa invención racista presentada con un seudo refinamiento jurídico, que pretendía separar, con el muro de la discriminación, a los habitantes de color de la minoría blanca. Caída la línea de defensa cultural, decían estos augures, llegará el caos. Pues bien, del caos surgió Mandela, y aunque este hecho fascinante no garantice *per se* un futuro sin caos, no deja de ser reconfortante mostrar un efecto benéfico y, por cierto, poco esperado.

Pero hay, además, otras razones para responder las preguntas acerca del particularismo de las culturas. En 1981, en una conferencia escrita con motivo del 25° aniversario del Tratado que puso fin a la ocupación de Austria después de la Segunda Guerra Mundial, Karl Popper hizo un vibrante elogio del "choque cultural". Popper expresó, en esa circunstancia, la "conjetura histórica" de que el choque entre culturas "no siempre tiene que dar lugar a sangrientas batallas y guerras de destrucción, sino que también puede ser la causa de un desarrollo fructífero y de fomento de la vida". El viejo filósofo no negaba con esta hipótesis el hecho, para él fecundo, de la civilización occidental, pero advertía que en esa formación histórica el descubrimiento de culturas diferentes había sido una magnífica oportunidad para desarrollar el pensamiento crítico. Para apoyar su conjetura, Popper echó mano, en primer término, a la experiencia del fundador de la historiografía —Herodoto— quien, junto con Esquilo, fue testigo del choque de la culturas occidental y oriental y, gracias a ello, enseñó a respetar los usos foráneos y a criticar cosas que, entre los griegos, se daban por supuestas. Y, como no podía ser menos en un vienés que había conocido hasta los treinta y cuatro años "el mundo de ayer" de Stefan Zweig, Popper recordó, en segundo término, el genio creador de Viena, producto, también, de un choque cultural. Porque "la vieja Austria fue un reflejo de Europa [que] contenía innumerables minorías lingüísticas y culturales".

Sobre las observaciones de Popper planeaba un aire melancólico, No postulaban estas reflexiones la inevitabilidad de la guerra, y tampoco la inevitabilidad de la civilización. Sugerían, en cambio, que tras el furor del choque de las armas (al fin de cuentas Herodoto fue un historiador que registró en sus relatos tanto las costumbres como la guerra), la razón crítica podía abrirse paso gracias al desafío que propone la variedad de las cosas humanas. Y no obstante —de aquí la melancolía de Popper— esa trabajosa convivencia espontánea entre el conocimiento y la tolerancia sucumbió presa del fanatismo. ¿Choque de culturas a la Popper o choque de civilizaciones a la Huntington? Prefiero el primer término, a sabiendas de que el mundo, cualquiera sea su configuración particularista —de Estados-Naciones o de civilizaciones— no ha logrado abolir la guerra. Aun cuando el desborde transnacional de la economía sugiera la imagen, cara al pensamiento político renacentista, de un torrente caudaloso sin esclusas reguladoras, es posible que el sistema interestatal —donde sobresale la superpotencia de los Estados Unidos— conserve en sus manos, para los años venideros, los resortes de la guerra y la paz.

¿Y entonces? ¿Queda todavía la esperanza de que los ideales de Kant acerca de la paz perpetua tengan alguna posibilidad de realización? En los hechos, esa idea de una sociedad cosmopolita, fundada en la convergencia de legitimidades democráticas (o republicanas, según la terminología de Kant) sólo ha podido consolidarse en el nivel regional. La globalización es un hecho planetario impuesto por la economía que, tal vez —¿quién podría asegurarlo a ciencia cierta?— se encuentre en el umbral de un complejo proceso de institucionalización. El Fondo Monetario Internacional y el Banco Mundial son, por ahora, las únicas instituciones, a todas luces insuficientes, que cumplen ese rol, sobre todo en relación con las economías débiles o que atraviesan el sacudón de una crisis financiera. Las fuerzas de las Naciones Unidas, formadas para preservar la paz en territorios en guerra, disponen, por su parte, de facultades de policía limitadas. Parece claro que, en medio de estas incertidumbres, las bases más sólidas pueden echarse allí donde varias democracias actúan de consuno para crear un nuevo espacio político, económico y cultural.

Ya hemos destacado la creación de la Unión Europea para ilustrar el significado que tiene la integración regional, basada en el consenso de los países intervinientes. La historia de la integración europea, durante la segunda mitad del siglo veinte, representa, en este sentido, un proceso de progresiva ampliación. En 1958, Francia, Alemania, Italia, Bélgica, Holanda y Luxemburgo fundaron la Comunidad Económica Europea. En 1973, la Comunidad aceptó a Dinamarca, Gran Bretaña e Irlanda, y en 1981 su sumó Grecia. España y Portugal ingresaron en 1986, mientras que Austria, Finlandia y Suecia lo hicieron en 1995. Polonia, Hungría, la República Checa, Eslovenia, Estonia y Chipre aguardan turno para unirse a partir del 2002. Fortaleza europea o *Europe sans rivages*, como la llamaron tantos pioneros de la integración, lo cierto es que esta empresa supranacional reúne la doble característica del universalismo y el particularismo. Por un lado, rompe con la legitimidad exclusiva del Estado-Nación, abriendo un espacio pacífico y cosmopolita; por otro, la Unión Europea levanta barreras proteccionistas frente a terceros (los argentinos las padecemos especialmente con respecto a los productos agrícolas), y controla la entrada de los inmigrantes que golpean sus puertas. Ambas características dan marco, en la actualidad, a una etapa de decisiones trascendentes en la Unión Europea con el establecimiento de una moneda común.

El espacio donde florece la paz, igual que los espacios políticos conocidos hasta el presente, sigue, pues, delimitado por fronteras territoriales. Pero, aun admitiendo ese condicionamiento, hasta el presente insuperable, esas experiencias circunscriptas de la paz perpetua han sido una fuente inspiradora para los cuatro países (Argentina, Brasil, Paraguay y Uruguay) que, en 1991, firmaron el tratado que estableció el Mercosur (al cual luego se asociaron Chile y Bolivia). Un pacto de esta naturaleza supone que los gobiernos, elegidos democráticamente, y sus respectivos parlamentos, transfieren poder a una instancia que fija nuevas reglas de juego. Por consiguiente, dado este punto de partida, los intereses encontrados y las divergencias entre las partes orientan su acción teniendo en vista metas de unión que se alcanzarán progresivamente. Cada acuerdo que se obtenga debe, en efecto, servir de cimiento para consensos posteriores: he aquí, resumida en pocas palabras, la regla básica de la integración consensual. Los europeos tuvieron la ventaja extraordinaria, en los años fundadores, de gozar de los beneficios de los "treinta gloriosos" años de crecimiento económico; los países del Mercosur, en cambio, enfrentan situaciones mucho más duras: economías endeudadas (producto de la irresponsabilidad doméstica más que de la rapacidad externa), sociedades desiguales con sectores de la población marginados y excluidos, el caciquismo militar, la violencia delictiva que golpea en las ciudades, la indisciplina fiscal que impide, por ejemplo, consagrar más recursos a la educación y, desde luego, la realidad y la amenaza constante del desempleo.

Si éstos fueran los únicos rasgos que marcan la fisonomía de nuestras sociedades, la paz no sería posible: los pactos internos y regionales de la convivencia civil estarían al borde del colapso; los poderes subterráneos de las mafias, narcotraficantes y grandes organizaciones delictivas doblegarían la autoridad legítima del Estado e impondrían su férula sobre poblaciones atemorizadas; una ciudadanía bloqueada vegetaría en países inhóspitos y hostiles. Éste es un retrato "hobbesiano" de la realidad que se nutre de la observación reiterada de estallidos violentos (una violencia vacía de ideología, pero no por ello menos cruel). Como acaso hubiese dicho el propio Hobbes, la condición natural del hombre estaría, en este caso, más próxima a su miseria que a su felicidad.

Estas imágenes sombrías, que podrían referirse sin mayores dificultades a Colombia o a la Rusia post-soviética, reproducen a grandes rasgos situaciones históricas en las cuales el poder ha sido confiscado. No sabemos bien, todavía, en que consiste esta apropiación ilegal y despótica de poderes que, en buena teoría democrática, deberían ser públicos, abiertos, institucionalizados y responsables. Sabemos, sí, que estas nuevas expresiones de la violencia no tienen mucho que ver con el ejercicio totalitario y autoritario del poder, que se desarrolló durante gran parte del siglo XX. La cosa es, por cierto, distinta. A diferencia de lo que decía Bertrand de Jouvenel en 1945, ya no se trata de explicar la acción de un "minotauro" que encierra y devora a los súbditos dentro del laberinto estatal, sino de entender la emergencia de una novedosa anarquía delictiva, suma de pequeños o grandes reyezuelos que buscan imponer su *diktat* a los gobernantes elegidos.

Empero, estos aspectos coexisten con otras dimensiones de la vida más benéficas, porque en las sociedades del Cono Sur se cruzan tradiciones opuestas: las inclinaciones hegemónicas chocan con las tendencias pluralistas; los bolsones de barbarie coexisten con la calidad de muchas formaciones espontáneas de la sociedad civil; el apego al nacionalismo de algunos sectores contrasta con el estilo cosmopolita derivado de sucesivas olas inmigratorias. Somos, si cabe, naciones de migrantes externos e internos, formadas por la interacción de diversas voces. Su fuerza no residió en la pretendida potencia de sus ejércitos, sino en la movilidad ascendente de criollos y extranjeros: una aventura frustrada en ciertas etapas que, sin embargo, pudo dar a luz una cultura plural.

A los conflictos de tradiciones antes expuestos, se suma, pues, un contrapunto sugestivo entre dos tipos de idiosincrasia. Constantemente nos topamos con la expresión "identidad nacional". En realidad, esas identidades pueden ser construidas por el Estado, a remolque de un designio monista, o resultar, según una visión pluralista, de una interacción espontánea de formas de ser. Tal vez los procesos históricos combinen, en dosis variadas, ambos componentes. De algún modo, las culturas plurales remedan el viejo arte del mosaico: policromía de colores contenida en un espacio. Quienes respaldan una idiosincrasia monista son recelosos frente a estos mosaicos, armados gracias a la conjunción, como diría Alberdi, de los "gajos vivos" de otros pueblos. Los monistas sueñan con una cultura que evoque una pared sin rugosidades ni fisuras. Las tragedias guerreras del siglo XX son tributarias de esos esquemas donde el enemigo es una categoría estratégica decisiva. La furia de una dictadura nos puso al borde de consumar esas intenciones en 1978. Porque no llegamos a ese extremo, una de las mejores lecciones que, por lo menos, podemos extraer de este siglo, es la de haber expulsado del Cono Sur los males de la guerra entre naciones.

Si se sitúan estos resultados en el contexto histórico del planeta entero, podemos consolarnos al señalar que hemos sido actores de un logro poco común: una periferia pacífica de naciones en comparación con el afán destructivo de otras culturas (incluida, por cierto, la tan mentada civilización europea). Estas cosas no deben ser motivo de vanagloria. Las sociedades son claroscuros: el prolongado estado de paz entre las naciones no ha impedido la violencia doméstica, ni ha tenido la dureza suficiente como para resistir, en muchas oportunidades, los embates del terror y la intolerancia. Pero acaso en ese depósito plural, abierto felizmente al choque de culturas, se encuentren algunos materiales imprescindibles para conformar el "gobierno moderado" de la democracia.

Soy consciente de que esta fórmula (un blanco elegido con frecuencia por la inquina de jacobinos y reaccionarios) no sirve para alimentar pasiones guerreras ni epopeyas revolucionarias. Lejos de estas magnas pretensiones, un gobierno moderado es aquel en el cual, como creía Montesquieu, cada ciudadano se conduce con la "tranquilidad del espíritu que nace de la opinión que tiene cada uno de su seguridad". La seguridad de cada individuo no es entonces un efecto mecánico de la capacidad coactiva del poder, sino un estado de ánimo de recíproca confianza entre ciudadanos iguales y pacíficos. ¿Es todavía factible, en estos finales de un siglo que fue invadido por el miedo, levantar una *polis* capaz de albergar esa confianza recíproca? ¿Tienen la paz y los ideales del gobierno moderado alguna posibilidad de torcer el brazo a los violentos, a la frustración que azota a los marginados y a la prepotencia de los poderosos? Las preguntas tienen la misma resonancia de antaño porque tocan de lleno en el corazón de la libertad humana.

Epílogo

ELOGIO DE LA LIBERTAD POLÍTICA

Si el lector tuvo la paciencia de recorrer estas páginas, tal vez haya podido comprobar, en la historia del siglo XX, uno de los equívocos más terribles acerca del destino de la libertad. Se ha dicho con frecuencia que la libertad es una y múltiple, pues tiene la peculiaridad de manifestarse en diversos campos y en distintos momentos. Hace cien años la libertad proponía un itinerario ascendente que, como argüía Acton, estaba condicionado por los efectos inciertos de nuestras acciones, y por el modo como esa misma libertad podía perfeccionarse en el plano individual y colectivo. A principios del siglo XX la libertad se abría paso, lenta y sostenidamente.

En ese camino sobresalían los regímenes cuyas instituciones se conservaban y reformaban merced al ejercicio de la libertad política. Parecía madurar entonces el convencimiento, cada vez más extendido, de que la acción humana debía orientarse hacia el bien de una ciudadanía digna y de una sociedad civilizada. Viejas sociedades y pueblos jóvenes buscaban colocarse al abrigo de constituciones que, morigerando las pasiones, frenaran el apetito de poder con límites efectivos. Estas convicciones se robustecieron cuando el sufragio universal —y las reivindicaciones igualitarias asociadas a esa legislación— comenzaron a difundir "los beneficios de la libertad" en vastos sectores sociales.

Cuarenta años más tarde, justo en el momento en que presentamos un contrapunto entre H.G. Wells y Guglielmo Ferrero, el mundo europeo había echado por la borda esos ideales. No sólo los nuevos señores de la historia reprimían con ferocidad esos principios y for-

mas de convivencia; también un largo séquito de seres
humanos destruidos por la guerra, el colapso de la moneda y el desempleo, despreciaban —con gestos semejantes— la trabajosa institucionalización de la libertad
que había tenido lugar durante gran parte de la centuria anterior. Se produjo una ruptura histórica de efectos incalculables: los valores de justicia e igualdad se
orientaron hacia otro horizonte en el cual asomaba una
nueva concepción acerca del poder total. Los totalitarismos y autoritarismos contemporáneos saciaron sus ape-
titos de dominación en ese trágico desencuentro.

La primera lección del siglo XX consistió en demostrar
que la obra compleja y evolutiva, que tenía por objeto combinar la libertad con los sentimientos igualitarios ascen-
dentes (su larga preparación, los frutos cosechados, la experiencia adquirida), podían destruirse con fulminante rapidez. La fantasiosa arrogancia de Wells, que confiaba el
gobierno mundial del futuro a una elite autoritaria de científicos esclarecidos, y el desasosiego estremecedor de
Ferrero, cuando le tocó ser testigo del miedo que brotaba
entre los escombros de esas civilizaciones devastadas, ilus-
tran aquel descalabro imprevisto. Nunca como en el siglo
XX, la naturaleza humana se despeñó con tanta velocidad
hacia el abismo de su propio aniquilamiento. Nosotros somos retoños, próximos o distantes, de ese apogeo de la destrucción.

La paradoja más notable, envuelta en estas regresiones
que pulverizaron centenares de millones de personas, es
que éstas siempre marcharon de la mano del progreso
científico. La ciencia en el siglo XX representó un argumento deslumbrante: paradigma tras paradigma; hallazgo sobre hallazgo. En la vereda opuesta, el mundo político
acogió, intermitentemente, la desolación de las ruinas y
los intentos de los reconstructores. El genio de estos últimos asoma en escasas circunstancias; las ruinas, materiales y morales, parecen ser, en cambio, uno de los patrimo-
nios más abundantes de la humanidad.

En 1939, a punto de cerrar las páginas de *Reconstrucción*..., Ferrero escribió: "El orden del mundo, en todas sus formas, desde la paz entre los estados hasta las fórmulas de derecho que justifican los poderes legítimos, es un trabajo de Sísifo que el hombre debe hacer y rehacer continuamente; un edificio en continua reparación porque comienza a arruinarse al mismo tiempo que se lo construye. Uno de los errores más graves de la pereza humana es abrigar la creencia de que el orden se conserva manteniéndolo siempre tal cual es; en realidad la única forma de conservarlo consiste en reconstruirlo continuamente. Los únicos conservadores verdaderos son los reconstructores. Desgraciadamente, nada es más necesario y vano, más útil y doloroso, que construir y reconstruir el orden del mundo; nada es tan raro como un gran espíritu constructivo".

El siglo XX no dio respiro a los reconstructores. Derrotas y aciertos coexistieron, muchas veces, en el desarrollo de una misma biografía. En todo caso, los medios de que se valió esta empresa, armados con el temple suficiente para renacer luego de un largo crepúsculo, fueron la libertad política y la ciudadanía. Segunda lección no menos aleccionadora: el derrumbe de las formas totalitarias trajo una sorpresa comparable a la que, siete décadas atrás, había acompañado su arrolladora expansión. ¿Pero por qué la libertad política y la ciudadanía? Estas palabras hermanas (es ciudadano, en efecto, quien ejerce la libertad política), cuyo origen y desenvolvimientos contemporáneos hemos seguido en este ensayo, tienen tanta vigencia como las realidades que describen. En conjunto con las libertades de opinión, religiosa, económica y cultural, la libertad política abre todavía un campo inmenso de realizaciones.

Este fenómeno es tributario, en el siglo XX, de la íntima asociación que existe entre libertad política, democracia y constitucionalismo. En un régimen democrático constitucional, la libertad política es la última garantía

que respalda los derechos inscriptos en la constitución y
el desarrollo efectivo de las otras libertades. El círculo
virtuoso de la democracia se cierra, cuando la
interacción de todas las libertades es el control más eficaz para que la libertad política no se extralimite, co-
rrompiendo, por ejemplo, el sistema representativo.
Corsi e ricorsi: frente a la descomposición de los totalitarismos, algún optimista impenitente podría afirmar satisfecho, con la asistencia de una cita remanida, que "el
resto es silencio". Un silencio a menudo confundido con
el vacío que, en muchos países, dejaron el furor de las
revoluciones totalitarias y el exaltado afán de controlar
y sojuzgar al prójimo.

Lamentablemente, son escasos los signos que podrían
inyectar una buena dosis de certeza en esos entusiasmos
de neófito. Guardémonos de ello y prestemos atención al
derrotero de tantos pronósticos fallidos. No obstante estos
hechos poco gratificantes, la libertad política y la ciudadanía permanecen en escena como sujetos de la historia, y
conservan el ascendiente que siempre quisieron arreba-
tarle cuanta especie de autoritarismo pululó por el planeta, y los poderes ilegales que ahora se expanden por doquier. En el siglo XX, la libertad política ha tenido que
lidiar con los extremos: contra el poder total y contra la
fragmentación "hobbesiana" de poderes particulares. Por
ello, como dato primero e insoslayable, la ciudadanía representa la resistencia del individuo frente a cualquier
poder que desborde los límites institucionales. Estos límites existen porque la ciudadanía supone una deliberación
entre sujetos libres, capaz de armar el marco institucional
para que la sociedad civil crezca y se perfeccione.

La libertad política es, en suma, resistencia, acción
mediadora y acción deliberativa, con el añadido de que,
en este tiempo, se expresa en un contexto inédito. Porque la novedad de esta ciudadanía de finales de siglo
radica en su complejidad y movilidad; en los obstáculos
públicos y ocultos que se alzan frente a ella, y en los

escenarios del debate político que la tecnología de las comunicaciones transforma permanentemente. Como siempre ocurrió, la ciudadanía debe mirar hacia delante y atender el consejo de la experiencia. La libertad política se develó en Grecia merced a la palabra, que los ciudadanos atenienses expresaban en público para legislar y decidir acerca de las cosas comunes a todos. Tiempo después, la libertad política puso en marcha las instituciones del régimen representativo y del orden constitucional. Ahora, en una tercera etapa, está ligada por una densa red comunicacional en todo el planeta. Como ha dicho Robert A. Dahl, pocas veces en la historia de la ciudadanía tienen lugar cambios dramáticos en la escala de la participación: hemos recorrido un largo trecho entre la antigua *polis* y el moderno Estado-Nación; y ahora nos internamos en el azaroso pasaje que conduce hacia las organizaciones políticas supranacionales.

En la historia de la ciudadanía se revela entonces un movimiento que si, por un lado, tiende a profundizar los derechos inherentes a cada persona (el ascenso de la mujer desde su condición de inferioridad pública y privada es acaso el indicador más elocuente en esta materia), por otro, amplía cada vez más el contexto dentro del cual el ciudadano actúa y elige. Los demócratas de este tiempo poco tienen que ver con el prototipo masculino y guerrero del ciudadano ateniense, según la versión que nos legó Tucídides del discurso fúnebre de Pericles. Tampoco son muy estrechos los puntos de contacto con algunas sociedades blancas y homogéneas del siglo XVIII, formadas por una clase de ciudadanos propietarios autosuficientes, que inspiraron a Jefferson y a Madison para fundar la república moderna en Norteamérica. La distancia histórica es mucha y sigue aumentando. Sin embargo, los interrogantes que, desde el pasado hasta el presente, atraviesan el largo itinerario de la ciudadanía, conservan una sorprendente actualidad. ¿Qué ciudadano, si quiere permanecer fiel a esas tradiciones, podrá eludir los viejos temas de la libertad y la igualdad, de la justicia y la corrupción, del interés privado y las virtudes públicas? ¿Cómo combinar en regímenes concretos este repertorio de valores?

La observación de lo que realmente acontece en el mundo nos indica que la voluntad despótica, la corrupción del sistema representativo o, simplemente, la ineptitud de los dirigentes, arremeten con insistencia contra estas combinaciones. Sería pueril negar estos datos; pero ello no desmiente del todo la iniciativa histórica de los ideales de la libertad política. Quizá, en este débil patrimonio de la humanidad (y no de una civilización en particular) se puedan encontrar algunas pistas para frenar los impulsos asesinos provenientes de la anomia social, de los delirios teocráticos o de los residuos, que aún quedan, del espíritu de las cruzadas ideológicas. El fanatismo no desaparecerá de la faz de la Tierra (me refiero tanto a los grandes fanatismos, como a los innumerables actos con que, en todos los órdenes de la vida cotidiana, se mutila y se mata). Pero, si esos comportamientos son descalificados con el rótulo de fanáticos, es porque la humanidad ha atesorado algunos principios sin los cuales la vida civilizada es una escritura en la arena. Hará pronto treinta años, en un prólogo al breve tratado *Sobre la libertad*, de John Stuart Mill, Isaiah Berlin escribió estas palabras: "¿Qué soluciones hemos encontrado, pese a nuestro nuevo conocimiento tecnológico y psicológico y nuestros nuevos grandes poderes, excepto la antigua prescripción defendida por los creadores del humanismo (Erasmo y Spinoza, Locke y Montesquieu, Lessing y Diderot): razón, educación, responsabilidad y, sobre todo, conocimiento de uno mismo? ¿Qué otra esperanza hay —o ha habido alguna vez— para los hombres?"

Con este homenaje a la tradición humanista, Berlin preconizaba una "ética de la cordura", severa hacia sí mismo y tolerante con el prójimo. El viejo humanismo nació en "sociedades escindidas" (tomo la expresión de José Luis Romero) por fracturas sociales y por el conflicto emanado de una pluralidad de creencias. La pluralidad ha dejado en la historia un relato ambiguo, porque puede portar la buena nueva del pluralismo o la tragedia de las guerras de religión (éste fue, de paso, el mundo por donde peregrinó Erasmo).

En los años finales del siglo XX, la autonomía creciente de los proyectos individuales ha provocado un fascinante estallido en la estructura formada por usos sociales de antigua alcurnia. La incógnita reside en saber cómo esta multiplicidad cultural puede echar las bases, en el plano político, de un pluralismo responsable. Ya que evocamos a Erasmo, conviene recordar que el hecho histórico de la pluralidad (circunstancia que siempre despertó la inquina del integrismo religioso) abarca una época, dividida a su vez en períodos, comúnmente designada con las palabras moderno y modernidad. Quizá Constant tenía razón: son modernas las ideas y las acciones que rechazan el ambiente claustrofóbico de la homogeneidad y aceptan el dato valioso de la heterogeneidad. Pero no es lo mismo gobernar sociedades supuestamente homogéneas (ésa fue la ambición totalitaria en el siglo XX) que gobernar el mundo plural del presente, inmerso en una trama de comunicaciones que transpone con facilidad orillas y fronteras. Por ser esta pluralidad nacional y planetaria, cada individuo recibe en su conciencia el impacto de innumerables mensajes. En grados variables, los individuos, los países y, por cierto, el planeta entero son hoy multiculturales.

¿Será la pluralidad la condición histórica del próximo siglo? No sabemos. Lo que sí nos han enseñado la experiencia, la memoria y la historia es que corresponde a la ciudadanía establecer el mínimo de concordia que ponga freno al distanciamiento y al rechazo hostil entre grupos sociales. Esto es lo que John Rawls, en su libro de 1993 *Political Liberalism*, ha llamado *the fact of pluralism*. "¿Cómo es posible —pregunta el autor de *Teoría de la justicia*— que pueda existir a lo largo del tiempo una sociedad estable y justa de ciudadanos libres e iguales, profundamente divididos por doctrinas morales, religiosas y filosóficas, razonables aunque incompatibles?" Rawls pergeña la solución de un "consenso superpuesto" de estas doctrinas, o acuerdo sobre las cuestiones políticas fundamentales.

Habría que preguntarse, a la luz de la historia y de la ciencia política, en qué medida ese tipo de consenso puede prosperar si, como ha dicho Sartori, las exigencias multiculturales "son agresivas, intolerantes y divisionistas" (Sartori se refiere, en particular, a las minorías en los Estados Unidos, que definen su identidad cultural por el sexo, el color de la piel o la lengua heredada). ¿Qué hacer cuando la pluralidad se refugia en la intolerancia o "en la vindicación implícita de una superioridad cultural", en lugar de pactar la tolerancia? A finales del siglo XVIII, la interpretación jacobina de la libertad buscó suprimir de cuajo este problema. La "república virtuosa" de Robespierre debía en efecto extirpar —si fuese necesario por la violencia— cualquier atisbo de división. Ilusiones terribles, que generaron las reacciones, no menos furibundas, de quienes adherían a concepciones esencialistas acerca de la Nación, y fueron el punto de partida de las tradiciones modernas acerca de la intolerancia.

El pluralismo responsable invita, en cambio, a superar tanto el reduccionismo de jacobinos y nacionalistas, como la fragmentación excluyente de culturas e ideologías incompatibles. "Es preciso rechazar con la misma fuerza —ha escrito Alain Touraine en sus reflexiones sobre la democracia— una concepción jacobina de la ciudadanía y un multiculturalismo extremo que rechaza todas las formas de la ciudadanía". La superación de ambos escollos no es posible sin una legitimidad constitucional que sostenga el pluralismo responsable. Los tropiezos en el siglo XX del consenso compartido por ciudadanos libres hacia las instituciones y los límites que ellas proponen, están directamente vinculados con este problema.

El punto es importante en sociedades como la nuestra, que crecieron al influjo de la inmigración. Entre la fusión imperativa, a que nos conduce una idea jacobina o esencialista de la Nación, y la fragmentación exacerbada que inspira el multiculturalismo radical, el ejercicio de la libertad política debe mantener el rumbo de una democracia constitucional pluralista. Esta difícil simbiosis entre lo universal y lo particular conforma, acaso, uno de los desafíos más importantes que hoy enfrenta el arte del gobierno moderado de la democracia: acumular legitimidad en una constitución, que incorpora a sus normas el sentido universal de los derechos humanos, para respetar la dignidad de cada individuo. No hay pues dignidad sin derechos, ni derechos sin una idea que rechace cualquier justificación del poder político en términos de un particularismo corporeizado, por ejemplo, en grupos étnicos y religiosos (por cierto, los países que cultivan una visión estrecha de la ciudadanía, rechazando a los extranjeros, o tratándolos como ciudadanos de segunda, cometen, en los hechos, el mismo error).

Desde luego, estos principios no evocan la melancólica aceptación de un orden impuesto a la vera del fracaso de las ideologías revolucionarias. La democracia constitucional pluralista no es una compensación resignada de esta suerte de despedida, en el escenario de los conflictos mundiales, de los "grandes relatos" (vocablos de moda para designar, con un dejo de neutralidad, las concepciones totalizadoras de la historia) que difundieron por todos los rincones del globo la creencia en un inevitable destino. Más bien, la democracia constitucional pluralista es un orden frágil, en el cual la esfera política está constantemente acosada por exigencias de todo tipo, que, sin embargo, ha logrado sortear los dilemas acuciantes de este siglo. ¿Cuántas veces los profetas seculares, los reaccionarios de diverso pelaje y los prepotentes de turno decretaron el irremediable colapso de la democracia? Contra viento y marea, la legitimidad democrática ha sobrevivido. Pero si ese principio no pudo ser borrado de la historia de este siglo es porque también, milagrosamente, en los pocos regímenes que lo han practicado, aún persiste cierto estilo en los comportamientos y en la actitud frente a las cosas a menudo olvidados en otras latitudes (sin duda en la Argentina): cautela frente a los hechos, conciencia de la imperfección de la naturaleza humana, disciplina moral y amor a la justicia —pues la libertad es un bien que se perfecciona o corrompe— y realismo para entender por qué en la vida histórica la declinación siempre acecha al progreso.

¿Son éstos los atributos de una ética de la cordura que oriente el rumbo de la libertad política? Es posible, siempre que se entienda que, en las sociedades donde nos toca vivir, estas valoraciones de la conducta humana podrían agotarse en los vericuetos del verbalismo si pierden el punto de apoyo de las instituciones. La democracia constitucional es el método más civilizado para volcar esos atributos en una obra de larga duración, porque renueva periódicamente las autoridades según una ley fundamental. Curiosa victoria póstuma de Ferrero: la "democracia electiva", como él la llamaba, es el único régimen que, en el siglo XX, ha logrado vencer la incertidumbre (cuando no el miedo) provocado por la sucesión en la cumbre del poder político. Si ensayásemos un juicio, ligado a la necesidad de neutralizar el componente hegemónico en nuestra política, diríamos que el acto de la transmisión pacífica del gobierno, luego de celebrar comicios libres y sinceros, es el antídoto más eficaz contra la arrogancia del poder: un mismo procedimiento electoral establece el método de la alternancia; una misma constitución limita al partido de gobierno y a los partidos de oposición. La alternancia corona el arte del gobierno moderado.

¿Podemos descansar satisfechos sobre esta plataforma de la convivencia humana? ¿Qué alternativas posibles se pueden imaginar, cuando los conglomerados urbanos, que hoy forman decenas de millones de seres humanos en América Latina, son espacios ingobernables debido a carencias de toda índole? Salta a la vista el contraste entre los ideales del gobierno moderado y una realidad que, en sí misma, es inmoderada. Las utopías urbanas, desde las que trajeron los españoles a América hasta los diseños de Wells de un hábitat transparente e incontaminado, imaginaron órdenes perfectos, donde cada individuo ocuparía un lugar prefijado. En 1995, un par de meses después de que un intenso terremoto asolara el Distrito Federal de México, Octavio Paz escribió que las ciudades hispanoamericanas fueron fundadas según "una visión intemporal de la perfección".

Pues bien, lo que en su lugar hoy existe en nuestras megalópolis es una mezcla impura: las posibilidades de ascenso para muchos, la excelencia de la vida para una minoría, y las luces de la tecnología que resplandecen sobre un depósito de miseria, drogas, desempleo y ausencia de autoridad. Un joven que, con exquisito dominio de esa técnica, navega por Internet, al salir de su habitáculo puede encontrar, a la vuelta de la esquina, una muerte tan violenta como las que los reformadores ilustrados de Carlos III querían suprimir de las calles de Madrid en el siglo XVIII. En nuestras sociedades, el tiempo del progreso tecnológico contiene el contratiempo de la barbarie.

Fácil sería concluir este ensayo con un recetario de soluciones esquemáticas. Ni la alternancia, que en nuestro país es un medio razonable para consolidar las instituciones, ni la duración prolongada de los gobiernos civiles, tienen la fuerza suficiente, en determinadas circunstancias, para vencer el flagelo de la inseguridad (la dirigencia política colombiana, defensora a rajatabla de estos dos cimientos del orden constitucional, ha fracasado en sus repetidos intentos de doblegar a los narcotraficantes, a las guerrillas y a los grupos paramilitares). No hay panaceas que valgan, pues ninguna receta tiene efectos positivos si no se inserta en un conjunto institucional más vasto; pero la lección de este siglo no es menos reveladora: las sociedades, que han incorporado en su seno el principio de legitimidad democrático, son las que más se aproximan al ideal de una vida pública razonable, donde la ética de la cordura pueda, llegado el caso, desembocar en una ética reformista.

La historia del principio de legitimidad democrático es entonces una historia abierta, un arco de promesas entre lo que dicho principio propone y las realizaciones, siempre imperfectas, de quienes hacen el tejido político de las sociedades. No hay reposo en esa trama, la única que combina la lógica de la libertad, de la igualdad y de la justicia. Nadie puede pronosticar con certeza absoluta el porvenir de las tendencias que hoy asoman por el mundo. Quizá, la esperanza de tantos legisladores con vocación universal, que propusieron al género humano un código de derechos humanos, pueda plasmarse en cortes de justicia, con autoridad efectiva para imponer sus decisiones sobre la soberanía de los estados. Esta tendencia benéfica es robusta en la Unión Europea, todavía débil en el Mercosur y coloca sobre las espaldas del gobierno de los Estados Unidos (única superpotencia en la actualidad que, además, es democrática) el pesado fardo de acelerar o detener ese derrotero. Tal vez, como soñaron Montesquieu y Adam Smith, la masa de flujos comerciales y financieros que se mueve por el planeta, acerque las grandes naciones y regiones hacia el punto en que surjan instituciones económicas de carácter mundial ¿Por qué no? O, tal vez, la estupidez humana se interne en nuevas aventuras guerreras, autoritarias y terroristas, con una soberbia semejante a las ínfulas heroicas, parteras de un gigantesco matadero, que desmintieron los pronósticos optimistas de principios del siglo XX.

Posiblemente los actores y espectadores de la actualidad histórica prosigan descubriendo (e inventando) tendencias para calmar el desasosiego de la incertidumbre. Estas mentalidades siempre detectan, en el fondo de la vida humana, estructuras dominantes. Para ellas, no hay mercados en el mundo, sino una forma única de capitalismo; no hay actividad creadora en la política, sino ajuste —o impugnación— ante ese orden impuesto por fuerzas sin control aparente. En este sentido, la "globalización" puede cumplir una función sustitutiva de viejas fórmulas deterministas. Acaso convenga recordar que tan "globalizados" son Noruega e Indonesia, Canadá y Corea, Estados Unidos y China. En esos países se invierte, se produce, se compra y se vende, pero sólo en algunos las instituciones de la libertad y la justicia hacen, conjuntamente, su obra bienhechora.

En este rápido viaje por ciertos hechos e ideas del siglo XX, he procurado mostrar que los trayectos de la acción humana hacen desvíos bruscos, como si la espontaneidad de las cosas se negara a desaparecer. Pese a ello, los individuos no dejarán de formular designios colectivos, más o menos ambiciosos. El sujeto de la democracia es un incansable productor de alternativas, algunas nobles y humanitarias, otras egoístas y hasta perversas. Estas intenciones, diferentes y contradictorias, también forman parte de la condición humana. No existe, en el mundo pasado y presente, la arquitectura capaz de vaciar esa tensión en una comunidad perfecta; pero la legitimidad de las instituciones democráticas puede trazar el camino para aproximarse a los ideales que nos proponen la libertad, la igualdad y la justicia, de una manera pacífica y tolerante.

¿Podrá resolverse algún día esta tensión entre designios y acciones espontáneas? Si así fuera, estaríamos proclamando, como tantas veces se ha hecho, aun en estos últimos años, un ilusorio fin de la historia. Seamos más modestos. Según escribió Tocqueville, en el párrafo final de *La democracia en América*, cualquiera que sea el espíritu dominante en la historia, dependerá de nuestra responsabilidad individual conducir esas tendencias "a la servidumbre o a la libertad, a la civilización o a la barbarie, a la prosperidad o a la miseria". A riesgo de pecar de anacrónico, por la pretensión de clarificar el presente con ideas del pasado, se me ocurre que éste es el mejor elogio que hoy, como antaño, podemos ofrecer a la libertad política.

BIBLIOGRAFÍA

Acton, John Emerich Edward Dalberg-Acton, lord, *Essays in Religion, Politics and Morality*, Indianápolis, Liberty Classics, 1985.
—*Essays in the History of Liberty*, Indianápolis, Liberty Classics, 1985.
—*Essays in the Study and Writing of History*, Indianápolis, Liberty Classics, 1985.
Amaral, Samuel y Ben Plotkin, Mariano, comps., *Perón del exilio al poder*, Buenos Aires, Cántaro, 1993.
Arciniegas, Germán, *Entre la libertad y el miedo*, Buenos Aires, Sudamericana, 1957.
Arendt, Hannah, *Men in Dark Times*, San Diego-Nueva York-Londres, Harcourt Brace Jovanovich, 1983, 6ª ed.
—*The Origins of Totalitarianism*, Londres, Allen & Unwin, 1958, 2ª ed.
Ariès, Philippe, *Ensayos de la memoria, 1943-1983*, Bogotá, Norma, 1996.
Aron, Raymond, *Démocratie et totalitarisme*, París, Gallimard, 1965.
—*Dimensions de la conscience historique*, París, Plon, 1964, 2ª ed.
—*Dix-huit leçons sur la société industrielle*, París, Gallimard, 1962.
—*Histoire et politique*, París, Julliard, 1985 (*Commentaire*, 8, 28-29, febrero 1985).
—*La Lutte de classes. Nouvelles leçons sur les sociétés industrielles*, París, Gallimard, 1964.

–*La república imperial*, Buenos Aires, Emecé, 1974.

–*Lecciones sobre la historia. Cursos del Collège de France*, México, Fondo de Cultura Económica, 1996.

–*Les Désillusions du progrès. Essai sur la dialectique de la modernité*, París, Calmann-Lévy, 1969.

–*L'Opium des intellectuels*, París, Calmann-Lévy, 1955.

–*Los últimos años del siglo*, Madrid, Espasa-Calpe, 1985, 2ª ed.

–*Mémoires*, París, Julliard, 1983.

–*Paix et guerre entre les nations*, París, Calmann-Lévy, 1962.

–*Pensar la guerra, Clausewitz*, Buenos Aires, Instituto de Publicaciones Navales, 1987, 2 vols.

Aubert, R.; Bruls, J.; Crunican, P.E.; Ellis, J. Tracy; Hajjar, J.; Pike, F.B., *La Iglesia en el mundo moderno (1848 al Vaticano II)*, Madrid, Cristiandad, 1977 (Nueva Historia de la Iglesia, V)

Azaña, Manuel, *La velada en Benicarló. Diálogo de la guerra de España* [1939], Madrid, Castalia, 1974 (Edición, introducción y notas de Manuel Aragón).

–*Memorias políticas y de guerra*, Barcelona, Grijalbo, 1978, 2 vols.

Aznar Soler, Manuel, *Pensamiento literario y compromiso antifascista de la inteligencia española republicana*, Madrid, Laia, 1978.

Baverez, Nicolas, *Raymond Aron*, París, Flammarion, 1993.

Bell, Daniel, *The End of Ideology. On the Exhaustion of Political Ideas in the Fifties*, Nueva York, The Free Press, 1965.

Belloc, Hilaire, *Las grandes herejías*, Buenos Aires, La Espiga de Oro, 1946, 2ª ed.

Benda, Julien, *La Trahison des clercs*, París, Bernard Grasset, 1975.

Berdiaiev, Nicolás, *Una nueva Edad Media. Reflexiones acerca de los destinos de Rusia y de Europa*, Madrid, Apolo, 1934.

Berlin, Isaiah, *Karl Marx. Su vida y su contorno*, Buenos Aires, Sur, 1964.

–*Libertad y necesidad en la historia*, Madrid, Revista de Occidente, 1974.

Bobbio, Norberto, *De senectute*, Madrid, Santillana/Taurus, 1997.

–*El futuro de la democracia*, Barcelona, Plaza & Janés, 1985.

–*El problema de la guerra y las vías de la paz*, Barcelona, Gedisa, 1982.

–*Norberto Bobbio: el filósofo y la política*, México, Fondo de Cultura Económica, 1996 (Estudio preliminar y compilación de José Fernández Santillán).

Borges, Jorge Luis, "H.G. Wells y las parábolas", *Sur*, julio 1937.

–"Prólogo", en Herbert George Wells, *La máquina del tiempo y El hombre invisible*, Buenos Aires, Hyspamérica, 1985.

Botana, Natalio R., *El orden conservador. La política argentina entre 1880 y 1916*, Buenos Aires, Sudamericana, 1985, 4ª ed.

–*La tradición republicana. Alberdi, Sarmiento y las ideas políticas de su tiempo*, Buenos Aires, Sudamericana, 1997, 2ª ed.

–"El marco histórico institucional: leyes electorales, alternancia y competencia entre partidos", en *La Argentina electoral*, Buenos Aires, Sudamericana, 1985.

–"La tradición política en la Argentina moderna", en Virgilio Beltrán (comp.), *Futuro político de la Argentina*, Buenos Aires, Editorial del Instituto, 1978.

–"Tradiciones e instituciones en la democracia argentina", en Ernesto Garzón Valdés, Manfred Mols y Arnold Spita (comps.), *La nueva democracia argentina (1983-1986)*, Buenos Aires, Sudamericana, 1988.

Botana, Natalio R. y Gallo, Ezequiel, "La inmadurez histórica de los argentinos" en Carlos A. Floria y Marcelo Montserrat (comps.), *Pensar la República*, Buenos Aires, Persona a Persona, 1977.

Botana, Natalio R. y Mustapic, Ana María, "La reforma constitucional frente al régimen político argentino" en Dieter Nohlen y Liliana de Riz (comps.), *Reforma institucional y cambio político*, Buenos Aires, CEDES-Legasa, 1991.

Bracher, Karl Dietrich, *La dictadura alemana*, Madrid, Alianza, 1973, 2 vols.

Brauer, Daniel, "La filosofía idealista de la historia", en *Filosofía de la historia*, Madrid, Trotta, 1993, págs. 85-118.

Bryce, James, *South America. Observations and Impressions*, Nueva York, Macmillan, 1914.

–*The American Commonwealth*, Indianápolis, Liberty Fund, 1995, 2 vols. (Introducción de Gary L. McDowell.)

Brzezinski, Zbigniew, *El gran fracaso. Nacimiento y muerte del comunismo en el siglo XX*, Buenos Aires, Vergara, 1989.

Brzezinski, Zbigniew y Huntington, Samuel P., *Political Power: USA/USSR*, Nueva York, Viking Press, 1965.

Burke, Edmund, *Reflexions on the Revolution in France* [1790], en *Edmund Burke on Government, Politics and Society*, Glasgow, The Harvester Press, 1975 (Selección y edición de B.W. Hill)

Calvez, Jean-Yves, "Moral social y moral sexual", *Criterio*, LXVI, 2119, septiembre 1993.

Canetti, Elías, *Crowds and Power*, New York, Farrar Straus Giroux, 1984.

–*La conciencia de las palabras*, México, Fondo de Cultura Económica, 1994.

Carr, E.H. y otros, *Los derechos del hombre*, Barcelona, Laia, 1973.

Carr, Raymond, *España: de la Restauración a la democracia, 1875-1980*, Barcelona, Ariel, 1991, 3ª ed.

Carrère d'Encausse, Hélène, *El poder confiscado. Gobernantes y gobernados en la URSS*, Buenos Aires, Emecé, 1983.

–*L'Empire éclate: la révolte des nations en U.R.S.S.*, París, Flammarion, 1978.

Charléty, Sébastien, *Histoire du saint-simonisme*, Ginebra, Gonthier, 1931.

Chesterton, Gilbert Keith, *Autobiografía*, Buenos Aires-México, Espasa Calpe Argentina, 1939.

Clark, Colin, *The Conditions of Economic Progress*, Londres, Macmillan, 1940.

CONADEP (Comisión Nacional sobre la Desaparición de Personas), *Nunca más*, Buenos Aires, Eudeba, 1984, 2ª ed.

Concilio Vaticano II, *Constitución pastoral sobre la Iglesia en el mundo actual*, en *Concilio Vaticano II. Constituciones. Decretos. Declaraciones*, Madrid, Biblioteca de Autores Cristianos, 1966, 2ª ed.

–*Declaración sobre la libertad religiosa*, en *Concilio Vaticano II. Constituciones. Decretos. Declaraciones*, Madrid, Biblioteca de Autores Cristianos, 1966, 2ª ed.

Constant, Benjamin, *De la liberté chez les modernes*, París, Le Livre de Poche, 1980.

Croce, Benedetto, *La historia como hazaña de la libertad*, México-Buenos Aires, Fondo de Cultura Económica, 1960, 2ª ed.

Dahrendorf, Ralf, *Reflexiones sobre la revolución en Europa. Carta pensada para un caballero de Varsovia*, Barcelona, Emecé, 1991.

De Gasperi, Alcide, *Cartas desde la prisión*, Buenos Aires, Criterio, 1957.

Deering, Mary Jo, *Denis de Rougemont l'européen*, Lausanne, Fondation Jean Monnet pour l'Europe, 1991.

Di Tella, Torcuato S. y otros, *Argentina, sociedad de masas*, Buenos Aires, Eudeba, 1971, 3ª ed.

Dicey, Albert Venn, *Introduction to the Study of the Law of the Constitution*, Indianápolis, Liberty Classics, 1982 (Prefacio de Roger E. Michener).

Duverger, Maurice, *Introduction à la politique*, París, Gallimard, 1964.

Einaudi, Luigi, *Florilegio del buen gobierno. Páginas escogidas*, Buenos Aires, Techint, 1970.

Escudé, Carlos, *Foreign Policy Theory in Menem's Argentina*, Gainesville, University Press of Florida, 1997.

Ferrero, Guglielmo, *Aventure. Bonaparte en Italie* [1936], París, Ed. de Fallois, 1995.

–*El poder. Los genios invisibles de la ciudad* [1942], Buenos Aires, Inter-Americana, 1943.

–*Grandeza y decadencia de Roma*, Buenos Aires, Siglo XX, 1946, 6 vols.

–*Reconstrucción. Talleyrand en Viena* [1940], Buenos Aires, Sudamericana, 1943.

–"Dos grandes experiencias históricas 1815-1919", *La Nación*, noviembre 1°, 1942.

–"El secreto de la guerra", *La Nación*, noviembre 1°, 1942.

–"La libertad del espíritu y los poderes sin freno", conferencia en el Congreso Internacional de la Federación de los Pen Club, París 1937, *Sur*, 34, julio 1937.

–"Por qué Suiza es un modelo de república democrática", *La Nación*, noviembre 16, 1943.

–"¿Puede Alemania hacer la guerra?" *La Nación*, abril 20, 1937.

Ferro, Marc, *La Gran Guerra (1914-1918)*, Madrid, Alianza, 1970.

Fichte, Johann Gottlieb, *Discursos a la nación alemana*, Madrid, Tecnos, 1989.

Fourastié, Jean, *Le grand espoir du XXᵉ siècle*, París, Gallimard, 1963.

–*Les Trente Glorieuses ou la Révolution invisible de 1946 à 1975*, París, Fayard, 1979.

Franceschi, Gustavo, "El movimiento español y el criterio católico", *Criterio*, X, 489, julio 1937.

Friedrich, Carl J. y Brzezinski, Zbigniew K., *Totalitarian Dictarorship and Autocracy*, Nueva York, Frederick A. Praeger, 1965.

Fukuyama, Francis, *El fin de la historia y el último hombre*, Barcelona, Planeta, 1992.

Furet, François, *Le Passé d'une illusion. Essai sur l'idée communiste au XXe siècle*, París, Robert Laffont/Calmann-Lévy, 1995.

Fusi, Juan Pablo, *Franco. Autoritarismo y poder personal*, Madrid, Taurus, 1995.

Gauchet, Michel, *La Révolution des droits de l'homme*, París, Gallimard. 1989.

Gaulle, Charles de, *Mémoires d'espoir*, París, Plon, 1970-71, 2 vols.

Gay, Peter, *La cultura de Weimar*, Barcelona, Argos Vergara, 1984.

Gerchunoff, Pablo y Torre, Juan Carlos, "What Role for the State in Latin America?", en Teitel, Simón, ed., *Towards a New Development Strategy for Latin America. Pathways from Hirschman's Thought*, Washington D.C., BID, 1992.

Germani, Gino, *Política y sociedad en una época de transición*, Buenos Aires, Paidós, 1966.

Gibbon, Edward, *Memoirs of Edward Gibbon written by himself and a Selection from his Letters*, Londres, George Routledge and Sons, 1891.

–*The Decline and Fall of the Roman Empire*, Nueva York, Penguin, 1980.

Gilbert, Martin, *Churchill*, Buenos Aires, Emecé, 1995.

Gillespie, Richard, *Soldiers of Perón. Argentine Montoneros*, Oxford, Clarendon Press, 1982.

Gorand, François, "Retour de Ferrero", *Commentaire*, 19, 73, 1996.

Guariglia, Osvaldo, *Moralidad. Ética universalista y sujeto moral*, México-Buenos Aires, Fondo de Cultura Económica, 1996.

Guillemin, Henri, *Robespierre. Politique et mystique*, París, Seuil, 1987.

Haag, Henri, *Les Origines du catholicisme libéral en Belgique (1789-1839)*, Lovaina, Nauwelaerts, 1950.

Halévy, Élie, *L'Ère des tyrannies*, París, Gallimard, 1938.

Halperín, Jorge, coord., *Argentina en el tercer milenio*, Buenos Aires, Atlántida, 1997.

Halperín Donghi, Tulio, *La larga agonía de la Argentina peronista*, Buenos Aires, Ariel, 1994.

Hamilton, Alexander; Madison, James y Jay, John, *El Federalista*, México, Fondo de Cultura Económica, 1957, 2ª ed.

Hassner, Pierre, "Prosaïque et puissante, l'U.R.S.S. vue d'Europe occidentale", *Commentaire*, 8, invierno 1979-1980, págs. 520-528.

Havel, Václav, *Living in Truth*, Londres-Boston, Faber and Faber, 1989.

Hayek, Friedrich A., *Los fundamentos de la libertad*, Madrid, Unión Editorial, 1975, 3ª ed.

Herrero de Miñón, Miguel, *El principio monárquico (Un estudio sobre la soberanía del rey en las Leyes fundamentales)*, Madrid, Cuadernos para el Diálogo, 1972.

Hobbes, Thomas, *Leviatán (I)*, Barcelona, Altaya, 1997.

Hobsbawm, Eric, *Historia del siglo XX*, Barcelona, Grijalbo/Mondadori, 1995.

Hoffmann, Stanley, *Jano y Minerva. Ensayos sobre la guerra y la paz*, Buenos Aires, Grupo Editor Latinoamericano, 1991.

Huizinga, Johan, "Patriotism and Nationalism in European History", en Johan Huizinga, *Men and Ideas. History, the Middle Ages, the Renaissance*, Princeton, N.J., Princeton University Press, 1959 (Introducción de Bert F. Hoselizt).

Huntington, Samuel P., *El choque de civilizaciones y la reconfiguración del orden mundial*, Barcelona-Buenos Aires, Paidós, 1996.

–*El orden político en las sociedades en cambio*, Buenos Aires, Paidós, 1972.

–*The Third Wave: Democratization in the Late Twentieth Century*, Norman, University of Oklahoma Press, 1991.

Jiménez de Parga, Manuel, "La corrupción en la democracia", en Francisco J. Laporta y Silvina Álvarez (eds)., *La corrupción política*, Madrid, Alianza, 1997, pags. 135-156.

Jouvenel, Bertrand de, *Du Pouvoir. Histoire naturelle de sa croissance*, Ginebra, Cheval Ailé, 1947.

–*L'Économie dirigée*, París, Valois, 1928.

–*La Civilisation de puissance*, París, Fayard, 1976.

–*La Crise du capitalisme américain*, París, Gallimard, 1933.

–*Marx et Engels. La longue marche*, París, Julliard, 1983.

Juan XXIII, *Mater et Magistra*, 1961.

–*Pacem in terris*, 1963.

Kahn, Herman, "On Studying the Future", en Fred I. Greenstein y Nelson W. Polsby, *Handbook of Political Theory*, vol. 7: Strategies of Inquiry, Addison-Wesley Series in Political Science, 1975.

Kant, Immanuel, *Sobre la paz perpetua*, Madrid, Tecnos, 1991, 3ª ed.

Keane, John, *Tom Paine. A Political Life*, Boston-New York, Little, Brown and Company, 1995.

Kerenski, Aleksandr, *Memorias*, Barcelona, Luis de Caralt, 1967.

Kissinger, Henry A., *La diplomacia*, México, Fondo de Cultura Económica, 1995.

–*Un mundo restaurado*, México, Fondo de Cultura Económica, 1973.

Koestler, Arthur, *Euforia y utopía. Relato autobiográfico*, Buenos Aires, Emecé, 1955.

Ladrière, Jean, *Anthropologie du marxisme et Le marxisme soviétique*, Bruselas, Ad Lucem, 1962.

Laqueur, Walter, *Stalin*, Buenos Aires, Javier Vergara, 1991.

Laski, Harold Joseph, *The State in Theory and Practice*, Nueva York, Viking Press, 1935.

Le Roy Ladurie, Emmanuel, "Sur l'histoire de l'État moderne: de l'Ancien Régime à la démocratie (Libres réflexions inspirées de la pensée de Guglielmo Ferrero)", *Commentaire*, 19, 75, 1996.

Lekachman, Robert, *La era de Keynes*, Madrid, Alianza, 1970.

Lenin, Vladimir Ilich Ulianov, *L'État et la Révolution*, Ginebra, Gonthier, 1963.

Linz, Juan J., "Totalitarian and Authoritarian Regimes" en Fred I. Greenstein y Nelson W. Polsby, *Handbook of Political Theory*, vol. 3: Macropolitical Theory, Addison-Wesley Series in Political Science, 1975.

Lipset, Seymour Martin, *Political Man*, Nueva York, Doubleday, 1960.

Locke, John, *On Politics and Education*, Roslyn, Walter J. Black, 1947.

Lombroso, Gina, "Comienzos literarios de Guglielmo Ferrero", *La Nación*, noviembre 28, 1943.

–"Últimos meses y últimas obras de Guillermo Ferrero", *La Nación*, noviembre 1°, 1942.

Luna, Félix, *Perón y su tiempo*, Buenos Aires, Sudamericana, 1984-86, 3 vols.

–*Fuerzas hegemónicas y partidos políticos*, Buenos Aires, Sudamericana, 1988.

Maistre, Joseph de, *Consideraciones sobre Francia*, Madrid, Tecnos, 1990.

Mannheim, Karl, *Libertad, poder y planificación democrática*, México-Buenos Aires, 1953.

Maquiavelo, Nicolás, *Opere politiche*, Florencia, Le Monnier, 1967.

Marichal, Juan, *El secreto de España. Ensayos de historia intelectual y política*, Madrid, Santillana/Taurus, 1995.

Maritain, Jacques, *América*, Buenos Aires, Emecé, 1958.

–*Du régime temporel et de la liberté*, París-Roma, Desclée de Brouwer, 1933.

–*El hombre y el Estado*, Buenos Aires, Kraft, 1952, 2ª ed.

–*Humanisme intégral: problèmes temporels et spirituels d'une nouvelle chrétienté*, París, Aubier, 1936.

–*Les droits de l'homme et la loi naturelle*, Nueva York, Éditions de la Maison Française, 1942.

–*Lettre sur l'indépendence*, París, Desclée de Brouwer, 1935.

Marshall, T.H., *Class, Citizenship, and Social Development*, Garden City N.Y., Doubleday, 1965.

Marx, Karl, *Oeuvres choisies*, París, Gallimard, 1963, 2 vols.

Maurras, Charles, *Mes idées politiques*, París, Fayard, 1937.

Meinecke, Friedrich, *El historicismo y su génesis*, México, Fondo de Cultura Económica, 1983.

–*La idea de la razón de Estado en la edad moderna*, Madrid, Centro de Estudios Constitucionales, 1983.

Mill, John Stuart, *Sobre la libertad*, Madrid, Alianza, 1970 (Prólogo de Isaiah Berlin, "John Stuart Mill y los fines de la vida").

–*The Letters of John Stuart Mill*, Londres, Longmans, Green & Co, 1910, 2 vols. (Edición e introducción de Hugh. R.S. Elliot).

Mommsen, Wilhelm, *Bismarck*, Barcelona-México, Grijalbo, 1970.

Monnet, Jean, *Mémoires*, París, Fayard, 1976.

Montesquieu, Charles-Louis de Secondat, barón de, *Del espíritu de las leyes*, Madrid, Tecnos, 1972.

Montserrat, Marcelo, *Usos de la memoria. Razón, ideología e imaginación históricas*, Buenos Aires, Sudamericana/ Universidad de San Andrés, 1996.

Morgenthau, Hans J., *Política entre las naciones. La lucha por el poder y la paz*, Buenos Aires, Grupo Editor Latinoamericano, 1986, 3ª ed. (Prólogo de Roberto Russell).

—"El ocaso de Occidente", *Criterio*, L, 1777-8, diciembre 1977.

Moro, Tomás, *Utopia and other Essential Writings*, Nueva York-Scarborough, Meridian, 1967.

Morodo, Raúl, *Acción Española, Orígenes ideológicos del franquismo*, Madrid, Tucar, 1980.

Mosca, Gaetano, *The Ruling Class (Elementi di Scienza Politica)*, editado por Arthur Livingston, Nueva York, Mc Graw-Hill, 1939.

Neumann, Sigmund, *Permanent Revolution. Totalitarianism in the Age of International Civil War*, Londres, Pall Mall Press, 1965, 2ª ed.

Nino, Carlos Santiago, *Juicio al mal absoluto*, Buenos Aires, Emecé, 1997.

Nolte, Ernst, *La guerra civil europea, 1917-1945. Nacionalsocialismo y bolchevismo*, México, Fondo de Cultura Económica, 1994.

Nun, José y Portantiero, Juan Carlos, comps., *Ensayos sobre la transición democrática en la Argentina*, Buenos Aires, Puntosur, 1987.

O'Donnell, Guillermo, *El estado burocrático-autoritario: 1966-1973. Triunfos, derrotas y crisis*, Buenos Aires, Editorial de Belgrano, 1982.

—*Modernización y autoritarismo*, Buenos Aires, Paidós, 1972.

Ortega y Gasset, José, *España invertebrada*, Madrid, Revista de Occidente, 1957, 10ª ed.

—*La rebelión de las masas*, Madrid, Revista de Occidente, 1960, 34ª ed.

—*Meditación del pueblo joven y otros ensayos sobre América*, Madrid, Revista de Occidente/Alianza, 1981.

Orwell, George, *1984*, Nueva York, Knopf, 1992.

Pablo VI, *Populorum Progressio*, 1967.

Papaioannou, Kostas, *De Marx et du marxisme*, París, Gallimard, 1983 (Prefacio de Raymond Aron).

Paraf, Pierre, *Les Démocraties populaires*, París, Payot, 1962.

Pareto, Vilfredo, *Sociological Writings*, selección e introducción de S.E. Finer, Londres, Pall Mall Press, 1966.

Paxton, Robert Owen, *La France de Vichy: 1940-1944*, París, Seuil, 1997.

Paz, Octavio, "Escombros y semillas", *Vuelta,* IX, 108, noviembre 1985.

Pico, César E., *Carta a Jacques Maritain sobre la colaboración de los católicos con los movimientos de tipo fascista*, Buenos Aires, Adsum, 1937.

Pinto, Julio, *Max Weber actual. Liberalismo ético y democracia*, Buenos Aires, Eudeba, 1996.

Piñeiro, Elena, *La tradición nacionalista ante el peronismo. Itinerario de una esperanza a una desilusión*, Buenos Aires, A-Z, 1997.

Pío XII, *Radiomensaje de Navidad*, 1944, A.A.S. XXXVII, 1945, pág. 12.

Popper, Karl R., *Búsqueda sin término. Una autobiografía intelectual*, Madrid, Tecnos, 1977.

–*En busca de un mundo mejor*, Barcelona-Buenos Aires-México, Paidós, 1994.

–*La sociedad abierta y sus enemigos*, Barcelona-Buenos Aires, Paidós, 1981.

–*Misère de l'historicisme*, París, Plon, 1956.

Proudhon, Pierre-Joseph, *De la justice dans la Révolution et dans l'Église*, París, Fayard, 1988.

Quiroga, Hugo, *El tiempo del "Proceso". Conflictos y coincidencias entre políticos y militares, 1976-1983*, Rosario, Fundación Ross, 1994.

Rawls, John, *Liberalismo político*, México, Fondo de Cultura Económica, 1995.

–*Teoría de la justicia*, México-Madrid-Buenos Aires, Fondo de Cultura Económica, 1979.

Reale, Egidio, "Guillermo Ferrero", *La Nación*, noviembre 1°, 1942.

Renan, Ernest, *Q'est-ce qu'une nation?* en *Oeuvres complètes*, t. 1, París, Calmann-Lévy, 1947.

Rock, David, *La Argentina autoritaria. Los nacionalistas, su historia y su influencia en la vida pública*, Buenos Aires, Ariel, 1993.

Romero, José Luis, *Latinoamérica: las ciudades y las ideas*, Buenos Aires, Siglo XXI, 1976.

Romero, Luis Alberto, *Breve historia contemporánea argentina*, Buenos Aires-México, Fondo de Cultura Económica, 1994.

Röpke, Wilhelm, *Civitas Humana ou les Questions fondamentales de la Réforme économique et sociale*, París, Librairie de Médicis, 1946.

Rosanvallon, Pierre, *Le Moment Guizot*, París, Gallimard, 1985.

Rougemont, Denis de, *Journal d'une Époque*, París, Gallimard, 1968.

Rouquié, Alain, *Extremo Occidente. Introducción a América Latina*, Buenos Aires, Emecé, 1990.

–*L'État militaire en Amérique latine*, París, Seuil, 1982.

Rousseau, Jean-Jacques, *Du contrat social*, Ginebra, Éditions du Cheval Ailé, 1947 (Precedido de Bertrand de Jouvenel, *Essai sur la politique de Rousseau*).

Rustow, Dankwart A., "Democracy: A Global Revolution?", *Foreign Affairs*, 69, 4, otoño 1990.

Sáenz Quesada, María, *El camino de la democracia*, Buenos Aires, Tiempo de Ideas, 1993.

Sarmiento, Domingo Faustino, *Recuerdos de provincia* [1850], Buenos Aires, La Cultura Argentina, 1916.

Sartori, Giovanni, *La democracia después del comunismo*, Madrid, Alianza, 1993.

–*Partidos y sistemas de partidos*, vol I, Madrid, Alianza, 1980.

–"El pluralismo y sus interpretaciones", *Revista de Occidente*, 188, enero 1997.

Schlesinger, Arthur M., Jr., *The Age of Roosevelt*, Boston, Houghton Mifflin, 1988, 3 vols.

Schmitt, Carl, *El concepto de lo "político"*, Buenos Aires, Gandhi, 1984.

Schneider, Luis Mario, *Inteligencia y guerra civil española*, Barcelona, Laia, 1978.

Schumpeter, Joseph, *Capitalisme, socialisme et démocratie*, París, Payot, 1961.

Scott, Derek J.R., *Russian Political Institutions*, Londres, George Allen & Unwin, 1965, 3ª ed.

Sebreli, Juan José, *El asedio a la modernidad*, Buenos Aires, Sudamericana, 1991, 2ª ed.

–*Los deseos imaginarios del peronismo*, Buenos Aires, Legasa, 1983.

Serge, Victor, "La vida de los proscriptos en Rusia", *Hechos e Ideas*, II, 19, marzo 1937.

Siegfried, André, *La Crise de l'Europe*, París, Calmann-Lévy, 1935.

Sieyès, Emmanuel-Joseph, *Escritos y discursos de la Revolución*, Madrid, Centro de Estudios Constitucionales, 1990.

–*¿Qué es el Estado llano?*, Madrid, Centro de Estudios Constitucionales, 1988.

Simpson, Thomas M., *Cuando Marx se identifica con la historia. Reflexiones sobre el fin y los medios*, Buenos Aires, Instituto Torcuato Di Tella, 1988.

Smith, Adam, *La riqueza de las naciones*, México, Fondo de Cultura Económica, 1979.

–*The Theory of Moral Sentiments*, Indianápolis, Liberty Classics, 1969.

Solzhenitsin, Aleksandr, *Archipiélago Gulag 1918-1956*, Barcelona, Plaza & Janés, 1974.

Sorensen, Theodore C., *Kennedy*, Nueva York, Bantam, 1966.

Speer, Albert, *Inside the Third Reich*, Nueva York, Collier Books, 1981.

Spinoza, Baruch, *Tratado teológico-político*, Barcelona, Altaya, 1997.

Stepan, Alfred, *Repensando a los militares en la política*, Buenos Aires, Sudamericana/Planeta, 1988.

Strasser, Carlos, *Para una teoría de la democracia posible. Idealizaciones y teoría política*, Buenos Aires, Grupo Editor Latinoamericano, 1990.

–*Para una teoría de la democracia posible. La democracia y lo democrático*, Buenos Aires, Grupo Editor Latinoamericano, 1991.

–*Democracia III. La última democracia*, Buenos Aires, Sudamericana-Universidad de San Andrés, 1995.

Talleyrand-Périgord, Charles-Maurice de, *Mémoires*, París, Plon, 1957, 2 vols. (Introducción y notas de Paul-Louis Couchoud y Jean-Paul Couchoud).

Thatcher, Margaret, *Los años de Downing Street*, Buenos Aires, Sudamericana, 1994.

Thomas, Hugh, *La guerra civil española*, París, Ruedo Ibérico, 1962.

Tocqueville, Alexis de, *Correspondance d'Alexis de Tocqueville avec P.P. Royer-Collard et avec J.J. Ampère*, París, Gallimard, 1970 (Oeuvres Complètes, XI).

–*El Antiguo Régimen y la Revolución* [1856], Madrid, Alianza, 1982.

–*La democracia en América* [1835-1840], Madrid, Alianza, 1980.

Touraine, Alain, *¿Qué es la democracia?*, México, Fondo de Cultura Económica, 1995.

Waldmann, Peter y Garzón Valdés, Ernesto, comps., *El poder militar en la Argentina (1976-1981)*, Buenos Aires, Galerna, 1983.

Weber, Marianne, *Biografía de Max Weber*, México, Fondo de Cultura Económica, 1995.

Weber, Max, *Economía y sociedad. Esbozo de sociología comprensiva*, México-Buenos Aires, Fondo de Cultura Económica, 1964, 2ª ed., 2 vols.

–*Escritos políticos*, México, Folios, 1982, 2 vols.

–*Le savant et le politique*, París, Plon, 1959 (Introducción de Raymond Aron).

Wells, Herbert George, *Experimento de autobiografía* [1934], Buenos Aires-México, Espasa-Calpe, 1943.

–*The Shape of Things to Come*, Londres, Hutchinson & Co., 1933.

–*Things to Come. A Film Story...*, Londres, Cresset, 1935.

Wolin, Sheldon S., *Política y perspectiva. Continuidad y cambio en el pensamiento político occidental*, Buenos Aires, Amorrortu, 1974.

Zuleta Álvarez, Enrique, *El nacionalismo argentino*, Buenos Aires, La Bastilla, 1975, 2 vols.

Zweig, Stefan, *El mundo de ayer*, Barcelona, Juventud, 1968.

–*Tiempo y mundo (Impresiones y ensayos. 1904-1940)*, Barcelona, Juventud, 1959.

ÍNDICE DE NOMBRES

ÍNDICE GENERAL

Esta edición de 5.000 ejemplares
se terminó de imprimir en
Kalifón S.A.,
Humboldt 66, Ramos Mejía, Bs. As.
en el mes de julio de 1998.